曾纪鑫 著

抗倭名将
俞大猷

宁波出版社
NINGBO PUBLISHING HOUSE

图书在版编目(CIP)数据

抗倭名将俞大猷 / 曾纪鑫著. — 宁波:宁波出版社,2020.11

ISBN 978-7-5526-3968-1

Ⅰ.①抗… Ⅱ.①曾… Ⅲ.①俞大猷(1504—1580)—传记 Ⅳ.① K825.2

中国版本图书馆 CIP 数据核字(2020)第 138214 号

抗倭名将俞大猷

KANGWO MINGJIANG YU DAYOU

作　　者	曾纪鑫
出版发行	宁波出版社
地址邮编	宁波市甬江大道 1 号宁波书城 8 号楼 6 楼　　315040
责任编辑	陈姣姣
责任校对	庞守江　陈　钰
装帧设计	金字斋
封面绘图	马联飞
印　　刷	宁波白云印刷有限公司
开　　本	710mm × 1000mm　1/16
印　　张	19.5
字　　数	250 千
版　　次	2020 年 11 月第 1 版
印　　次	2020 年 11 月第 1 次印刷
标准书号	ISBN 978-7-5526-3968-1
定　　价	58.00 元

如发现缺页或倒装,影响阅读,请与印刷厂联系调换,联系电话:0574-83875156

目录

第一章　修文习武 …………………………… 001
第二章　守御金门 …………………………… 023
第三章　志存高远 …………………………… 038
第四章　崭露头角 …………………………… 047
第五章　奉命剿倭 …………………………… 068
第六章　大败倭寇 …………………………… 093
第七章　"戴罪"立功 ……………………… 112
第八章　惨遭冤狱 …………………………… 137
第九章　建功北疆 …………………………… 152
第十章　回传棍术 …………………………… 167
第十一章　怀柔边民 ………………………… 177
第十二章　平海大捷 ………………………… 191
第十三章　剿灭吴平 ………………………… 206

第十四章　镇守两广 …………………………… 233

第十五章　京营练兵 …………………………… 255

第十六章　魂归故里 …………………………… 267

附　录一　俞大猷大事记 ……………………… 279

附　录二　主要参考资料 ……………………… 283

后　　记　还原历史　回归真相 ……………… 292

第一章　修文习武

一

福建省泉州市洛江区河市镇双髻山南岩埔尾山，有一座规模宏大的俞大猷公园。公园筹建于1993年11月，即俞大猷诞辰四百九十周年之际，四年后初具规模。公园内有高大的牌坊、靖国门、古城墙、俞大猷雕像以及俞大猷纪念馆等建筑。

人们往往以为，俞大猷公园乃俞大猷诞生地或故居所在地，事实并非如此。公园虽建在俞大猷的故乡河市镇，但属纪念性主题公园，被定为"泉州市首批爱国主义教育基地"，由政府征地建设而成。

明弘治十六年六月十四日（1503年7月7日），俞大猷出生在泉州府晋江县河市镇濠格头村（今泉州市洛江区河市镇溪山村赤石口自然村，濠格头村又称大濠村、濠格内村），离俞大猷公园三公里多，距泉州市区约二十公里。

俞大猷的父亲俞原瓒是一名世袭的下级军官——百户。明朝设在各省的最高地方军事机构称都指挥使司，下辖卫、所（分千户所、百户所）、旗（分总旗、小旗）。一般而言，一卫管五个千户，每千户一千一百二十多人；一千户管十个百户，每百户管一百一十二名

俞大猷塑像（曾纪鑫摄）

军人；一百户管两个总旗，每总旗五十五人；一总旗管五个小旗，每小旗十人。百户属正六品官员，总旗、小旗虽辖有士兵，但已不属军官编制。可见俞大猷的父亲不过是明军中最低一级的军事长官，年俸一百二十石。

出生于世袭军官家庭，从小习武是再自然不过的事情。而俞大猷在《饮马长城窟》一诗中却写道："臣十有五着青襟，十年稽古志何深。"由此可知，他五岁那年，就进入私塾念书了，十五岁考中秀才。

身为武官，父亲却不希望儿子继续世袭武职，而是让他通过科举之途去获取功名。颇有意思的是，俞大猷的祖父俞广、曾祖父俞斋都没有出任军职。那么，这一世袭百户到底是怎么回事呢？

俞大猷的始祖俞敏本为南直隶霍丘（今安徽霍邱县）人。元朝末年，各种矛盾激化，爆发了大规模的农民起义，俞敏加入了朱元璋的起义军，跟随他一同转战南北，"驱骋天下四十载"。朱元璋夺得天下建立明朝，俞敏因战功被封为世袭百户，隶属福建都司泉州卫。泉州卫下辖左、中、右、前、后五个千户所，俞敏的世袭百户属前千户所管辖。根据传统世官继承制，承袭者皆由嫡系长房充任。俞大猷的曾祖父、祖父不属长房之列，无由继承先祖世袭之职。只是到了他父亲这一代，嫡系长房五世六袭绝后，眼看祖职无人继承，父亲念在俞家世勋功德份上，不忍放弃，决定承袭。俞原瓒为先祖俞敏支系曾孙，符合继承条件，原以为只要办一个"过户"手续即可，没想到具体施行却十分艰难。他四次前往京城，疏通关节，耗尽资财，好不容易才办理成功。

而这含辛茹苦、费尽周折承袭的百户之职，半点也没有俞原瓒想象得那么"风光"，身处底层，不仅没有多大"油水"，还常常遭受上层军官的盘剥与呵责。于是，俞原瓒果断地为儿子重新设计未来。

家庭环境对个体生命的成长，往往起着至关重要的作用，俞大猷也不例外。父亲拥有一份固定的收入，全家人不必为生计发愁，但也不甚富裕。当地民居为闽南大厝（厝，闽南方言，指房屋），又称红砖厝。这种民居，以红土烧制而成的红砖红瓦为建筑材料，有着红色的瓦片、红色的砖墙、飞翘的檐角——屋顶砌三四行瓦筒，翘成宫殿式的燕尾形。富裕人家一般兴建三至五进，俞大猷家只有两进。格局虽小，但对年幼的俞大猷来说，却是一处温馨的港湾，给他留下了无数美好的回忆。母亲杨氏勤劳节俭、持家有方，对儿时的俞大猷可谓言传身教。作为一名家庭妇女，她白天忙里忙外，晚上还在油灯下编织，以补贴家用。年幼的大猷心里十分清楚，俞家没有更多的资本与依靠，一切的一切，得靠自己努力打拼。

屋后是山，山上长满郁郁葱葱的树木，他和小伙伴常到山上采野果、捉迷藏。但是，也得时刻提防毒蛇野兽。屋前是一片开阔的田畴，一条清澈的小河穿田而过，流往洛阳江，注入泉州湾，汇向大海。俞大猷在家乡优美的环境中无拘无束、无忧无虑地成长，五岁那年，父亲将他送入村里的私塾念书。

私塾虽然简陋，但濠格头村就这么一座，前来念书的孩子很多，都是当地的农家子弟，有的家境比俞大猷还要差。他们都很珍惜这难得的学习机会，上课认真听讲，在塾师面前循规蹈矩。但课外时光，大家都像变了个人似的，调皮捣蛋，时不时来点恶作剧。在这群孩子中，俞大猷长得又黑又瘦，常常一声不吭，好像在思索着什么。人家骂他，他不还口；动手打他，也不还手。他并非害怕，而是不愿与他人争吵打斗。其实，他胆量超人，敢于独自一人夜间在深山里穿行，敢于跃入深深的潭水捕鱼捉鳖。于是，同窗伙伴给他取了一个诨名，叫他"俞大胆"。

一个夏天的中午，天气十分炎热，俞大猷和几位要好的同窗站在私塾前的一口古井前，将木桶抛入井中，拎起一桶桶井水冲凉。突然，一位同学大声惊叫："这桶里是个什么怪物呀？"大家赶紧围拢过来看，原来他拎上来的这桶水里，盘着一条粗大的鳝鱼，足有五六斤重。井里哪来这么大的鳝鱼呢？同学们有的说是"仙蛇"，有的说是"神鱼"，都把它当成一个了不得的怪物，害怕得不行，异口同声叫着嚷着，要放回井中。只有胆量过人的俞大猷神色镇定，他说："哪来什么仙蛇、神鱼呀，不要放回井中，这条鳝鱼我要了！"他连鱼带桶拎回家中，准备饱餐一顿，享受一番口福。大猷胆大，但不莽撞，心细得很。他担心鳝鱼有毒，先将鱼头剁了扔给狗吃。过了好一会，见狗无事，便将鳝鱼剖开，拉出细肠，洗净，下锅煮了。一股奇异的香气弥漫屋内，父母皆不在家，他竟独自一人将这条煮熟的鳝鱼全部吃入肚中，然后就迷迷糊糊地睡着了。没想到这一睡竟睡了三天三夜，父母、塾师、同学、邻居全都急得不行。父母守在他的身边,不停地呼唤道:"阿猷,醒来,快点醒来吧……"直到第三天过后,俞大猷才醒了过来。他睁开双眼见到父母,不禁天真而俏皮地说道:"爸,妈,我吃了一条好大的鳝鱼,味道好香呀,真痛快!"

这一传说至今还在河市镇一带流传,大家说他吃的并非鳝鱼,而是一条"神鱼",因此长了"神力",才力大无比、武功盖世。

在当地,有关俞大猷的传说还有很多,"巧捉小偷"便是其中的一个。

故事说的是有一段时间,濠格头村的乡亲们经常丢失东西,不是这家鸡鸭失踪,就是那家衣物被盗。一时抓不到窃贼,大家怀疑是村里游手好闲的阿二干的。怀疑归怀疑,但没有证据,加之阿二本来就有点泼皮无赖,谁也不敢对他怎样。俞大猷自己家里虽然没有什么东西被偷,但他从小就有一种正义感,爱打抱不平。他知道此事后,脑子一转,不禁生出一条计策,决定主动"勾引"盗贼,将其抓获。

一天,俞大猷穿着一件昂贵的锦袍,炫耀似的在村里走来走去。其实,大猷平日衣着简朴,这件袍子是找朋友借来的。他有意在阿二去得多的地方晃来晃去,以此吸引他的注意。到了晚上,俞大猷像往常一样伏案苦读。摇曳的灯光,将挂在床头的锦袍照得格外华丽漂亮,而袍子里面,则系了一根细绳,绑在床腿上。夜渐渐深了,大猷累了,躺在床上睡了。其实,黑暗之中,他的眼睛一直睁得大大的。但直到天亮,也没有半点动静。阿二不愧为惯偷,轻易不会下手。而俞大猷则比他更有耐心。第三天深夜,阿二的身影终于出现了。他从窗口伸进一根长长的竹竿,一直伸向那件挂在床头的锦袍,一阵左挑右搅,但锦袍却像生了根似的无法被挑起。阿二急了,见躺在床上的俞大猷没有半点动静,索性收回竹竿,双手托起窗扇,准备越窗而入。就在这时,俞大猷一个鲤鱼打挺,从床上跳起来，迅速扑向窗边，猛力按下窗扇，阿二的双手被紧紧地夹在了窗扇与窗框之间，痛得他龇牙咧嘴、双脚直跳，却又不敢大声叫唤，害怕夜深人静被乡亲们听到。俞大猷见状，故意说道："好像什么都没有夹到呀？"阿二听了，想骗俞大猷松手，强忍疼痛故作轻松地回道："是啊，鬼都没有夹到一个呢。"没想到俞大猷却更加用力了，双手按住窗扇拼命往下压。阿二疼得不行，实在坚持不住了，赶紧向他求饶。俞大猷见状，一把推开窗扇，顺势将他拉进屋中。俞大猷点上油灯，一把拉开锦袍，让阿二看那根系在床腿的细绳。阿二方知中计，不禁羞愧难当。俞大猷说："你放着正当营生不做，却干这种偷鸡摸狗的勾当，实在可恨。我若叫醒大家，将你的丑行公之于众……"阿二赶紧磕头求饶："千万别这样，不然的话，我就没脸见人了……"大猷道："那你得改过自新才是。"阿二发誓一定会改，并说自己连一个小小的少年都不如，真是狗长几十岁，枉活一辈子。

从此以后，阿二真的改邪归正了，濠格头村又恢复了过去道不拾遗、夜不闭户的古朴民风。

河市一带，山清水秀、田园肥美、物产丰富，是一处较为理想的居住之地。早在两晋时期，就有不少中原豪门望族渡江南迁在此定居。此后各朝各代仍有不少名门迁徙河市，如宋太祖赵匡胤、南宋吴王刘锜等人的后代便是。

俞氏自始祖俞敏于明初被安置在泉州，经过几代人的繁衍，散居在河市周边。俞大猷九岁时，父亲带他前往邻村叔祖家走亲戚，经过水流宽阔的濠溪时，发现原本在这里的一座古桥已经坍塌毁坏，父子俩只好脱下鞋子，卷起裤管，下到水中。行至河中，水流渐急，俞大猷被冲得有点站立不稳。父亲见状，马上伸出右手。小大猷赶紧攥住父亲宽厚的大手。他慢慢挪动脚步，终于蹚过水流十分湍急的河心。抵达对岸后，俞大猷站在堤上回望濠溪，不禁问道：

"好好的一座桥,怎么就毁了呢?"父亲告诉他,有个樵夫背着一捆木柴过桥,不小心着火,把桥给烧了。据说古桥建于南宋绍兴年间,已有三百多年历史了,一时毁掉,给当地百姓带来诸多不便。俞大猷感到十分惋惜,不禁大声说道:"等我长大,要在这里再修一座桥,免得大家涉水过河!"父亲听了,赞叹不已,并嘱咐道:"小子,你可要记住今天说的话,不可食言呀。"小大猷连连点头,说记在心坎上了。

二

俞大猷在河市镇濠格头村生活了十来年,才随母亲迁居泉州城内北门街。

之所以迁居,主要是为了学习。几年来,大猷刻苦勤勉,成绩优异,但濠格头村私塾条件简陋,仅一名塾师,再想在学业上有所提高与突破,就需要更好的学习环境和老师。

古泉州位于福建东南沿海,"西北戴云山脉绵亘,中部丘陵平原交错,晋江横贯其中,东南海岸曲折,水深多湾,气候温暖,雨量充足"。这里虽然远离中原,天远地偏,但自从晋时"衣冠南渡,八姓入闽",特别是隋唐时期北方汉人大规模迁入泉州,带来铁农具、牛耕、翻车等先进的生产工具及耕作技术,晋江流域便得到了有力的开发,逐渐成为人烟稠密、物产丰富、经济繁荣的物华天宝之地。

泉州城为福建八府之一——泉州府的府治所在地,以"鲤城""温陵""刺桐""清源""泉南"等美称享誉中外。泉州历史悠久,文化灿烂,1982年国务院公布全国第一批历史文化名城,泉州便跻身其中。

泉州是海上丝绸之路的起点,宋元时期,泉州港是世界最大的贸易港口之一。北宋时期，朝廷在泉州设立市舶司，使得泉州港盛况空前，超越广州而成为东方第一大港。元代是泉州海外贸易发展最为繁盛的时期，当时著名的摩洛哥旅行家伊本·白图泰根据自己亲眼所见，在游记中写道："刺桐港，世界上大港之一，由余观之，即谓为世界上最大之港，亦不虚也。余见港中，有大船百余，小船则不可胜数矣。此乃天然之良港，为大海伸入陆地，港头与大川相接。"（《中西交通史料汇编》第二册）可见泉州港是一座名副其实的世界性大港，正如时人吴澄所言："泉，七闽之都会也，番货远物异宝珍玩之所渊薮，殊方别域富商巨贾之所窟宅，号为天下最。"（《吴文正公集》卷十六）

同样，元代的泉州，也是一座繁华的国际性都市。泉州城在原有基础上加以扩建，城池周长达三十里。城中居民，不仅有汉人、蒙古人，还有波斯人、印度人、阿拉伯人甚至欧洲人、非洲人等。泉州的繁华、开放与包容，使得世界上几乎所有宗教如佛教、基督教、印度教、摩尼教、伊斯兰教、婆罗门教等在此传播、交流、融汇，并留下了各种风格兼备的寺院建筑，呈现出多教并存、教寺林立、竞相发展的局面，因而享有"宗教圣地""世界宗教博物馆"之美誉。其中尤以伊斯兰教势力最大、影响最深，有教堂六七座，教徒多达数万。

"一方水土养一方人"，古泉州随着经济的不断发展，海外交通贸易的逐渐繁盛，政治地位的日益重要，各种人才也脱颖而出。

早在唐贞元八年（792），出生于泉州府晋江县潘湖村（今属晋江市池店镇）的欧阳詹在京城长安参加科举考试，成绩公布，贾棱第一，欧阳詹第二，韩愈第三，世称"龙虎榜"。欧阳詹成为泉州乃至闽南历史上的第一位进士。朱熹对此题道："事业经邦，闽海贤才开气运；文章华国，温陵甲第破天荒。"

欧阳詹破了"天荒"，开了好头，此后，泉州更是人才辈出。据有关资料统计,唐代泉州考中进士者十五人,五代考中进士者九人;到了宋代,泉州文化进入灿烂辉煌的时期,考中进士者多达九百七十二人(一说八百六十二人),入阁拜相者有曾公亮、苏颂、留正、梁克家、吕惠卿、蔡确、曾从龙、曾怀共八人,涌现出曾公亮、蔡襄、苏颂等享誉全国的重量级人物。

曾公亮(999—1078),二十五岁时以第五名的优异成绩考中进士,从地方官一直做到宰相。他勤政爱民,大力推进北宋的政治、军事改革。他主编的《武经总要》,涵盖内容从军事组织到边防地理,从战略战术到武器制造,从历代用兵事例到地形地貌的利用等,十分完备,不仅是中国历史上第一部官修兵书,更被誉为中国古代的军事科学大百科全书。

蔡襄(1012—1067),历任漳州军事判官、知谏院、知州、知府、三司使、翰林学士、礼部侍郎等职,提出"强兵为第一事""富国为第二事"的改革方略。他为官清廉,执法严明,兴修水利,重视教育及人才的培养。蔡襄出任泉州太守时修造的洛阳桥,属现存年代最早的跨海梁式大石桥。蔡襄还是北宋著名的书法家,为"宋四家"之一,另三家为苏轼、黄庭坚、米芾。蔡襄一生著述颇丰,有《蔡忠惠公文集》三十卷传世。

苏颂(1020—1101)是中国古代唯一的科技宰相,著有《苏魏公文集》等。他以政治家立身,从政五十五年,历仕五朝,位居人臣之极。他的科技成就,一是研制新的天文仪器"水运仪象台",二是主撰药物学著作《本草图经》。正是在天文学、医药学这两方面的突出成就,使得他在科技领域独自一人创下七项世界第一。

北宋以后,泉州更是人文荟萃,以至著名理学家朱熹情不自禁地写道:"此地古称佛国,满街都是圣人。"

泉州名人辈出,书院如林,自然是当地学子继续深造的首选之地。俞大猷天资聪慧、学业优秀，迁居泉州城后，先在清源山紫泽书院读书，后进入泉州孔府庙（明伦堂）学习。

俞大猷从小为人倜傥，志向远大，常语出惊人，说长大后要扭转乾坤，推倒一时，洞视千古，并以豪杰自命。旁人对他的言谈，有的赞赏，说小小年纪锐不可当，将来必有出息；也有的不以为然，他则生气地叹道："当今之世，柔弱萎靡，到处见不到刚烈大丈夫之风。"

如果仅仅局限于诵读四书五经，做一介文弱书生，何以振兴武备，再现古人的阳刚洒脱？他认为，日后要干出一番轰轰烈烈的事情，必须文武双全。虽然父亲希望他走科举之途，但受家族的遗传及影响，大猷对练武颇感兴趣，且触类旁通，天赋过人。

古往今来，凡成大器者，须学识与胆略兼备，二者不可偏废。因此，俞大猷特别注重练胆。

泉州城郊北有座高山，名清源山，因山上泉眼特多，又称"泉山"。俞大猷外婆家就在清源山水流坑村，母亲常携他看望外公外婆，因此他对清源山一带十分熟悉。在清源山紫泽书院念书时，他常与同学一道攀山越岭。一次，他发现清源山虎乳泉西侧有块巨石，又高又陡，便与几位同学一道往上攀登。好不容易爬到石顶，山风吹来，拂去燥热，十分凉爽。玩了一阵，大家准备往回走了，俞大猷提议道："回头路难走，干脆从这里跳下去吧！"大家往下一望，但见悬崖下一片乱石，杂草丛生，不禁双腿发软，谁也不敢回应。俞大猷见状，觑准一处平地，发一声喊，从巨石上跃然而下，平稳地落于地上。同学见了，大声喝彩，胆大的也学俞大猷的样子，"啊"地大叫一声跳了下来，但也有人实在怕得不行，只好顺原道返回。

俞大猷觉得这是一处练习胆子的好地方，自此以后，每日早晚都前来此地，攀爬跳跃，风雨无阻。有几次不小心摔倒，或被乱石刮伤，稍作休整，又坚持不辍。练到后来，他不仅胆略大增，可将巨石视若无物,而且技术水平也大有提高,攀石跳跃,如履平地,简直比猿猴还要敏捷。

其实,俞大猷的胆子从小就出奇地大,在故乡濠格头村还有个"俞大胆"的诨名。但后天的训练培养与天生的不知害怕不可同日而语,他将练胆与习武联系在一起,对日后的练兵抗倭起到了极大的作用。根据自己的切身体会与经验,俞大猷认为兵无胆气,便无法战斗,更不用谈克敌制胜了,于是提出"练兵必须练胆"的主张,精辟地阐述练兵与练胆、练胆与习艺之间的辩证关系:"教兵无法,练胆为先;练胆无法,习艺为先。艺精则胆壮。"一支军队,能够进入艺精、胆壮的境界,还有什么强大的敌人不能战胜呢?

清源山巨石仍在,人们称之为"练胆石"。泉州清末进士林骚(1874—1953)写有《练胆石》一诗:"石高高,胆气豪,上石下石如猿猱,朝练夕练日几遭。腰悬双宝刀,斩鲸碧海涛。邈兹小丑焉遁逃,胆气豪,石高高。"泉州清末举人、书法家曾遒(1868—1954)也有诗颂道:"虎乳灸泉旁,岁岁耸巨石。卓立天地间,万古弄寒碧。

清源山练胆石(曾纪鑫摄)

壮哉俞虚江,朝暮涉其脊。夷险生死分,俯仰乾坤仄。屡练胆弥豪,真精贯百脉……"

当地至今还流传着一则俞大猷胆量过人的故事——"墓穴分饼"。

俞大猷的胆大在当地十分出名,有人却不服气,与他打赌,让他带上烙好的饼子,独自一人深夜前往东岳山,一一分给墓穴,第二天再去检验。

这座东岳山位于泉州城东门外,是片墓葬地,山上坟冢累累,满目荒凉。一到晚上,更是萤火点点、风声萧瑟、暗影幢幢、阴森凄凉,令人感到神秘莫测。白天就很少有人上山,夜晚更是无人涉足。

这天深夜,俞大猷带饼前往东岳山墓地。临行时,有人劝道:"那个鬼地方,一想都恐怖,简直吓死人了,如果后悔,现在还来得及。"大猷笑了笑,并不搭理,径直大踏步往前走去。四周一片漆黑,走着走着,慢慢适应了黑暗,便能分清周围景致的轮廓。来到东岳山,寻着一座座墓穴,将带来的饼子逐一放在墓上。他一边分发,一边大声说道:"这个给你!""这一个分给你吧!"眼看就要分完了,来到一座最大的古墓旁,但见墓穴深深,煞是可怕。他拿着最后一个饼子正要往下放,墓穴中突然伸出一只手来,发出一声怪叫:"快分一个给我,我都等不及了呢!"俞大猷见状,并不畏惧,他盯着越伸越长一直伸到面前的那只黑手说:"好吧,这个饼就分给你!"就在放饼的刹那间,俞大猷抓住那只黑手,使劲一拽,从墓穴中拉出一个人来。俞大猷定睛一看,不是别人,正是与他打赌的那位。这人也够大胆的,与俞大猷约好之后,便提前来到东岳山,躲进古墓穴,等待俞大猷前来分饼,好将他吓个正着。没想到俞大猷不仅没有受到惊吓,反而镇静自若,"俞大胆"果真名不虚传。

有人说这位不服气与他打赌的人便是学友邓城。

正德十二年(1517),俞大猷参加童试,考中秀才。这年他十五岁,可谓少年得志。据有关资料记载,俞大猷属时人称道的"温陵十才子"之一,温陵,古泉州别称。其他九人是汤克宽、邓城、史朝宾、史朝宜、欧阳琛、李杜、黄友竹、薛南塘、陈北泉,他们都是俞大猷的学友。

此后继续科考,参加乡试,没有考中,与举人无缘。为了生计,有一段时间,俞大猷还回到老家濠格头村,在大濠宫设塾课徒。

俞大猷禀赋异于常人,学习特别刻苦,乡试落选,可能与他兴趣转向有关。宋代以后,科举考试奉四书五经为金科玉律,明代更是规定试卷用八股文体写作,寻章摘句,思想僵化,脱离实际,渐渐走入死胡同。稍有异秉与创见之人,便被打入"冷宫"。

俞大猷立志做一名经世济民之才,不愿囿于狭小的天地做一名书蠹。考中秀才之后,他拜王宣、林福、赵本学为师。这三人是泉州的著名学者,皆精通易学,且都是蔡清的弟子。

蔡清(1453—1508),字介夫,别号虚斋,三十二岁考中进士,官至南京文选郎中、江西提学副使,是明朝著名的经学家、理学家与教育家,被称为"有明一代经师之首"。他精研六经、子史,对易学尤为重视,认为《易经》是"五经之首,生命之蕴",因此用力最多,研究最深,著有《易经蒙引》。明朝成化、弘治年间,在蔡清的影响下,陈琛、林希元、李廷机等学者二十八人,在泉州开元寺结社,研究易学,形成清源学派,影响遍及全国,以至"天下言《易》,皆推晋江(蔡清为泉州晋江人)"。清雍正二年(1724),蔡清从祀泉州文庙,并作为先儒分祀全国孔庙。

王宣、林福、赵本学三人都是晋江人,是蔡清的同乡。他们受老师的影响,对《易经》刻苦钻研,并各有心得:王宣长于以《易》论述古今兴衰之变;林福擅于以《易》阐明忠孝礼义之理;赵本学闭门研《易》六十年,精于韬略,"以《易》演兵",通上下古今战术。

俞大猷师从王宣、林福、赵本学，就渊源与传承而言，属蔡清的再传弟子。三位师长中，对他影响最大的又数赵本学。

赵本学（1478—1544），名世郁，字本学，号虚舟。乃宋朝宗室后裔，为南下泉州的宋太祖赵匡胤系赵子先的直系子孙。赵本学闭门隐居，将易学推演于军事，著有《赵注孙子兵法》《韬钤内外篇》等军事理论著作。

《孙子兵法》，春秋时期著名军事家孙武所著，不仅是我国现存最早兵书，也是世界最早的军事理论著作，被誉为"兵学圣典"，备受推崇。据有关资料统计，历代注释《孙子兵法》的作品有二百多种，其中影响较大的注家有三国曹操，唐代李世民、李靖，宋代张预，明代赵本学、李贽等人。赵本学的《赵注孙子兵法》共五卷十三篇，其特点是"字句有解，解之使意显，引之使事核"。全书列举战例一百八十个，引类准确，解义简明，是一部史例典型、理论完备、见解独到的军事理论著述。

《韬钤内外篇》主要以易学推演战阵，认真总结前人的阵法经验，清理汉唐以后"文士俗儒"华而不实、巧而无用、迷误后学的附会伪托战阵，汇集古代"圣王贤将"的优秀战阵，广征博引，溯源解说，并绘制阵图，传之后世。

赵本学对研《易》心得秘藏不露，与人交谈，从不论兵。逝世之前，没有将其毕生心血——《赵注孙子兵法》《韬钤内外篇》传给自己的儿子，而是授给得意门生俞大猷。大猷经过一番认真揣摩、深入研究后说道："吾读先师所授《韬钤内外篇》者有年，领其大旨，知其无一不根基于《易》者。"他对赵本学的"以《易》演兵"理论极为推崇，在《兵法发微》序评中写道："先师输精搜微，穷乎先后天之卦、河图洛书之数、九军八阵之法。自伏羲、文王四圣而下，逮汉孔明、唐李靖、宋岳武穆所著，虽大小不同，而同出天地理数之源者也。千古圣贤,垂世之典,宗祖符契之大,昭如日星。其有功前世不概见也。"

此后,俞大猷将老师赵本学的军事著作汇编成书,因北宋宰相、泉州人曾公亮主编了一部《武经总要》,于是,俞大猷将其命名为《续武经总要》,共八卷,前七卷为赵本学所著《韬钤内外篇》,后一卷为俞大猷所著《韬钤续篇》,包括他阐释老师赵本学理论、推演阵法的《发微四章》《营阵四形》,以及他撰写的武术专著《剑经》。

由蔡清而赵本学,再传俞大猷,其易学研究可谓一脉相承,三人的号皆取一个"虚"字,蔡清号虚斋,赵本学号虚舟,俞大猷号虚江,也是一种渊源有自的特别标示。

难能可贵的是,俞大猷吸取王宣、林福、赵本学三位老师的长处,统摄于心,默契神会,而有所阐发,创立新意。他曾说道:"人心之撰,四端而已。四端之变,不可胜穷也。若夫《易》所衍极深研几,尚象通变,弥纶天地,变化鬼神,旁行曲成,易知简能。盖自有以远悔吝,定吉凶而生大业者,非必假之卜筮而后知也。"因他深谙易学之理,并用以指导自己的社会实践及军事战争,往往能高屋建瓴,抓住事物的核心与本质,洞悉事物间的辩证关系,达到出奇制胜的效果。他不信佛教轮回,也不信神仙飞升、占相兆梦、妖魔星术、堪舆奇遁等,而是审时度势,以规则、理性为准绳。《易经》中的"天行健,君子以自强不息;地势坤,君子以厚德载物",影响了他一辈子。

三

俞大猷从小念书习文,考中秀才后又求教于名师,严于律己,刻苦攻读,努力提高自己的内在素质。他虽然没有通过科举之路进入仕途,但称得上一位真正而出色的文人学士。

与此同时,俞大猷又练就了一身过硬的武功,堪称天下无双。

少年之时,课读之余,他曾在清源山练胆,但这种练习,算不得真正的习武。

那么,他是何时开始习武的呢?

对此存在一定的争议,主要有两种说法,一说二十岁,一说二十九岁。

这种争议,源自俞大猷的相关自叙,他在《正气堂集》中说"余弱冠从戎",在《正气堂续集》卷七《乞归疏》中说"臣于嘉靖十年袭祖职福建泉州卫前所百户,十四年会试武举中式"。俞大猷所叙自然没错,争议在于后人理解有误,将习武的时间与袭祖职的时间等同合一了。开始习武,并不等于已经世袭祖职;如果袭职后才开始练武,俞大猷已近而立之年,人生的一些基本要素已然定型,此时要想从头开始练就一身绝世武功,恐怕为时已晚。因此,笔者认为,俞大猷弱冠之年,即二十岁左右开始习武;嘉靖十年(1531),也即二十九岁之时,父亲俞原瓒去世,作为长子的他世袭百户祖职。俞原瓒有两个儿子,次子俞文猷,世系不详。

从执笔书生到从戎武士,于一般人而言,这种转型会十分艰难,而对俞大猷来说,则属顺理成章。科举受挫,他肯定觉出了其中的弊端,不再汲汲于做一名寻章摘句的雕虫。在师长的启发下,转向统摄天地万物的易学,并用以推演兵法。研究兵法不能纸上谈兵,须习武、排阵,才有可能达到一定的研究深度与境界。受父亲及祖辈的影响,习武对俞大猷来说,是再自然不过的事了,他的血管中,流淌着武士的血液。

嘉靖元年(1522),俞大猷转而习武,先拜泉州永春人刘邦协为师,操练棍法;后拜南少林派名家李良钦为师,学习荆楚长剑。

泉州自晋唐以来,尚武之风盛行,最具代表性的是源自河南嵩山少林寺的南少林武术。嵩山少林寺十三棍僧辅佐唐王平天下,获得可"招僧兵，参政事"的特殊"待遇"，兴盛一时。少林棍法更是传遍天下，成为少林寺的秘传神技。传说元末之时，紧那罗王化身少林寺香积厨火头老和尚，手持一根三尺烧火棍，凭借一己之力，竟然打退了漫山遍野的围寺红巾军。

泉州清源山有座南少林寺，相传为唐朝嵩山十三棍僧之一的智空所建。南宋施梦说在《鲁东诗集》中有诗句道："少林寺宇筑清源，十进山门万丈垣。百亩田园三岭地，千僧技击反王藩。"清代蔡永蒹在《西山杂志》中也有记载："智空入闽中，建少林寺于清源山麓，凡十三落，闽僧武派之始焉。""少林寺十三进，周墙三丈，寺僧千人，陇田百顷，树林茂郁，掩映少林寺于山麓。"可见南少林寺规模宏大、庙宇森严。但在五代年间、南宋末年及清乾隆时，先后三次毁于战火。

李良钦武艺超群，特别是棍法，源自南少林派，尽得其精髓，变幻莫测，纵横莫当。明弘治三年（1490），李良钦出生于同安县积善里明盛乡山边村（今厦门海沧区东孚镇山边村），万历八年（1580）逝世，活了九十岁，即使在今天也属高寿。李良钦生性秉忠，相貌魁伟，据《李氏宗祠金禧庆典特刊》所记，他"机宜超越，风度离尘，少以任侠结客，得异僧授齐眉棍法，后乃加为丈二尺如吉殳，更神明以己法，故棍法遂传习四方"。年轻时，李良钦在故乡一带的东屿、新垵、嵩屿等地传授武功，因功夫过硬，传授有方，名气早已超越本地，传得很远。有一位绰号"柴钯公"的武师，听说李良钦如何厉害，心里很不服气，总想与他比试比试。柴钯公力大无比，功夫超群，擅用一把铁制的大柴钯（闽南农村一种耙拾柴草的农具）。这把大柴钯重得惊人，须数人才抬得动。一次，柴钯公终于找到了与李良钦较量的机会，他信心满满，志在必得。两人初一交手，柴钯公就被李良钦娴熟的技艺、凌厉的攻势所折服，自觉不如，甘拜下风。

李良钦不仅武功高强，且为人正直，品行优良，处世低调，从不炫耀，也不妄收弟子。大猷拜师之初，李良钦对他不甚了解，将他拒之门外不肯收下。俞大猷便投书一封，叙说自己的远大志向及这些年的努力，他特别强调学习武艺，并非为谋生或复仇，实因北虏未平，海疆不宁，学好文武艺，奉献朝廷与百姓。李良钦被他优美的文辞、远大的抱负打动了，不仅收他为徒弟，还将毕生所长毫无保留地教给他。

俞大猷向李良钦学习的长剑技艺，其实并非剑法，而是少林棍法。唐豪在《少林拳术秘诀考证》一文中说："大猷以棍为长剑，故称棍术为击剑。"南少林武功善于综合吸收民间及行伍中的各种技法，所谓"荆楚长剑"，当是少林棍术在传承发展的过程之中，融合了荆楚武当山道教太极拳等功夫而形成的一种刚柔兼济的棍法。

不论从文，还是习武，俞大猷都十分刻苦。清源山顶的百丈坪，据说就是俞大猷早晚练功的一个所在。加之他天赋极高，很快就能领悟其精髓，达到出神入化的境地。

学了一段时间，李良钦觉得俞大猷已尽得荆楚长剑之法。为了检验他所达到的程度，李良钦手持长剑，向俞大猷进攻。大猷后退两步，开始还击。师徒各自使出浑身解数，好一番争斗。不一会，李良钦放下长剑，高兴地说道："公异日剑术，天下无敌者！"

"天下无敌"，如此之高的评价，出自武功盖世的师父李良钦之口，俞大猷自然喜不自胜。然而，他的另一位老师赵本学却不以为然地笑道："若知敌一人之法矣，讵知敌百万人之法本于是乎？"长剑之法，只是战胜一人之术，如果面对成千上万的对手，又当如何克敌制胜？赵本学的问话于大猷而言，不啻当头棒喝，将有点飘飘然的他立时拉回大地，他开始冷静思索。赵本学循循善诱，"敌一人"与"敌百万人"，其方法、道理都是相通的。如何才能通达？他不断地思考学习，循环往复，终于领悟到"兵法之数起于五，犹一人之身五体，虽将百万，可使合为一"。其实践一下就上升到了理论的高度，并将对《易经》的理解与研究，运用于军事："上古圣人观之于天，察之于数，验之于易，推之于度，取之于身，证之于物，曲尽其理，而立为伍法以教人，可谓明且尽矣。"以《易》演兵，是俞大猷军事生涯的一大突出特点与亮点。

对于这段习武经历，俞大猷在《剑经》自序中有所记载："猷学荆楚长剑，颇得其要法。吾师虚舟赵先生见而笑曰：'若知敌一人之法矣，讵知敌百万人之法本于是乎？'猷退而思，思而学；学而又思，思而又学，乃知天下之理原于约者，未尝不散于繁。散于繁者，未尝不原于约。复以质之，先师曰：'得之矣。'"

嘉靖十年（1531），俞大猷二十九岁，这是他人生中重要的转折之年。

这一年，父亲俞原瓒与世长辞，俞大猷承袭泉州百户祖职。

既入武流，俞大猷内心十分清楚，这辈子若要建功立业，唯有取得卓著战功。个人武功及战略战术，二者不可偏废。事实上，他也达到了文武双全的地步。

向李良钦学习荆楚长剑，已超越师父。俞大猷并不满足于此，又开始醉心于骑射之术。各门武术、兵器、技艺，往往触类旁通，对此，俞大猷在《剑经》中阐述得十分明了："用棍如读四书，钩刀、枪钯，如各习一经。四书既明，六经之理亦明矣。若能棍，则各利器之法，从此得矣。"这种经验与体会，唯有文武兼备、武功高超者方能道出。

学了一段时间，俞大猷便掌握了骑射的要领，拉满弓，一发便能命中目标。难能可贵的是，他不论学什么，都用心揣摩，总结经验，形成要点，以达精湛之境。关于射箭，他抓住眼睛、手指、箭镞这三个关键，阐明它们之间的辩证关系："法曰：'镞不上指，必无中理；指不知镞，同于无目。'此'指'字乃是左手中指末。'知镞'者，指末自知镞到，不假于目也。必指末知镞，然后为满。必箭箭皆知镞，方可言射。"练到后来，俞大猷便达到了"指能知镞则命中"的水平，成为百发百中的神射手。

嘉靖十三年（1534）十月，俞大猷参加武科乡试。主考官巡按御史李东洲对他十分赏识，俞大猷顺利中举。武科虽属科举考试中的一种，但在时人眼中，比常科考试显然要略逊一筹。而对俞大猷而言，考中武举，多少弥补了当年乡试落选的遗憾。

武科考试始于唐代武则天长安二年（702），考试内容主要为射箭、马枪、举重、负重等科目，其中对箭术要求特高，必须达到远而准、平而直的高超水准。此后各朝，皆沿袭设立武科。武科与文科一样，考试分院试、乡试、会试、殿试，考中者也称童生、生员、举人、进士、状元，但须在这些称谓前加一"武"字以示区别。

第二年四月，武举会试在京城举行，俞大猷前往参加。

武科会试共分三场。嘉靖十四年（1535）四月初九考第一场，科目为马上箭，以三十五步为则。三天后考第二场，科目为步下箭，以八十步为则。骑马射箭是俞大猷的拿手强项，成绩优异，第一、二场顺利过关。

四月十五日举行第三场考试——策试，题目为《安国全军之道》并二问：一问正气血气，二问有无良法。可见全国性的武科考试，选取的并非那种只懂简单的打打杀杀的莽撞武夫，而是具有全局观念及谋略识见的将帅之才。

俞大猷在会试论策《安国全军之道》一开头，就阐明自己忍而持重的观点：

> 君子能成乎天下之事，以忍为之而已。夫忍，德之基也，行事立功之本也。君子而能忍，则不为人所致，机操自

我焉者也。君子而不能忍，则常为人所动，机操自人焉者也。机操自我者，持重以观变，秘幽以御物，在我无召彼之端，在彼无可乘之隙。忍于一时，必有大伸于其将来者矣。机操自人者，在吾无持重之威，自阐其浅深之形以示人，正所谓"小不忍，乱大谋"者矣。有国如是，安能有国？将日偾军，固其宜哉。

然后，俞大猷旁征博引，从多方阐述怒与愠、骄与亢之危害，唯有忍，才能持重，才能成就大事。当然，也不能一味地忍，"文王一怒，而安天下之民"。当怒则怒，须讲究"中和之义"。

俞大猷的用兵思想，在此已露端倪。他一生谨慎，忍而持重，没有获胜的把握决不轻易出兵。而一旦"发怒"，则直抵要害，捣毁敌巢。

一问正气血气，俞大猷认为"天下有正气，有血气"。

> 敢问何为正气？曰：难言也。其为气也，至大至刚，能轻天下无道之王公，而王公失其贵。能贱天下不义之金玉，而晋楚失其当。能充塞乎天地之间，而天地失其大。
>
> 敢问其所谓血气者，是乌足称于大君子之前哉？彼其凶狠狼虎之状，咆哮虎视之雄，常恃己之锐，以乘天下人之惰与归。一旦而自蹈乎惰归，他人亦以其锐乘我也。

俞大猷重正气，轻血气。他的正气论，也是其一生的真实写照，他流传下来的文集如《正气堂集》《正气堂续集》《正气堂余集》《洗海近事》等，汇集为厚厚的一册《正气堂全集》。

二问有无良法，俞大猷易学渊源深厚，十分注重事物之间的辩

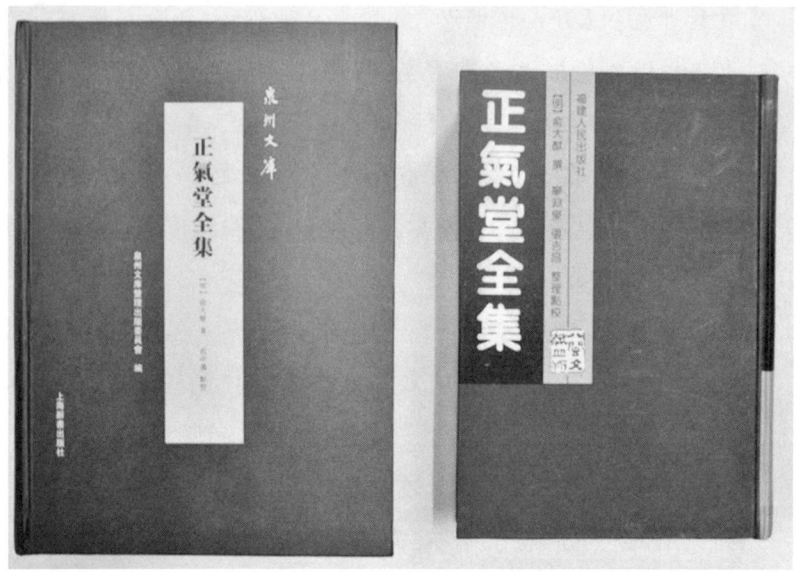

俞大猷著作《正气堂全集》（曾纪鑫摄）

证关系，他认为良法既无又有，关键在于如何使用。

> 天下有良法乎？曰：无。法良于创立之初，未必不坏于再传之后。天下无良法乎？曰：有。世世有奉法之贤，何忧乎无经久之法？昧者不察，徒见有天下国家以来，无法不弊，以为立法者之未尽善耳。不知再传之后，奉匪其人，浸失前制，是岂法之未善哉？不得其人用之之过耳。

武科成绩公布，俞大猷排名第五，考中武进士。

朝廷下旨，俞大猷由世袭泉州卫前所百户升任泉州卫前所正千户，守御金门。

第二章　守御金门

一

俞大猷虽署泉州卫前所正千户，但派往任职的金门千户所，则属永宁卫管辖。

金门位于福建南部的九龙江口外，与厦门岛毗邻。金门古称浯洲、仙洲、浯江等，由金门本岛（大金门）、烈屿岛（小金门）以及周围散布的十多个大小岛屿组成，面积一百五十多平方公里。

据清代《金门志》所记，汉人对金门的开发，有史可考的时间始于晋代，计有苏、陈、吴、蔡、吕、颜等六姓家族因躲避战乱，渡海移居金门。唐贞元十九年（803）设立行政机构，此后一直属福建省泉州府同安县管辖。

早期的金门，地处海滨一隅，与内地隔海相望，是一处逃避战乱、安宁祥和的世外桃源。宋代以后，随着海上丝绸之路的开辟拓展，东南沿海一带的经济贸易快速发展，台湾海峡成为南中国海与中国北方、日本、朝鲜航线的必经之道，澎湖、金门则位于台湾海峡南侧的心脏地带，是福建往来台湾的中转站，战略地位日益重要。特别是金门，"内可捍漳、泉，外可制台、澎"，因其固守在福建东南海口,取"固若金汤,雄镇海门"之意,故名"金门"。

金门与厦门的关系十分密切,两岛常有"金厦一体"之称。对此,《金门志》序言所述颇为精到:"顾念金门与厦门相唇齿,虽富庶不及,而地之险要尤甚……无金门,则厦门孤悬海岛……金厦两岛为泉、漳屏障,金尤为厦咽喉。踞上游,足控制台湾,而与海坛、铜山、南澳各水师相犄角……是金门虽丸泥片壤,而海门锁钥,要地攸关。"

明朝建立,海盗、倭寇肆虐,不断侵袭山东、浙江、福建、广东等地,"扰濒海之民"。海疆不靖,明太祖朱元璋深感忧虑,他一方面严厉推行海禁政策,"片板不许下海";一方面加强海上防御力量,在北起辽东、南至广东的漫长海岸线,设置卫所、建立城堡,构筑严密的"海上长城"防御体系。福建沿海设五卫十二所,金门千户所便是十二所之一。

金门守御千户所于洪武二十一年(1388)置所筑城。所城位于金门本岛西南角,前临大海,后倚高地,城内营房八百六十间,驻扎官兵一千五百三十五名。

嘉靖十四年(1535),俞大猷走马上任,担负起守御一方的重要职责。

刚到金门,他的卓越才华、实干精神、道德情怀、仁政思想等便得到了初步展现。

金门孤悬海外,向来被视为化外之地,南宋朱熹任同安主簿时,曾登岛采风,以礼导民、建立书院、教化民众、奠定根基。但长期以来,民风剽悍,诉讼不息,最难治理。俞大猷虽为泉州本地人,同说闽南话,但以前对金门的情况了解并不多。任职金门所千户,作为一名武官,除出色完成自己的职责外,他还做了不少本属文官分内的事情。大猷下到各乡,与百姓交朋友,了解民情,以酒食款待当地有名望的老人，倾听他们的建议与呼声。强化私塾教育，聘请名师任教，以忠恕孝道、诗书礼仪引导、教化民众。每有诉讼，俞大猷总是虚心听取双方的意见，尽可能地还原事实真相，不感情用事，不偏袒任何一方，以客观公正的态度处理纠纷，让诉讼双方心服口服。他为乡民平息争端无数，并不收取任何费用，拒绝他们送来的一切酬谢。

俞大猷还将每月的初一、十五，定为评议日。这两天，金门百姓便像赶集一样，纷纷聚集在乡约所。大家就半月来发生的一些大事，一五一十地叙述其经过，然后讨论、评议哪些事情是正确的，哪些做法是错误的，达成共识。做得好的作为正面形象给予褒扬奖励，而那些做了错事的人则受到谴责规劝。大庭广众之下，受到申斥的人往往无地自容，悔恨不已，痛改前非。

此外，俞大猷还与当地的文人学士论《易》吟诗，教士卒击剑斗艺守卫家园，以礼乐引导，以仁义教化。经过一番整顿治理，金门浇漓的民风开始慢慢改观，逐渐向纯朴敦厚、仁义善良过渡。

嘉靖十五年（1536），即俞大猷守御金门第二年，福建发生大饥荒，泉州饥民无以为食，不少人饿死。朝廷开仓发粮，赈济灾民。赈灾粮下拨各县后，大多根据户口，按人头发放。那些负责乡村事务的官员则趁机编造或篡改户籍资料，冒领口粮，导致该领的没领，或领得甚少，严重失衡。有的县为防止地方官吏营私舞弊，不予下拨粮食，通知饥民到县城或州治直接领取，或设点煮粥施舍灾民。但是，这些饥民一旦离家，奔走于路途，只得抛弃昔日营生，没有数日之粮，常常是吃了上顿无下顿，难以为继，老弱病残者更是苦不堪言，以至死者日众，尸体随处可见。

俞大猷奉福建巡抚李元阳之命，与许福、黄伟等人共同主持同安地方赈灾事务。俞大猷采用的赈灾之法，不同于其他地方。他先是张贴、传送赈灾告示,然后带人深入各乡,令当地所有居民聚集一处,席地而坐,逐一查看。那些长期没有饭吃、营养不良的人一望便知,大猷当即发放备好的票据。面黄肌瘦、形销骨立的饥民凭此纸票,可到官府指定的地方领取谷粟。这样一来,赈灾之粮真正落到急需口粮的饥民手中,平均主义及冒领现象得到了避免。饥民们将救济口粮领回家中,仍可继续过去的营生自食其力,种地的、做买卖的一仍其旧,秩序井然,不受饥荒影响。

由于俞大猷的赈灾措施得法,真正的饥民得到了及时救济,据《金门志·宦绩》所记,赈济"无一人遗,无片刻滞,无斗釜滥",受惠者达一万多人。金门属同安县管辖,此次赈灾自然也惠及金门。但以俞大猷为首的一行公干人员深入各乡,实地考察,必须付出大量的时间与精力,饥民们肚子填饱了,而他们则常常忍饥挨饿。一同负责赈灾的黄伟因"殚神毕力",疾病大作,积劳而逝。黄伟为金门后水头村人,当地百姓感念不已,将他视为"品德完人",称为"王爷公",建寿溪宫供奉祭祀。

二

俞大猷虽然偏居一隅,信息不通,但常以天下为己任,目光并不囿于海岛金门,而是胸怀大局,密切关注国家大事。年少之时,他最爱诵读的名篇,便是范仲淹的《岳阳楼记》,其中"先天下之忧而忧,后天下之乐而乐"的匡时济世情怀以及"不以物喜,不以己悲"的乐观旷达精神,影响了他一辈子。

当时,藩属国安南(越南)政局不稳,大臣僭越,王位更替,纷争不断。在是否用兵征讨安南国的问题上,宗主国明朝一直犹疑不决、举棋不定。

作为一个小小的千户，俞大猷不在其位，却谋其政。他通过各种途径，了解安南的历史、地理、军事、经济等相关情况，考虑如何决策、怎样用兵。

安南自秦朝并入中国，作为政区，于唐代初叶出现于史籍之中，朝廷设安南都护府管辖。五代十国，中原逐鹿，安南乘机叛乱独立。北宋建立，无力平叛，安南成为藩属国。永乐四年（1406），明成祖朱棣派兵进入安南，大获全胜，改安南国为交趾布政使司，成为明朝的一个行政区划。但明宣宗时，安南大乱，明军多次作战不利，安南再次独立，成为中国的藩属国。

安南国原为黎氏统治，明正德十一年（1516），襄翼皇帝黎䎖（又名黎㵮）不理朝政，荒淫无道，朝臣陈皓发动兵变。另一位大臣郑惟憻乘机杀死襄翼帝，拥其从子黎光治为帝。不久，黎光治又被郑惟憻之兄郑惟岱劫持杀害。安和侯阮弘裕则拥立黎椅（又名黎譓）为帝，是为黎昭宗。一时间，拥兵自重的大臣互不服气，各自拨打自己的"算盘"，又有黎榜、黎㰪被郑绥、阮敬相继拥立为帝，安南陷入一片混乱。

经过几年的军阀战争，莫登庸终于胜出。正德十六年（1521），莫登庸被黎昭宗封为仁国公，节制十三道水步诸营，后又升为太傅。莫登庸掌控了黎朝军政大权，大臣纷纷投奔于他。对不服从的异己者、叛乱者，莫登庸予以坚决镇压。黎昭宗被完全架空，莫登庸权势日炽，篡位野心逐渐显露，出行时僭用皇帝仪卫。

黎昭宗忍无可忍，只身逃往山西明义县，与大臣范献、范恕、郑绥等人密谋讨伐莫登庸。莫登庸一面派兵追捕，一面召集群臣，谎称昭宗被奸臣劫持，拥立其弟黎椿（又名黎㫏）为帝，是为黎恭帝，并遥废黎昭宗为陀阳王。

嘉靖元年（1522），就在黎昭宗出逃之时，他的母亲郑氏鸾派人秘密出使明朝，告之莫登庸驱逐国王之事。嘉靖帝朱厚熜虽然刚刚继位，事务繁剧，但还是派遣编修孙承恩、给事中俞敦前往安南，诏谕其国。使者行至龙州（今广西龙州县，西北与越南接壤），听说安南大乱，当即返回。

嘉靖四年（1525），逃亡中的黎昭宗遣使北上朝贡，请求册封，希望得到明朝支持，助他夺回实权。但所有使者全被莫登庸阻止，没能上达明廷。就在这年，莫登庸一举消灭了黎昭宗所依附的郑绥势力，将其擒获。第二年，莫登庸借他人之手，杀害了黎昭宗。

嘉靖六年（1527），莫登庸上演了一出禅让活剧，在他的授意下，群臣建议黎恭帝让位。那些忠于黎朝、公开抗命的大臣，全被诛杀。

嘉靖七年（1528），篡位后的莫登庸遣使赴明，声称黎氏朝廷断子绝孙，无人继位，他受黎朝末代皇帝临终嘱托管理国事，受到百姓拥护、群臣推戴，现上书明廷，请求册封莫氏为安南国王。

在这一重大册封问题上，朱厚熜谨慎从事，没有听信一面之词，而是暗中派人前往安南查访。使者与当地臣民接触，找到废黜的黎氏后代。终于了解到莫登庸以"禅让"为幌子篡夺皇位的真相后，嘉靖帝斥退莫朝使者，不予册封。

嘉靖十二年（1533），黎朝遗臣策划建立后黎朝，推举黎维宁为帝，派遣郑惟僚出使明朝。这次出使终于绕过莫登庸的耳目与阻挠，抵达顺天府（今北京），向嘉靖帝申诉莫氏篡位之事，请求宗主国伸张正义，出师平叛。嘉靖帝认为用兵事关重大，不可轻易兴师，当以威服人，也就没有积极回应，只是命令两广及云南守臣，查勘安南相关情况回报。

嘉靖十五年（1536），朱厚熜生了长子，欲向各国颁诏。礼部尚书夏言及兵部尚书张瓒认为莫登庸属"逆臣篡主夺国，朝贡不修"，不宜遣使颁诏,而应发兵征讨。

嘉靖十七年(1538)三月,嘉靖帝朱厚熜列举莫登庸十大罪状,以咸宁侯仇鸾为征夷副将军总督军务,改提督、工部尚书毛伯温为兵部尚书兼右都御史参赞军务,准备发兵征讨安南。云南巡抚汪文盛传檄安南,若有擒获莫登庸父子者,赏赐官爵白银;同时下书莫登庸,宣称若能投降,当赦免其罪。四月,提督两广军务、兵部右侍郎张经上书朝廷,认为进兵安南不仅耗费大量人力、物力、财力,且明军多为北人,不习南方水土,冒着酷暑远征,莫氏以逸待劳,胜算无多。但钦州知府林希元极言安南唾手可取。兵部犹豫不定,请求朝廷集议。嘉靖帝大为不满,遂罢征讨。

嘉靖十八年(1539),明廷册立皇太子,又须颁诏各国。这时,莫登庸派遣使臣阮文泰来到京城,献表请降。嘉靖帝本想就此招抚,便接受了降表,命新任礼部尚书黄绾为正使前往。黄绾担心此行不测,称病迟迟不肯动身。嘉靖帝大怒,罢免黄绾,命大臣再议安南之事。众臣一致认为,应该兴兵征讨。闰七月,嘉靖帝下令,命咸宁侯仇鸾、兵部尚书毛伯温出军安南。

俞大猷是从前来福建募兵的广东按察司佥事林按那里得知这一消息的,并听说仇鸾、毛伯温正在广泛征询安南用兵之策,"案行两广、云南都布按三司,通行所属府、卫、州县学校大小官员,及山林宿儒壮士,但有谋策俱要闻陈"。

经过一番深思熟虑,俞大猷写下《上两广军门东塘毛公平安南书》,呈献毛伯温,阐述自己的用兵谋略。

在书信中,俞大猷开宗明义,认为对付莫登庸不外乎两点,"伐谋攻心为上,而伐兵攻城乃其次焉",并提出了自己的具体意见。

关于军事进攻,俞大猷列出两种方案:一是正兵二路,一路由广西凭祥镇南关出发,一路由云南临安进发,向安南推进会师;二是分兵三哨，一路以福建水军直接进攻袭取顺化、升华等府，二路用广东水师自钦州、廉州出发，三路用广西田宁、龙州、归顺之兵向谅山、长庆一带进击。

用二正兵可克都城，用三分兵则袭诸郡，这种军事上的"常山蛇法"，首、尾、中并举，遥相呼应，可避免数师同出谅山、龙州，天远地偏难以施展，或山隘险要滞留等弊端。

论述至此，俞大猷特别强调，三十万大军从各地调集而来，强脆老弱，各不相同，大将军若没有深入的了解，便不可贸然进攻。陆军须在大校场中列队操练三月，水军先操演两月，再下水操演一月。分授各路将领，再经操练，才能启行。

出兵安南，不是简单的军事攻击，还涉及后勤运输、军械补给等。安南地势险要，若遇崎岖峻岭，运粮可用"猴传之法"：先将稻米封包装好，每包一斗五升，令兵夫空手挨个站立在崎岖的山路上，将米逐包传递过去，就像猴子传递东西一样。

安南的象阵战法，颇具杀伤力，不得不认真对付。俞大猷提出以战车、长矛破解。

明廷对于是否征伐安南，商议了三年之久，而安南莫朝恐怕早已做好应对准备，在明军的进兵之路上挖掘陷阱，时间一长，杂草丛生，与平地没有两样。因此，部队前锋须持大槌，遇到宽广可疑的地方，用力击打，检验地下虚实，而后继续前行。两军交战，敌方败北，我军追赶之时，尤当慎重，不可落入布下的埋伏与包围之中。

俞大猷虽然没有到过安南，但对当地及周边的地理形势了如指掌，提出的分兵进军之法得当，运粮食、破象阵、防陷阱等方案切实可行。

关于攻心之法，俞大猷认为，派遣使者持书，令敌军纳土投降，此上策也。莫登庸纳土请降，是真是假，不得而知，故此一方面陈兵列阵,以示军威;一方面应派遣使者抵达莫氏都城阐明利害,"责以夏夷之分,谕以逆顺之理,惧以强弱之势"。如真心归降,要考察其坊社、村洲、户口、粮米等,核对降表所列,一一落实;若虚与委蛇,背约不降,使者也可借此了解安南虚实大概。派出的使者若使莫氏真心归降,福及天下生灵,不啻十万之师。而这样的使者,必须"学裕才充,节坚识弘,直以国家生灵为念,而等生死荣辱于浮云大虚者,然后能为大司马大将军成此伟绩也"。俞大猷毛遂自荐,他说自己"学才节识,虽万万不如人,但叨国厚恩,许身愿报,不敢让于古之忠臣奇士",希望出使安南。

由此可见,作为一个微不足道的千户军官,俞大猷超人的军事素养与胆识谋略,不知胜过那些尸位素餐的高级将领多少倍!

毛伯温等人领命进驻广西,征集两广、福建、湖广官兵十二万五千多人,分三哨,从凭祥、龙峒、思陵州进军安南,并以奇兵两支作为声援,又传檄云南巡抚汪文盛率兵驻扎莲花滩,也分三路向安南进军。

嘉靖十九年(1540)秋,毛伯温等发檄文至安南莫朝,莫登庸大惧,不得不考虑未来的出路。

相传莫登庸为抵御明军,写了一首《咏萍》诗致毛伯温,夸示安南不可战胜。诗曰:

> 锦鳞密密不容针,带叶连根定计深。
> 常与白云争水面,岂容明月坠波心。
> 千层浪打诚难破,万阵风颠永不沉。
> 多少鱼龙藏里面,太公无计下钩寻。

毛伯温接诗,决定先礼后兵,以原题、原韵和诗一首,讥讽莫氏

井底之蛙、不自量力,表明荡平安南的坚强决心:

> 随田逐水冒秧针,到底原来种不深。
> 空有根苗空有叶,敢生枝节敢生心。
> 宁知聚处焉知散,但识浮时不识沉。
> 大抵中天风色恶,扫归湖海竟无寻。

莫登庸读完和诗,自信心受到严重打击,一番权衡之后,为免刀兵之祸、灭顶之灾,赶紧向明廷纳贡称臣。

传说免不了虚构细节,但结果与史实一致。莫登庸留继位的次子莫福海(长子莫登瀛已逝)镇守安南,自己与侄儿莫文明以及朝廷重臣四十多人经镇南关来到明军大营,献上地图户籍、金银珠宝,自缚请降。

"有征无战,王者之师也。"毛伯温受命南征,仅一年多时间,即以和平、圆满的方式解决二十多年来悬而未决的安南难题,功莫大焉。虽然没有确凿的史料记载毛伯温借鉴、采用了俞大猷的征剿之策,但其过程、方略、结果与《上两广军门东塘毛公平安南书》中的建议甚为吻合,说明俞大猷不仅武功盖世,而且胸怀大局、谋略出众。

三

与上书毛伯温获得赏识乃至采纳相反,俞大猷的另两封上书,则给他带来了意想不到的屈辱与打击。

这两封收入俞大猷《正气堂集》的书信,一为《上金宪伍山陈公条陈用兵二弊二便书》,另一封为《又呈画处官澳三策》,没有标明具体写信时间。根据俞大猷在金门任职五年,两信应在上书毛伯温之后等情形推算,当在嘉靖十八年(1539)或嘉靖十九年(1540)。

作为金门所千户,打击海盗,加强治安管理,使金门百姓安居乐业,当是俞大猷的主要职责。嘉靖十五年(1536)秋,金门金沙镇官澳村一带,出现大批海盗,俞大猷奉命追剿。官兵与海盗猝然相遇,双方拔刀相斗。俞大猷挫败海盗的凌厉攻势之后,突然命令部众原地防守。这股乘风游击的海盗见状,慑于俞军威风,只得停止攻击,收兵远遁。俞大猷以威屈人之兵,使得海盗不敢再窜金门侵扰民众。

俞大猷针对官员玩忽职守、地方防务松弛等弊端,向主管监察的佥都御史陈伍山上书,为其出谋划策,以便缉捕海盗,维护地方安宁。

他认为不能成功抓捕海寇,其原因有二:"上不能用将,将不能用兵是也。"

上不能用将,主要表现为择之不慎,责之不专。海盗袭来,选将不慎,任用的将领,往往不知兵法,不懂应对。也没有专责一人,"今日委一府首领,明日委一县巡捕;今日委一寨把总,明日委一卫指挥;今日兵船三五泊此港湾,明日兵船六七抛彼洲屿"。兵出多门,职责不清,各不相属,互相推诿,进止不一。这样一种松散疲软状态,用以对付上下齐心的海盗,何以取胜?

而将不能用兵,主要在于将不知兵,军纪松弛,念家惜身,无智无勇。一个堪当大任的主将,应当"身驾海舟,出冒大洋风波之险、兵刃之凶,谈笑安受。贼入广,吾与之俱广;贼入番,吾与之俱番。必穷其所至,获其丑虏而后已焉。万一不虞,鱼腹埋骨,亦不负丈夫平生,何避之有"。而事实正好相反,将领"高坐湾澳",远观成败,擒获海盗贪为己功,不得则认为关我何事。

弊端若此，如何纠正？俞大猷提出用兵"二便"：

"其一曰，委任当极其至也。"委任将领，仪式要隆重，要授以实权。而"今之遣将者，以文移掷之，如呼小儿然"，如此轻率处之，部下自然难以尊重从命。

"其一曰，赏费当有所取足也。"对勇于效命的士兵，要予以重赏。"兵无财，士不来"，有重赏，则重罚可行。赏罚分明，军纪肃然。

在《上金宪伍山陈公条陈用兵二弊二便书》中，俞大猷直陈官兵陋习，一下点中"穴位"。他提出的解决方案，倘若施行，定能大见成效。

第二封上书《又呈画处官澳三策》，针对的是金门官澳海寇。俞大猷献上三条解决之策：其一，征船数十艘，征兵数百人，水陆同时进剿，这种方法十天之内便可奏效，但有可能伤害无辜；其二，不向外调兵调船，由他带领精兵五十，劲兵二百，突然劫击，一月之内，可达其效，用这种方法，现有的海盗不一定能够全部擒获，而新的盗贼则有可能复现；其三，不动一兵，不用一船，由他携妻子作人质镇守官澳，为乡民辨善恶，立保甲，行乡约，早晚查点、劝谕，使那些盗贼"归化向顺，安生治业"，采用此策，需要三月方能见效。

俞大猷征剿海盗、治理一方，总是先礼后兵，以安抚为上。治理并不是为了杀人，而是以理服人，以德化人，征服人心。这种思想，贯穿了他的一生。

没想到的是，陈伍山接信，根本不管俞大猷对症下药、条分缕析阐述得多么在理，他的逻辑是，你一介低级武官，为何超出自己的职责范围上书于我？于是下令严惩俞大猷——给以杖击，夺去千户官职！

回想俞大猷驻守金门五年期间，其文治武功深得当地民众推崇。他加强海防，修筑碉堡墩台，派兵在海域巡逻，精于治军，部众战斗力强,海盗慑于他的威名,往往不战而退。

他重视文教,闲暇之时,常与岛内士人或幕僚登临城南海边的南磐山,观赏海景,吟诗作赋。在他的影响下,金门诗人辈出,诗风大振。武将也受他儒雅之风熏陶,据林焜熿《浯洲见闻录》记载:"明兴,邵参将应魁从俞大猷游,故以名将能诗,有雅歌投壶气象。"金门百姓在俞大猷的教化下,以忠孝、仁义自律,官府无诉讼之争,剽悍嚣讼之风为之一变。

他注重奖掖后进,培养地方英才,杨宏皋、邵应魁、许福、颜扬等人便是其中的佼佼者。杨宏皋为俞大猷门人,任参将,继守金门所;邵应魁"从俞大猷游",与他唱和赋诗,向他学习武功,于嘉靖二十六年(1547)考中武进士,成为同安县登武第的第一人,"其将才与诗才,亦大猷之亚也";许福曾与俞大猷一同主持金门赈灾,后授江南监察御史;颜扬资质聪敏,诗文俱佳,"俞大猷与为刎颈交,致之任,后资之"。

因此,当地百姓得知俞大猷无端受责、离开金门之时,都含泪相送,舍不得他离开。特别是那些向他学习《易经》的文士,全都跟至泉州;向他学习剑法的丁壮,则一直追到他的家中,宁可做杂役,也不愿离去。

而俞大猷本人面对这一突如其来的屈辱与打击,则显得十分坦然、淡然。既不抱怨,也不气馁,仍胸怀大志,孜孜以求,一如既往。

多年之后,俞大猷在松江(今上海松江区)遇到陈伍山时,不仅没有报复羞辱他,反而以师礼相待。他用辩证、发展的眼光看待当年的杖责、免职之事,说:"如果没有陈伍山,我将长期待在金门,也许现在还株守在那儿呢。"

俞大猷于嘉靖十九年(1540)离开金门,金门人一直感念他的功绩与恩德,称他为"俞佛"。二十年后,即嘉靖三十九年(1560),门人杨宏举在金门南磐山俞大猷题写的"虚江啸卧"四个大字旁,建了一座纪念亭，并撰《虚江啸卧亭记》：

　　虚江为谁，都督俞公别号也。公曷以啸卧于兹耶？初，公以乙未武进士加千户秩，来守金门，期年而化。暇时尝游息于此，故自题曰"虚江啸卧"云。

　　公为秀才，即喜诵范文正公"先忧后乐"之语，慨然慕效之，啸卧岂自暇逸乎哉？必不然矣！夫公文武忠孝，所至人诵其名；生平以理自信，虽百折不少挫。其视文正，殆后先一辙尔矣。当在金门，尝有志构亭，寻因升去不果。余后公二十二稔，乃来继治。思以阐公志也，故命工甃石构是亭于石，题之于前。后匾曰"后乐"，于其乐也，乐山川人物，互相辉映。后有登斯亭者，其亦闻风而兴矣。遂记之；又从而歌之曰："啸于斯、卧于斯，留芳百世肇于斯。"

后来，虚江啸卧（又名啸卧栖云）成为金门八景之一。

嘉靖四十三年（1564），金门人为排解思念之情，索性为俞大猷建了一座生祠，立碑纪念，碑文《都督俞公生祠》写道：

　　公为金门御而公廉，孚以恩信。有荆楚剑法以教士卒，有诗书礼乐以育英才，有圣训规条以帅父老子弟行乡约。乃今甲胄之士，人人公侯心，而白皙青衿，间亦崭然露头角。公之教也，斯不亦湛思汪想，足鼓人心乎？……斯不亦肤功赫，足系人望乎？夫其恩足鼓人心也，是故人知感而碑竖焉。公其功足系人望也，是故人不忘而祠建焉。

金门啸卧亭（黄宁摄）

金门虚江啸卧碑记（黄宁摄）

第三章　志存高远

一

俞大猷守御金门时，家属仍住泉州城中。夫人陈氏善良贤惠，料理家务井井有条。弟弟俞文猷十分能干，将外面事务打点得颇为圆满，对母亲也格外孝敬。太夫人杨氏自从丈夫去世，就开始信奉佛教，天天吃斋，恰好邻居之母不仅信佛，且对佛事十分精通，文猷便请邻居之母常为太夫人说佛唱偈。俞大猷免职回到家中，每次遇到邻居母亲，都毕恭毕敬，以礼相待。儿子孝顺，儿媳贤惠，内外有序，太夫人的晚年生活过得十分惬意。

在家中，俞大猷尽享天伦之乐。但他志存高远，并不安于这种平稳、平淡的日子，一直关注世局变化。机会终于来了，嘉靖二十一年（1542）八月，朝廷颁旨，要求各地举荐优秀武士。

明廷出此诏示，实迫于北方边塞鞑靼侵扰。明朝建国之初，虽将蒙古人驱逐塞外，但他们一直觊觎中华。元朝退居漠北后，皇室后裔建国鞑靼，随着实力的不断增强，他们不时袭扰内地，劫掠财物。明廷不堪其扰，却又无力大规模远征将其消灭，只能来一阵挡一阵。嘉靖二十一年（1542）闰五月，鞑靼首领俺答派使者前来大同，请求通贡。大同巡抚龙大有不仅没有应允，反而将来使杀掉。俺答大怒，举兵入侵山西，六月侵犯朔州、雁门关、太原，七月攻入潞安、沁县、汾县、襄垣、长子等地。明军迎敌，俺答来势凶猛，参将张世忠战死。边塞形势极为严峻，明廷震惊，下诏选拔天下将才。

俞大猷得知消息，高兴地说："此吾灭胡报国时也。"

监察御史徐宗鲁巡按福建，为贯彻朝廷旨意，召集政府相关部门商议，广泛挑选武臣。当时承平日久，除边关外，少有战争，能够打仗的人极少，而深谙战略战术者更是凤毛麟角。武臣们听说朝廷选将，个个面有难色，畏葸不前。唯有俞大猷一人前往应选，他整冠扶带，拜谒徐宗鲁说："台下奉明诏选边帅，无逾于俞大猷者矣。俞大猷于九边形势虚实，无所不知。古今兵法韬略，无所不究。且以忠孝诗书，运于其间。朝廷大用之，当见大效；小用之，当见小效……"

不了解俞大猷的人听闻此言，以为他在炫耀自己。其实，大猷所说"于九边形势虚实，无所不知。古今兵法韬略，无所不究"，是他半辈子的研究心得，半点也没有夸饰，同时也反映出他被埋没、压抑已久，渴望为朝廷出力、建功边疆的迫切心情。

经过一番对谈，徐宗鲁认为俞大猷不仅胸怀远大抱负，而且具有真才实学，决定向兵部推荐。

俞大猷的庭堂答对也令在场其他官员对其才识赞赏不已，督学田汝成当即将他请入内室，以茶礼款待。

虽有监察御史徐宗鲁的举荐，但不知要等到什么时候才有结果。好男儿志在四方，为了实现自己的人生价值，早日得到朝廷重用，俞大猷决定亲往京师。

泉州家中，有弟弟文猷及贤妻照料，俞大猷完全不用操心，只是没有积蓄,手头十分拮据,连去一趟京城的盘缠都没有。怎么办?大猷思虑再三,在家人的全力支持下,卖掉了家中几乎所有值钱的东西,好不容易才凑够一笔路费。

俞大猷动身北上,妻子、亲友、旧部等为他送行。他的心中,涌出了一股生离死别的感伤、激情与豪迈,不禁对众人说道:"我与胡虏,势不两立!如能活着回来,必当是胡虏灭亡之时,也是我大猷得志之日。"

二

俞大猷来到京城,寓居在同乡邱养浩家中。

邱养浩,字以义,号集斋,晋江人,正德十六年(1521)考中进士,官拜监察御史。他为人正直,因看不惯近侍陈钦所作所为,上书弹劾,遭到反击,被武宗皇帝朱厚照贬为永平推官。还未成行,又赐还原职。后擢升右佥都御史,巡抚四川、江西等地。

作为同乡,邱养浩对俞大猷十分了解,两人常推心置腹地交谈,一同探讨国家大事,是一对典型的忘年之交。他认为俞大猷具有"光霁之怀,敏练之识",非百里之才,而是一位堪当国家重任的栋梁之材,即他所说的"社稷之器也"。

大猷在京城待了好久,也没有兵部的任用消息,看来监察御史徐宗鲁的举荐没有什么效果。邱养浩对他的遭遇十分同情,常为他鸣不平,一边宽慰他不必着急,朝廷正值用人之际,金子的光芒是无法埋没的,在北京尽管住他家中,只要大猷愿意,想住多久就住多久;一边联络同乡刘存德、李橙等人,不遗余力地向朝廷推荐。一时间,京城官员都知俞大猷是一员不可多得的文武将才。

大猷不计人过,但对别人的点滴恩德都铭记在心。他常对人说:"邱集斋,我之魏无知也。"魏无知,秦末人,楚汉战争时追随刘邦。楚将陈平背楚降汉,魏无知将其引荐给刘邦。陈平多次出奇谋帮助刘邦大败项羽,成为西汉王朝的开国功臣之一,官至丞相。据《陈丞相世家》记载,汉高祖刘邦封陈平为户牖侯,并与之剖符,陈平辞谢道:"这不是我的功劳。"刘邦说:"我用你的计谋克敌制胜,怎么不是你的功劳呢?"陈平说:"这是魏无知的功劳,要不是他的推荐,我怎能追随皇上建功立业呢?"刘邦对他的饮水思源、不忘根本感叹不已,于是又赏赐了魏无知。俞大猷在给邱养浩的一封书信中写道:"伏自惟省,古有受人一饭而不敢忘,况义重山岳、仁同天地者乎?"

与此同时,俞大猷又直接给兵部尚书毛伯温上书,阐述自己对北疆边防及明军问题的认识与见解。

他在《上兵部尚书东塘毛公书》中写道:"第跋涉至此,困迫穷途,大有所负而来,安忍无所建而去也?是以不得已而陈词,大其声而叫号。大司马欲集四方有志之士,以徇国家之急,请自猷始。猷虽无用,犹可为千金马骨,大司马将不得千里马而用之乎?"大猷至京,事情的发展完全出乎他的意料,原以为有监察御史徐宗鲁的举荐,很快就可得到重用,没想到在京城一待就是数月,没有半点消息。又有同乡邱养浩等人的联名推荐,"名动缙绅",但实效不佳,以至大有穷途末路之感。如果换了别人,可能心灰意冷,掉头南归了,但他不能忍受没有建树而回。接着,他分析了北疆边防的敌我形势及实际状况:"方今之时,猛将谋臣,所在棋布。闻之胡虏种落能习战者,不逾十万。飞刍挽粟,所在邱储。闻之胡虏䊈食所利赖者,不过六畜。鍪戟千簇,金革百备。闻之胡虏长技所能者,不过弓矢。跳荡攻守,奇正无数。闻之胡虏善骑所恃者,不过冲突。我军得其全,而胡虏得其一。顾不能以此制彼者,国家不能得我军之死力,胡虏能舍躯以徇利也。"明军与鞑靼相比，占据一定优势，却不能克敌制胜，关键在于鞑靼为了抢掠不惜生命，而明兵军心涣散，不能出力死战。何以导致这种情形，他剖析原因："猷以为赏太滥，令太严，兵太多，粮储太备耳。"

大猷的观点的确令人耳目一新，乍一看，似乎有违常规。一般而言，有赏、令严、兵多、粮足，这四点是军队立于不败之地的基础，他为何出言如此？万事万物，须加以辩证对待才是。克敌制胜的基本要素，在当时对付鞑靼的战斗中，却成为一种自我掣肘的问题与负担，俞大猷一一分析，剖陈利害，阐述缘由。

先看赏太滥。有赏则有罚，赏罚得当，军队才能用命。而奖赏过多，有赏无罚，细微之功得赏，或冒功领赏盛行，这样的军队，一遇大敌顽敌，必然涣散离心。

再说令太严。兵在外，"事机仓卒"，必须临时决策，随机应变，应对强敌。而朝廷对用兵则不断下令，干预过多，"奏牍纭驰，命令涣号。虽有神速，亦复泄露"。命令太多太严，反使将士手足无措。

其三兵太多。兵不在多，而贵在精壮、强悍。对此，俞大猷写道："昔者李靖以三千人破突厥于定襄，其后破颉利于阴山，亦不过万人。二虏亦当时之胡虏也，而我军岂下数十万哉？其势乃无异于驱群羊以攻猛虎。由羊无敌虎之志，是以明其不敌也。"

最后粮储太备。军队的后勤供给，并非"输粟于边"，而是"计粟受金"，以银两充当粮饷。"金银虽富，不可充饱。"且将官发放之时，"萌生贪污"之念，常克扣士兵银两。

毛伯温接书一阅，大为惊异，俞大猷所论，可谓切中肯綮，一下就点中了北疆防守的关键所在及明军问题的"命脉"。对俞大猷，毛伯温的印象实在是太深刻了，几年前率军出征安南，他就写过《上两广军门东塘毛公平安南书》。俞大猷此次上书也有所提及："昔不自量,当大司马征南之日,尝条具事宜,赴军门投。上遣使问罪纳降,竟如猷所献。"这样的将才,却闲置不用,实在失职。于是,毛伯温马上将他派到宣大总督翟鹏那儿辅助军务。

三

宣大总督,全称"总督宣大、山西等处军务兼理粮饷",于明景泰二年(1451)设置,此后或罢免,或恢复,辖区也相应地有所变化,但主要包括宣府、大同、山西三地。

嘉靖二十一年(1542)七月,俺答大举入侵山西,劫掠太原、潞安,兵部起用曾任此职的翟鹏,恢复故官,并兼山东、河南军务,巡抚以下官员听其节制。

翟鹏(1481—1545),字志南,号联峰,河北抚宁人,正德三年(1508)考中进士,任过户部主事、员外郎、卫辉府知府、陕西副使、右佥都御史、兵部右侍郎等职。翟鹏生性耿直,为官清廉,每次任职,多有建树。

翟鹏复官宣大总督,受命上任之时,鞑靼已退回塞外。为防后患,他赶到边塞朔州,向朝廷上书,以宣、大三关兵力为主,请调陕西、蓟、辽客兵八支,募选当地土著,组成精兵骁勇十万,挑选良将统帅,列为四营,分布塞上,相互照应。然后,又修筑城垣、疏浚壕河、增设墩堡、建造营舍,构筑抗御鞑靼的立体防御工事。

俞大猷接兵部令,马上从京城出发,前往山西朔州。

一路行来,满眼风光,与江南有别,与大猷家乡更是迥异。他虽然长期生活在多山地、近大海、岛屿棋布的闽南,但心中所系,便是驱逐胡虏,建功漠北。因此,他曾无数次想象过西北大漠景色,但当第一次置身其中时,还是被眼前"天苍苍,野茫茫"的雄浑壮阔所震撼。他一边欣赏西北风景，与闽南、江南、华北进行比较，一边从军事的角度进行考察，不同的地域环境，布兵列阵自然有所不同。

嘉靖二十二年（1543），当俞大猷赶到朔州宣大总督翟鹏处听用之时，抗御鞑靼的军事方略已在心中形成，他挥笔写下了《上宣大军门侍郎联峰翟公书》。

俞大猷在上书中特别强调了自己从泉州前来山西的不易与决心："猷之来也，尽鬻其家之资用，以充行囊，为生死辞以别亲故，走万里而不知其远，居九夷而不见其陋，闻惊风嘶马而不凄其心，耐寒霜彻骨而不馁其志。所为此者，期输微能，行幼学，立毛发之功，以报祖宗二百年培养之恩，以酬神武相公一日知己之遇。"接着提出了对抗强虏的策略，良将必须知兵，了解属下的特长本事，发挥利用，方可胜敌："将帅之用兵也，凡门下之术士、谋客、副将、部长，以至于数十万之士卒，皆当知其孰贤孰迂，孰勇孰怯，孰精孰疏，孰长于骑而短于步，孰能于此而不能于彼，真如儒生之识字义，一字不容放过。然后以此前攻，以此后守，以此为正，以此为奇。大阵合则大胜，小阵合则小胜，遂为真将军之兵矣。"鞑靼骑兵剽悍迅疾，来去如风，入侵内地如入无人之地，肆无忌惮，根本不把明军放在眼里，之所以出现这种情况，是因为自明成祖以来，从来没有给鞑靼以沉重的打击。如果大胜一场，打得对方丢盔弃甲狼狈逃窜，或全歼入侵之寇，令其胆寒，鞑靼必定有所收敛："猷思胡虏素得志之后，我兵素不利之余，不先算胜求战，以大克一阵，安能使其破胆寒心战？"壮我胆，令敌寒，这是俞大猷用兵的历来主张。当然，他也十分重视武器使用、技艺阵法等具体战术："欲以强弩胜其弓矢，铳炮摧其坚锐，虎叉制其环刀，矛车御其冲突……又其间有弩制、车制、旗制、牌制、纲制、铳制、斩马刀制、虎叉钩刀制，分合之法，止齐之节，赏罚之格，斥堠之周，申令之详，教化之渐，地势之便，阵势之奇，原得一一指画,条答于神武相公之前焉。"

　　上次上书不久,俞大猷又写了《再上联峰翟公书》,就抗御鞑靼的战术技艺等方面予以详细阐述,比如步兵与骑兵所用兵器不同,步兵要战胜骑兵,须用虎叉佐以钩刀,还要配以镖枪、圆牌、斩马刀等武器;与鞑靼骑阵冲突之时,我方应用"正兵"(所谓正兵,就是以车或虎叉之类结成阵势,先守后战),"使吾之所统,皆教阅素熟之兵,节制素定之众。彼小冲,吾当取小胜;彼大冲,吾当取大胜"。

　　就现有资料来看,宣大总督翟鹏接到俞大猷的第一封上书后,似乎没有什么反应。这种情形,也许是忙于军务来不及拆阅,或虽阅但没有时间处理。第二封书信递交上去之后,翟鹏一见,作为一名既具军事理论,又有抗击鞑靼骑兵实战经验的统帅,当然知道这上书的分量,他马上召见了俞大猷。

　　庭堂之上,两人就当前的御虏兵事展开讨论。一番对谈,翟鹏深为折服,不禁叹道:"南人乃谙战阵,勇士复识诗书,吾不当以武弁目之。"是呵,俞大猷乃文武兼备的将帅之才,岂能以一介武夫视之?翟鹏说着,当即下堂,给俞大猷以隆重礼遇,令在场官兵惊叹不已。

　　大猷的非凡才华虽然得到宣大总督翟鹏赏识,但翟鹏并未予以特别重用,只是将他作为一名策士而已。

　　俞大猷郁郁不得志,决意辞归。就在这时,邱养浩等人的推荐起了作用,嘉靖二十三年(1544)三月,俞大猷接到朝廷一纸诏书,任命他为汀漳守备,署指挥佥事。

　　俞大猷走马边塞,壮志未酬,原因固然是多方面的,但与宣大总督翟鹏自顾不暇大有关系。嘉靖二十三年(1544)正月,俞大猷来到朔州不久,嘉靖帝不顾敌我双方力量对比及实际情况,下令翟鹏根除边患,且责之甚急。翟鹏竭尽全力往来驱驰,却因八方掣肘收效甚微。他想辞职,皇帝不准。连自己都去意彷徨,想撂挑子不干了,对俞大猷自然难以顾及。嘉靖二十三年(1544)九月,俺答再次侵入内地,至蔚州,抵屠浮峪,犯完县,以至畿辅震动,京师戒严。嘉靖帝大怒,严加追责,下诏逮捕翟鹏。嘉靖二十四年(1545)六月七日,翟鹏惨死狱中。

俞大猷此次虽未获重用,但对西北的山川地理形势有了亲身感受与体验,对敌方鞑靼的军事实力、作战方式、行动特点等有了较深的了解,为此后立功塞北及军事理论思想的形成,奠定了基础。

第四章　崭露头角

一

汀漳守备是福建汀州、漳州二府的最高军事长官，下辖三卫七所，三卫即汀州卫、漳州卫、镇海卫，七所为守御武平千户所、上杭千户所、六鳌千户所、铜山千户所、玄钟千户所、龙岩千户所、南诏千户所。

汀漳守备驻武平千户所，简称武所，距今武平县城西南方约五公里（今武平县中山镇），因有一条发源于梁野山麓注入梅江的武溪河流经此地，也称武溪里。武平县位于武夷山脉最南端，境内峰峦叠嶂、沟壑纵横、地势险峻、河流众多，流域面积五十平方公里以上的河流就有十八条，呈放射状分别汇入梅江、汀江、赣江，又是闽、粤、赣三省交界之处。特殊的地理位置，使得武平县成为闽西、粤东、赣南的重要交通枢纽和物资中转集散地，享有闽西"金三角"之称。居民多为汉族，但历史上属畲族聚居地，因此，武平自古便是一处军事重镇。

就职务而言，俞大猷任汀漳守备，署指挥佥事，与过去的千户相比，要高一级，相当于正五品。作为地方军事长官，汀漳守备的职责是守卫汀州、漳州，管理地方，捕盗安民。有了长达五年守御金门的任职经验，俞大猷驻镇武平，可谓驾轻就熟。

武平千户所于明洪武二十四年（1391）设立，驻军一千一百五十名，筑有老城、新城、片月城三城，它们相互勾连，城墙高大厚实。俞大猷来到武平，除整顿驻军外，还教当地人武术。一时间，武平人习武成风，技艺精悍，闻名遐迩。作为三省交界之地，武平治安管理原本相对混乱，在他来后，盗贼知道武平人武艺高强，轻易不敢来犯。

三城之外，俞大猷还建了一座读易轩。轩已不存，据当地文史专家考证，故址位于武平千户所东北陬守备行司中，即今武平县中山镇政府大院内。当年，俞大猷与当地文人雅士一起，登楼读《易》，赋诗作文。文武之道，一张一弛，俞大猷深谙此道。原有的三城属武备，新建的读易轩属文教，武力之外，注重文治。文武兼备，教化治民，是俞大猷的一贯主张与实践。受俞大猷影响，武平人历来精悍，而研习《易经》，则成为当地士人的一种风尚。

其时，一股海盗在首领康老的率领下，或在沿海一带抢劫，或溯内河而上掠夺商户财物，十分猖獗。

嘉靖二十六年（1547）五月，俞大猷率兵进剿，康老乘船逃遁。俞军紧追不舍，追至福建诏安县东南海面，终于抓住战机，一举歼灭海盗康老，斩杀、俘虏三百多人，缴获大小船只七十多艘。自从海盗横行，汀漳民众遭殃，唯恐避之不及，官兵虽有征剿，但收效甚微，海盗也从未遭受如此沉重的打击。

两个月后，俞大猷率领士兵追剿"流贼"雷士贤及其随从，擒敌五十多名。

就在这时，东南沿海时断时续的倭患开始加剧。闽、浙海防废弛，过去备置的战船、哨船所剩无几，不足十分之一二，倭寇来袭，官兵不堪一击。对此，明廷高度重视，命巡抚南赣的右副都御史朱纨提督浙、闽海防军务,巡抚浙江,抵御倭寇。朱纨到任,在闽浙一带采取了一系列严厉有效的整顿措施,并就汀漳防务向俞大猷询问相关事宜。

为此,俞大猷给朱纨写了一封《呈福建军门秋厓朱公揭·条议汀漳山海事宜》,就汀漳二州的地方治安及海疆防卫作了详细汇报,可以看出他对辖区的治安情况了如指掌,并对潜在的危机防患于未然。

俞大猷认为,汀、漳山谷(即陆地、内地)应当预防的隐患有两处:一为漳州诏安县的白叶峒,这里离县城七十多里,周围都是崇山峻岭,只有东、西两条小路通往外地,首领陈荣玉及附从百余人据险以守,三年前曾流窜到漳、泉一带劫掠;二为汀州武平县的挂坑悬绳寨,这里离县城四十多里,首领刘缘率众三百多人聚集于此,曾于正德年间流劫赣州地方,甚至一度攻破雩都县(今于都县)。陈荣玉、刘缘近来虽已接受招抚,收敛行迹,但并非心服,一旦情况有变,极有可能"再肆凶毒"。于是,俞大猷提出应对三策:一、练精兵以为先声;二、优待技能以劝勇敢;三、备器械以修实用。并加以详细阐述,其目的在于建立一支具有强大作战实力的精兵,以防不测。

而汀、漳沿海一带,应当预防的可变之地唯有一处,那就是漳州府诏安县的梅岭村。这里有林、田、傅三大姓共一千多家,男不耕种却食必粱肉,女不纺织而衣着光鲜,如果没有通番接济、盗劫行径,断断不能如此。长期以来,官府对他们无可奈何。这里的居民,原在一个名叫蛇州的海岛居住,虽将他们迁移此地,但仍与海上相通。如何治理?可参照漳州龙海县海沧治理之法。过去的海沧,情形与今天的梅岭相同,因为设置安边馆加以整治,民众已安居乐业。如果在梅岭村立一馆,设一官,既不激化矛盾,也不纵容宽待,时间一长,奸恶之俗便会改观。

条陈汀漳隐患及处置之法后,俞大猷论及海防,提出预先防范的四项措施：立保甲，急攻捕，断港澳，修墩台。

立保甲。即十家为一甲，十甲为一乡。家与甲、乡相连，一家犯罪，罪连一甲；一甲犯法，罪连一乡。而一甲有难，一乡救之；一乡有难，乡乡救之。长此以往，形成制度，"则一切通番接济坐地之徒，皆可渐除"。这种保甲连坐法，从今天的角度来看，牵连太广，有失人道，但在当时的条件及特殊情形下，对防范通倭、稳定秩序确能起到重要的作用。

急攻捕。盗贼在某地为害，报至省城，讨论如何募兵、怎样召集船只，往来反复，等到追捕之时，须四五十日。这时，盗贼早已逃得无影无踪了。兵贵神速，因此，"朝有声息，夕发追捕；夕有声息，朝发追捕，不数日可收成功"。

断港澳。在海寇必经的港澳之处，设置障碍，以防"贼舟"抛泊。

修墩台。在沿海高阜，设立墩台作为瞭望之所，随时掌握敌情，使敌寇无隙可乘。

朱纨看过揭书，对俞大猷陈述的事实、阐述的对策等，不禁十分赏识，并在一定程度上吸取借鉴，比如他在闽浙加强海防，推广采取的措施中，就有"严保甲"一项。

嘉靖二十六年（1547）十月，朱纨命俞大猷清剿"流贼"汤信四等人，俞大猷率兵果断出击，斩首、擒敌一百七十人。

从五月至十月，在不到半年的时间内，俞大猷三次进剿，三次大获全胜，基本荡平了辖区内的贼寇，保得一方平安。

因在汀漳守备任上业绩突出，浙江巡抚朱纨、江西巡抚虞守愚、侍御赵和庵等人上书朝廷，举荐俞大猷。嘉靖二十六年（1547）十二月，俞大猷升任广东都指挥使司军政佥书，署都指挥佥事。

俞大猷离开武平所时，当地民众依依不舍，为他建了一座生祠，以寄托思念之情。还在两处为他立碑纪念，一处为漳州龙溪县大地里（今华安县仙都镇大地村），立有一块《肤功遗爱碑》，赞颂大猷任职时的严明军纪："今守备之至吾地，禁戒肃而约束明，卒无敢喧于间，吾安吾栖而治吾耨，作息循旦暮之候，而不知兵之在吾境。老稚嬉游，以阅俘馘之过，而无变容惊己之虞……"另一处在玄钟（今东山岛）千户所，碑文《海上平寇记》记述了俞大猷在玄钟境内调发舟兵、剿灭海寇的事迹："是时漳州海寇张甚，有司以为忧，督府檄君捕之。君提兵不数百，航海索贼，旬日遇焉，与战海上，败之，获六十艘，俘百八十余人。其自投于水者称，是贼行海上数十年，无此衄矣。由有此海，所为开寨置帅以弹制非常者，费钜而员多，然提兵逐贼，成数十年未有之捷，乃独在君。而君又非有责于海者也，亦可谓难矣。"阅读这段文字，俞大猷用兵之神勇，可谓历历在目。

二

俞大猷由武平移驻广东，负责练兵与屯田。官职的升迁倒在其次，关键是他的才华与胆识、认真与勤勉、担当与负责得到了朝廷及同僚的认可，声名日著。

广东新兴、恩平两地少数民族——瑶族不堪官府统治与压制，起兵反叛。朝廷多次派兵进剿，难以制服，只好实行招抚。平息一阵，过不多久，又开始反抗。"屡招屡叛"，就像牛皮癣一样难以根除。

两广总督欧阳必进为此十分头痛，总想平息叛乱一劳永逸，却苦于没有合适人选。俞大猷到了广东，两人经过一番交往，善于识人的欧阳总督觉得大猷足以"平贼"，便将重任托付于他，并发布檄文："'不哭孩儿，谁不会抱？'此处正见人才识耳。若复委诸有司，恐终归于谈梅画饼。惟都指挥俞大猷，懋阐才猷，尽心所事，开诚抚谕，往来新恩，临机应变，终当有成耳。"如果委托其他官员，抚谕之事，恐怕会像以前那样，只能是谈梅止渴、画饼充饥。而派俞大猷前往，情形就不一样了，以其谋略，定能获得成功。由此可见，总督欧阳必进对俞大猷信任有加。

新兴、恩平两县相邻，位于广东省西南部，这里山岭重叠绵延，河流纵横交错。春秋战国时期属百越之地，秦末属赵佗自立的南越国辖地，除汉族外，居住着瑶族、侗族、苗族、彝族、壮族、白族、布依族、土家族、哈尼族等少数民族，至今仍杂居三十多个民族。

俞大猷每到一地任职，总是实地考察，了解山川环境、地理地貌、民俗风情等。此次招抚新兴、恩平，更是责任重大。先前招抚，反叛；再招抚，又反叛……反反复复，起伏不定。如果没有良谋奇策，很难一下子就治愈过去的"重症疾患"。

他先到新兴，四处勘踏，深入偏远乡村，走访一县六都，探寻当地民众屡招屡叛的原因与真相。反叛的民众，既有汉族，也有瑶族、侗族、苗族等少数民族。以汉人为主，然后引发峒民一同叛乱。官府将反叛的汉人唤作"浪贼"，称反抗的瑶民为"瑶贼"，认为他们是"化外之人"。俞大猷了解到，新兴县有一半地方都是"浪贼"，如果派大兵征剿，当然很快就能平定，但"玉石俱焚"，不能从根本上解决问题。因此，他认为应将汉人与瑶民区别对待，"宜缓治瑶，而急治民"。对汉人采取紧急措施，使他们各归其田，瑶民无所依附，慢慢加以教化，地方将得到治理，民众安居乐业。

他一方面刊发告示，宣布威德；一方面陆续召集各地反叛首领，开诚布公，谆谆劝导；同时做好用兵准备。俞大猷之策，先示以抚，后加以威。事情既往好的方面着想，也作最坏的打算。如果叛民不接受招抚怎么办？还得用兵才是。恩威并举，才能出奇制胜。

俞大猷没有自己的武装部队，就连亲信、随从也极少，因为朝廷不允许属下建立私人武装。因此，每到一地任职，俞大猷只有动用当地军事力量。他发现新兴县的保卫人员战斗力太差，上不了战场。于是，他每日操练，教他们如何攻击刺杀，又编队教以分合进退。他这样做，其实解决不了根本问题，仅能防御突发盗贼，使那些贼首知道他的用兵之法而有所收敛。如要攻打叛民据守的巢穴，必须另派兵力。俞大猷在《呈两广军门约庵欧阳公揭论治浪治瑶》中，汇报了自己在新兴县采取的初步措施，提出调兵请求："如蒙速调惯战者千名，委肇庆卫勇略素著缘事指挥聂缙统领前来，使卑职约束调度，待其用兵将相知，遇有一二叛招村分，用以雕剿，三月之后，可渐次送回。"等到新兴县稍为安宁，便前往恩平，一月左右提出两县处置方案。在揭书最后，俞大猷写道："月日持久，则此方之盗，庶几可息矣。"要清算积年旧账，移风易俗，显然不能急于求成。

　　建议归建议，但朝廷一时难以调集、派遣精兵，俞大猷只有凭一己之力，恪尽职守，不负总督欧阳必进之重托。

　　他携带干粮，骑上战马，连卫兵、随从也没带，孤身一人深入新兴六都各个村落。每到一地，他就宣谕招抚之策，实行保甲联民。他的诚心与善意，感动了当地百姓，他们纷纷表示愿意归化。他便教他们如何击剑，怎样布阵，以应对外来歹徒侵袭。也有不愿归化的山民，他们被反叛的首领蒙蔽，认为官府只是压榨百姓，不仅不愿合作，反而视俞大猷为外来的入侵者。一次，他进入一处山庄，刚刚下马，突然被几名持刀的彪形大汉围住。俞大猷本能地按住剑柄，但他没有发作，而是与他们对话，问他们是哪里人，有什么困难，为何要对他动武，并表明自己的身份，要求他们放下武器，改过自新，做一群良民。当然，仅凭口舌，不可能一下子说服这些人。他们仗着个高力大、人多势众，并不回答俞大猷的问题，而是一步步向他逼近。周围全是闪亮的大刀，情形越来越危急，俞大猷不得不抽出佩剑,迅如闪电地予以还击。不过两三个回合,只听得当当几声脆响,大汉们手中的砍刀不是被削成两截,就是飞出老远。这几人被俞大猷的神勇惊呆了,当即跪在地上,磕头求饶。大猷本来就不想杀死他们,只想招抚感化,当即予以赦免,再次告以祸福利害,希望他们归化向善,安居乐业。他们满口答应,并一个劲地感谢大猷的不杀之恩。于是,俞大猷又教他们如何击剑,用以抵抗盗贼、保卫家乡。他们对俞大猷凌厉劲捷、变幻无穷的剑术佩服得五体投地,将他视为天降神人,不仅一村联保,还现身说法,带动周边村庄百姓归化。

常言道,擒贼先擒王。俞大猷走乡串村,发现当地瑶族、侗族、苗族等少数族裔,大都推崇一个名叫苏青蛇的首领,并依附于他。苏青蛇姓苏,青蛇是其外号。他力大无比,能徒手制服猛虎,众人对他无不心悦诚服、言听计从。

了解这一情况之后,俞大猷带了数名精兵,前往苏青蛇所在乡村,径直来到他家门前。苏青蛇见状,知道情况不妙,一时又无法脱身,只得强打精神,出门相迎。俞大猷看住苏青蛇,当即派人叫来当地瑶族、侗族、苗族等峒民首领,对他们说道:"苏青蛇长期横行乡里,无恶不作,使你们丧失了人生的许多乐趣,日子过得战战兢兢,随时担心灾祸降临。你们依附苏青蛇,听从他的使唤,即使不爱惜自己的身子与荣誉,难道不顾及妻子、家庭与亲人吗?"众首领闻言,表示愿意改过自新,他们哭泣着说:"只要是你说的,我们全都听从!"这时,大猷盯着其中一位名叫梁伯清的头领,从袖中拿出一份早就准备好的牒书递给他。俞大猷早就看中了梁伯清,决定让他取代苏青蛇,管理众头目。牒书便是任命与凭信,梁伯清的威望立时上升,得到其他首领认可。

等到峒民诸位首领散去,俞大猷命令苏青蛇前行。他不敢反抗,只得乖乖听命。来到墟市,当地乡民正在赶集,互换物品,吵吵嚷嚷，热闹非凡。见到俞大猷、苏青蛇一行，他们马上静下声来，自觉地让出一条道路。俞大猷押着苏青蛇来到墟市中心，向围观百姓数说苏青蛇历来犯下的罪状，然后抽出利剑，将其斩首，并将他的脑袋用盒子装好，献给督府。

处死苏青蛇，一县百姓拍手称快，俞大猷威信大增。而对那些作恶多端的峒首来说，则是一种强烈的震慑与打击。

俞大猷趁热打铁，又来到民怨沸腾的少数民族聚居地何老猫处，令峒首如数归还侵占的良民田地数十顷。

正在这时，突闻一伙强盗在邻村抢劫，俞大猷马上派出数名士兵前往。跟随在他身边的军士，大都经过严格训练，身怀绝技，武功高强。不一会儿，他们就带着斩杀的贼寇脑袋，高歌凯旋。

首恶、巨恶遭到惩办，普通叛首愿意归附，即使那些心怀异志者，也受到震慑，不得不收敛臣服。俞大猷以霹雳手段，恩威并重，严格治理，在短短的时间内，就使得新兴县的旧貌发生了极大改观。

然后，他又前往恩平县。

俞大猷在新兴的举措，早已传至恩平，当地叛民及其首领不敢轻举妄动，都在等待观望。俞大猷稍稍了解当地情况后，发布告示《谕新兴恩平贼》，苦口婆心地进行劝说：新兴、恩平两地贼寇，多年来四处劫掠，杀害善良百姓，并非不能剿灭。如果征兵数万，四路把守，捣毁巢穴，即可连根拔除。只是这样一来，会有安分营生、通晓义理之人一同被杀害。其实，你们常年为贼，露宿风餐，所得并不多，有时连温饱也得不到解决。"尔等有田可耕，有山可采，何不以尔为盗之勤苦精力，而用之于耕农，则出作入息，共享太平，其福无涯也。乃如今日为贼，出则畏官避仇，入则防诛惧剿。潜形遁迹，劳苦终身。浪贼未免灭宗之祸，瑶贼终受覆巢之孽。身首异处，妻子同囚，其祸为极惨哉。"因此，现特"宣布威令，许尔等向化自新，决不追其既往之愆",如能"安生乐业,吾即视为良民,抚为赤子",否则,必当派兵剿除。并昭示决心、陈述利害："一月剿汝不尽,至于二月三月;一次剿汝不尽,至于二次三次。尔等财力有限,官府之兵粮无穷。纵尔等为有翼之虎,量不能飞出于宇宙之外。尔贼好自思之,毋贻后悔。"最后,俞大猷诚恳地写道："以上所示,实本职肝膈之所披露,智虑之所周悉,诚信之所激发,力量之所优为。南山可移,吾令不改。金石可销,吾信不失。"

告示一出,叛民中那些追随附从的喽啰,纷纷前来自首。

不久,俞大猷又贴出两封告示《又谕新兴恩平贼》,主要针对自首的新民。

第一封《又谕新兴恩平贼》写道："所谓新民者,许其改过自新,而不问其旧日之污也。"新民归来,与良民在墟市交易、钱债取讨、田土耕种等方面,定会有所竞争,那么官府如何处置？当以曲直断案,不会偏袒任何一方："如其曲在良民,轻则量责示戒,重则依律拟罪,决不轻宥;如其曲在新民,则示戒拟罪,亦决不容姑息。"

官府发给新民一张类似良民证、护照的票证,并在第二封《又谕新兴恩平贼》中约法三条：

一、新民安生为善,执出此票者,乡夫打手人等无故擅杀之,问以偿命之罪。

二、新民背叛为贼者,本职决无再招之理,惟穷追尽灭而已。我不灭汝,誓不生还！

三、新民与良民杂处,但有买卖、钱债、田土、婚姻之类斗争,许各指名告官,听拘断理。良民不许集众用强,以激变地方;新民亦不许集众用强,以扰害平民。违者从生究处。

还有一些对俞大猷的新政不甚了解的百姓,惶恐不安,准备逃往别处。比如新兴县芙蓉都的良民麦伯华等,准备率各村百姓三百多人,逃往德庆州居住。对此,俞大猷颁布告示《谕新兴将逃人户》:"汝祖宗坟墓、亲戚故旧俱在乎此,汝等胡无故而弃乎祖宗坟墓、亲戚故旧哉?汝祖汝宗皆为新兴县之民,新兴是汝父母之邦也。汝等胡无故而去父母之邦乎?"俞大猷摆事实,讲道理:"木有本,水有源。自弃本源,虽生犹死也,于心忍之乎?"你们的根在新兴,应回归本土,"除另行旌奖外,合给晓谕,前来张挂。果有不得已之故,明来告我,我必使汝辈得所,莫为祸首,莫启乱阶"。

有的新民以前游手好闲惯了,一时难以适应耕种之苦,或因其他原因而逃走,俞大猷颁布《谕新民逃走者》:"汝逃走日久,必至饥寒失所而为盗矣,地方何时得宁?"劝谕他们,家中没有吃的,"可与汝亲戚朋友相借,待来春勤力耕田还之,甚而乞丐求食亦可。决不可上山为蛮,自取灭亡"。

俞大猷的招抚治理工作做得十分细致,视不同情况区别对待处理。如叛民分贼首与附从,百姓分良民与新民,新民又分悔过自新者、欲逃走者与逃走者,良民分汉族与少数民族,还专门对少数族裔中的多数者瑶民颁布告示。从规划方略到细微小事,扎实到位,"开诚示素,与民更始,教敦睦,课农桑,劳来不怠"。新兴、恩平两县民众对俞大猷"爱之如父母,畏之如神明",很快就收到了"良民不畏贼,新民不畏兵"的奇效。

嘉靖二十八年(1549),福建倭寇十分猖獗,经朱纨推荐,明廷任命俞大猷为福建佥书都司。大猷接令,正欲上任,两广总督欧阳必进因安南范子仪拥兵数万,内犯钦州(今广西钦州市)、廉州(今广西合浦县)两地,上书朝廷道:"原任广东都司佥书近改福建备倭都指挥俞大猷,谙习水军,智勇素著,今闽中稍靖,乞仍留本省,专驻钦、廉,以备防讨。"

安南入寇,边境不宁,必须荡平。早在嘉靖十八年(1539),俞大猷就在《上两广军门东塘毛公平安南书》中提出了切实可行的征讨之策,经过十年历练,如今更是平定南安的不二人选。因此,朝廷很快回复,俞大猷仍留两广,由广东新兴、恩平移往广西钦州、廉州。

俞大猷接令,准备由新兴县出发,前往广西任职。当地百姓自发挽留,纷纷走出家门,守在必经路口,不让大猷离去。人越聚越多,竟达数千。俞大猷走过来了,越走越近,那些头发花白的老人,不顾一切地走上前去,夺过他的行李,大家前呼后拥,将他送回县府。一连几天,都是如此,俞大猷不得脱身。军令如山,钦、廉形势急迫,俞大猷不能再耽搁了,只好半夜三更出行,选了一条少有人知的小路,独自一人骑马离去。新兴百姓得知,一路奔跑追赶,像失去父母一样,伤心痛哭不已……

三

安南入侵中原王朝,颇有些自不量力、自取灭亡的味道。但由安南的角度来看,则并非如此,倚仗偏僻的地理位置及山川地貌,安南或以为明廷鞭长莫及,或产生夜郎自大、狂妄无知的心理,进而采取相应的军事行动。而这次安南侵犯钦州、廉州,则是由内部争权夺利所致。

三年前,即嘉靖二十五年(1546)五月,安南都统使莫福海去世,其子莫宏瀷继位。安南都统使就是过去的安南国王。嘉靖十九年(1540),莫登庸纳地请降,明廷将安南国改为安南都统使司,由从属国降为从属地。但此次继位的莫宏瀷年仅五岁,懵懂无知,于是,不少重臣生出异心,想取而代之。大臣阮敬本是莫登庸的义子,被封为西宁侯,他虽然架空了幼主,掌握了军政大权,但仍不满足,想废掉幼王莫宏瀷,立自己的女婿莫敬典为都统使。而另一位重臣范子仪则谋划策立莫登庸的次子莫正中为都统使。阮敬查知此事，紧急抓捕莫正中、范子仪及其同党。莫正中逃至都斋，阮敬为了斩草除根，率重兵追剿。莫正中、范子仪等人奋起抵抗，但寡不敌众，被阮敬打得落落大败。莫正中见抵抗无望，索性率残部及全家老少一百多人投奔钦州，请求明朝庇护。范子仪则逃到海东府（今越南广宁省一带），收拾残兵败将，又不断招兵买马，力量渐渐强大，拥众三万。范子仪不甘心失败，费尽心机谋划反攻，他派人潜入钦州，劝莫正中回归安南，继续起兵反抗夺权。莫正中一则认为自己名不正言不顺，缺乏号召力，即使篡位成功，也会受范子仪控制摆布；再则认为范子仪势单力薄，难以成事，因此一口回绝了范子仪的请求。没有莫正中的配合，范子仪师出无名，于是，恼羞成怒的他率军北进，攻打钦州、廉州，谎称幼主莫宏瀷被阮敬杀死，安南无主，欲迎莫正中回国继位。

钦州、廉州根本没有防备安南入侵，部队一时难以集结。范子仪率三万士兵四处剽掠，各地守军无法抵御，岭南大震。两广总督欧阳必进急忙上书留住俞大猷，命他前往征讨。当时，兵部及其他相关部门，就安南入侵已制定初步行动方案，欲选募陆兵前往平定。而对安南山川地理、历史现实等早有深入研究的俞大猷认为，范子仪率安南军并非由陆路进攻，而是乘船从海上而来，那么应对之策，当以海舟迎击。如果我军北从广西凭祥、西自云南归化进军，道路险远，人马疲惫，运粮困难，先机尽失。当年，东汉将军马援南征交趾，立下赫赫战功，进击路线就是水道，马援因此而被人称为伏波将军。俞大猷说："若我专备于陆，贼舟舍此击彼，我不胜其备，贼不胜其击，逸在彼而劳在我，非计也。宜多集海舟，击之便。"欧阳必进闻言，当即回道："事无大小，悉以委君矣！"将所有事宜全部交给俞大猷安排处置，对他予以极大信任。

嘉靖二十八年（1549）四月十三日，俞大猷离开新兴县进入恩平，十五日离开恩平县前往钦州。一路之上，他都在考虑如何征调兵船，破灭范子仪、范子流（范子仪弟）。一番思虑后，他写下了《议征安南水战事宜》，就所掌握的情况，对兵船数量多少，大兵船、中哨船、小哨船的配置，佛郎机铳、牌、镖等器械及火药装备，乃至足用三个月的米、柴、菜、盐、鱼之类的采买，提出了三项具体措施。欧阳总督一一采纳。

破敌谋略与应对之策已进入预定的运转轨道，击败入侵之敌指日可待。

俞大猷日夜兼程赶至廉州，正遇范子仪率军攻城，形势十分危急，一旦城破，后果不堪设想。而破敌部署还在进行，水军未到，怎么办？俞大猷只好采取缓兵之计。他写了一封告示《谕安南贼人》，派遣部将陈子萃、王仕擢等人出城，驰往安南军营公布。

俞大猷在《谕安南贼人》中写道："照得交趾范子仪，屡来侵犯我边。本职奉委提兵前来征捕，见驻廉州府。念尔辈未知我情，扰我边境地方；我未知尔辈之情，将尔数千无知赤子之命，一时尽行扑灭。情意乖隔，轻发杀机，有伤太和之气。"然后，就范子仪诡称迎回莫正中，为莫氏报阮敬之仇，道出事实真相，加以谴责："范子仪之心，果欲为莫氏复阮敬之仇乎？彼莫正中等男妇一百余人，前来军门投生，衣之以衣，食之以食，为之奏闻朝廷听勘，自是事体当然。如逆顺明于既勘之后，自有一番重大举动。莫正中感拜天朝之恩，已大喜过望矣。……阮敬果为篡臣，莫正中自有复仇之日。乃今侵犯我边，悍逆无礼，我天朝自有体统，岂肯轻易俯从？若兴问罪之师，当后阮敬而先子仪，是汝反害莫正中之事也。且汝声声欲为莫氏报阮敬之仇，盖以忠臣孝子自处矣。然莫氏是汝之父母也，天朝是汝之大父母。天下古今岂有侵犯大父母之人，为能孝其父母者乎？忠臣孝子之志未明，而犯上作乱之形已著。故邦叛主之仇未报，而大国问罪之师将临。自作之孽，范子仪固不可谓智。"

此文条分缕析、切中肯綮、义正词严，依附范子仪的党徒从谕告中了解到事实真相。加之文中又有"军门向闻汝辈悖逆，即欲兴师数万，水陆并进，捣汝巢穴，绝汝丑类"等语，陈子莘、王仕擢等人一边张贴、公布谕告，一边大声呼叫："我大明天朝钦命俞大猷将军派遣我等前来送达谕书，劝告安南国人。如果范子仪悔过，当随我们前往将军府请罪，便不兴兵征讨，赦免你们数万人性命。如若不从，大兵压境，玉石俱焚！"安南将士久闻俞大猷威名，又知他领命刚到廉州，不知统兵多少，素知俞大猷先礼后兵，如若袭杀过来，则小命难保，一个个惧怕不已。安南内争激烈，他们依附于范子仪，本来态度就不怎么坚决，一旦置身危境，难免心生动摇。于是一边埋怨范子仪，一边收拾行装，乘着夜色，赶紧撤退。

俞大猷一纸谕告，竟然吓退几万敌军。

廉州虽然解围，但仍有部分将士死心塌地追随范子仪，一有机会，便蠢蠢欲动，隐患无穷。因此，原先议定的海上破敌方案照常进行。

嘉靖二十八年（1549）五月，舟船及水兵按要求备齐抵达，俞大猷开始操练部署。他并未率领水军大张旗鼓地跨海追击，而是静悄悄地埋伏在冠头岭（今广西北海市西）一带，俟机而动。

退走的范子仪果然中计，他收拾残部，稳定军心，观望了一段时间，见明朝并未采取任何行动，以为并无援军前来，不过钦、廉守军虚张声势而已，又率七千多人马进犯钦州白勒。

俞大猷得报，马上率埋伏的水军出击，从海上拦截范子仪归路。俞大猷亲驾兵船，直抵白勒港敌军阵中。明军仿佛从天而降，范子仪惊慌失措，估计难以从海路逃脱，赶紧命令部下舍弃舟船，从山路逃回。

俞军此战虽然杀敌不多，仅二十七人，但缴获了范子仪前来入侵的所有船只，计二百一十艘。

嘉靖二十八年（1549）七月，范子仪不甘失败，倾全力再次入侵，在如昔、贴浪都一带抢劫。俞大猷率水陆大军两面夹击。出师之前，廉州太守犒劳将士，问俞大猷："按照将军的谋划行动，什么时候才能打败敌军、平息战乱？"俞大猷笑了笑，胸有成竹地回道："四十天之后，当与你在此重聚。"

俞军出击，势如破竹，锐不可当。范子仪溃败，俞大猷令部将范琼、阮师董等率军乘胜长驱，终于在新安、万宁一带追上敌军。范子仪见一时难以脱逃，索性横下心来，率部死战。两军搅在一起，连续大战四天。俞军愈战愈勇，范子仪渐渐不支，损失惨重。俞军杀敌、俘虏一千二百人，夺船七十三艘，活捉敌军二号人物范子流在内的首领十八名，仅范子仪率三百多人逃脱。

范子仪几乎赔光老本，再也没有实力与明廷"叫板"迎归莫正中，只好逃回安南内地。俞军追至海东云屯，因涉及明廷与安南外交，没有越境继续追赶，但俞大猷遣使安南，送去檄文，责成安南都统使莫宏瀷围剿范子仪。

主政的阮敬不敢怠慢，立即派军四处搜查追捕，终于将范子仪擒获，并杀尽他的随从、卫兵三百多人。莫宏瀷、阮敬亲自前来镇南关拜谒，向俞大猷献上装有范子仪首级的木盒，表示愿意听从明朝旨意，稽首舞蹈而退。

此次战役，推算时间，果然如俞大猷对廉州太守说的那样，仅四十天，没有久困军马、多费粮草，便顺利地剿灭了范子仪。

然后，俞大猷写下《议处安南四峒》，为今后处置与安南的关系，提出行之有效的策略：

  按钦州志书：历代以来，每数十年必一遭夷寇之害，而或犯廉州，或犯钦州，或犯城治，或犯四峒及各都乡村，无一次不称夷船若干艘。是交趾从来犯边，实无由陆路以入者。然夷船浅小而长，虽三十只不能敌乌船之一。倘念廉、钦与夷狄合界，其关系比潮州府为尤重，乞照柘林事宜，常置兵船一舟宗，泊于龙门港口，协同备倭官兵防守。不时驾驶巡历四峒、防城各海口，则夷狄决不敢入四峒、防城等处，恐吾发此船以乘其后，刻敢迫迩吾内地乎？

  于今事宁之后，将兵船量留三十只，及六个月之后，祇募二十只，约用兵夫后生千余名前来替班。以后俱以半年一替为例。其钦州住劄都指挥，或宜请敕命之，使专管束船兵及防城之营、四峒之长官司，斯为千万年治平之计，而中华外夷之限始截然不可紊矣。

  他还留下了《交黎图说·平交》，详述平定交趾方略，配以《入交水陆道路图》八幅。交州一带，从此安宁。

  捷报传至朝廷，但把持朝政的宰相严嵩却大为不悦。朝廷降旨，斥责诸位守边大臣疏于防范，使得安南入寇，今日平定边患，可将功抵过。俞大猷属临时派遣，有功无罪，奖赏白银五十两。

  宰相严嵩何以如此？原来，欧阳必进与严嵩关系非同一般，是他的小舅子（严嵩妻弟）。严嵩将孙子严效忠托付给欧阳必进，希望他加以栽培。而被明世宗赞誉"端慎老成"的欧阳必进廉洁奉公，并不因为亲戚关系而予以特别关照。这便得罪了严嵩，他由此怀恨在心，寻机报复，有意贬斥。俞大猷夹在中间受到牵连，颇有点"躺着中枪"的味道，虽然功绩卓著，但不获升迁。

四

钦州、廉州刚刚被平定,琼州府五指山感恩、昌化两县的黎族人因不堪官府横征暴敛,在首领那燕的率领下举行起义。那燕振臂一呼,万名黎人汇集,攻城略地,声势浩大。

琼州府辖地海南岛,治所在今海南省琼山区,当时属两广管辖范围。这时,两广总督欧阳必进又想到了俞大猷,拟派他率兵进剿。他上书朝廷,建议增设琼州参将一职,由俞大猷担任。

嘉靖二十九年(1550)三月,明廷任命俞大猷为琼州府右参将,领军平叛。

参将为明朝首设,是镇守边区的统兵官,属于中高级军官,位在总兵官、副总兵官之下。明初,总兵、副总兵、参将等属战时设置官职,一旦战争结束,总兵、副总兵、参将交出兵权,官职也不复存在。自嘉靖中期开始,总兵、副总兵、参将成为常设官职。就一般情形而言,总兵统领的军队称正兵,副总兵、游击、参将率领的军队分别称为奇兵、游兵、援兵,他们相互配合作战。

镇剿琼州府黎族起义的明朝官兵陆续开进海南岛五指山,由广西副总兵沈希仪统一指挥,参将俞大猷、武鸾配合。大军压境,反叛黎民本为当地农民,虽然人多,但装备低劣、技艺不精,在强大的明军面前,不堪一击。仅一战,就斩杀首领那燕及附众五千四百多人,俘虏一千多人,招降三千七百人。

起义很快被平息,并不等于问题得到解决。如果不施仁政,不采取相应的治理措施,黎民还会武装暴乱。剿易抚难,关键在于征服人心。俞大猷爱憎分明,对倭寇等入侵之敌,他严加屠戮,而对瑶族、黎族等起义的少数民族,则区别对待,不断告诫自己,不能轻开杀戒,应以感化为主。有守御金门,担任汀漳守备,平定新兴、恩平的经验，俞大猷治理琼州，可谓驾轻就熟。本着剿抚结合的方针，他草拟了一封告示《谕良黎》，其中写道："示谕各村良黎与各协从丑类，即日各归其村，各安其居。除给有旗榜到村者，更不许妄生疑忌，俱候大兵出境为汝处分安宁外。其未给旗榜到村者，果有输诚投招之意，许各自擒首恶，绑赴统督军前，投到各该统督将官，就将发去票文，每人各给一张，以为照身。"惩办首恶，普通百姓则予以安抚。

俞大猷对欧阳必进的重用感恩戴德，"愿效古人捐躯相报之义，未尝朝夕敢忘，但不知何日得遂耳"。为不负所托，他不敢有半点懈怠，率领一行人深入乡村，了解情况，解决问题。他几乎走遍了海南岛的所有黎族部落："琼岛生熟黎村，卑职皆亲到其地，推诚安抚。"每到一地，俞大猷推诚布公，与当地黎民约法，抚谕有加。黎人则杀牛持酒，盛情款待，与昔日举义造反、痛杀官员形成鲜明对比。俞大猷十分感动，不禁对欧阳总督说道："黎亦人也，率数年一反一征，岂上天生人意？宜建城设市，用汉法杂治之。"

经过一番深思熟虑，俞大猷写下《论处黎长久之策》《料交黎后日之势》《交黎图说·处黎》等一系列文章，从诸多方面论述治黎方略。

在《论处黎长久之策》开头，俞大猷坦陈治黎之难："今之论治黎者，曰剿，曰抚，曰开道路，曰立屯田，曰连州邑，行教化。呜呼，剿之不能绝其类，抚之不能服其心，道路无守之之兵，屯田无耕之之民，虎狼不可以州邑制，犬羊不可以教化移。故夫黎贼之祸，自有天地国家以来，相仍而不息者无怪也。"

那么，到底该如何治理呢？俞大猷提出了两点建议与策略：

一、黎人治黎。"物以群分，其性相安，其情相洽，而其心自不能相背耳。"从群居的黎民中挑选能力强、威望高的首领，封以官职，给以印信,使其成为黎民遵从信服之人。父亲死了,儿子继承,世代相传,治理有功,则予以奖赏。帮助他们就山川之势,选择适宜的地方建立县治,盖宫室,辟道路,筑城池,设墟市,鼓励贸易往来,使其发达繁华,与汉人县治相同。而赋税之类,"纳粮之外,不得再加差役",听由黎人自收,以养内甲之兵。各村寨如有黎民叛乱,任其自行率兵捕灭。朝廷有事,也可征集黎兵,酌量调用,最初调四五十名,以后逐渐增至百人或数百人。

二、推行教化,促进黎族进步。帮助黎人兴建学校,改变陋习。"严禁童女不得如前披发纹身,男人务着衣衫,不得如前赤身露腿。其首各要加帽包网,不得如前簪髻倒颠。各村黎童之幼小者,设社学以教之,使其能言识字。"每年派守巡官考查各州县官,督促落实。只要长期坚持,黎民自然"暴悍之气日消,教化之敷日深,鄙陋之习日变",成为文明礼义之人,与主流社会融为一体。

要落实以上措施,"筑城凿池,起盖衙宇,辟开道路,团兵镇压,犒赏招徕,费用钱粮不免浩大"。以前黎民叛乱,朝廷用兵之后,也有过类似动议,但都因钱粮无着,无法施行,延至今日。此次如果不加解决,则每过十年,黎民就会生变;每一变乱,必耗费军饷数十万银两,况且兵荒马乱、百姓遭灾,损失更是无法估量。那么到底该如何处置?战乱刚刚平息,黎民疲敝,财政空虚,欲达一劳永逸之效,唯有朝廷拨款方能成事。为此,俞大猷算了一笔账,"能于下次一举数十万之中,量发数万以为经理之资,则其省将来之数十万者,凡几矣"。表面看来,似乎增加了官府的财政负担,但从长远而计,不过从每十年黎民再叛,每次耗费数十万的巨资中先花数万而已,实际上省却了朝廷大笔经费。最为关键的是,"免生灵涂炭之灾,造黎元生生之福,泽及万世之琼民,为甚溥哉"。

俞大猷走遍黎族所居村落,对当地的山山水水、民风民情了如指掌。他在《交黎图说·处黎》中，对琼州府从府城到州、县、村的地理位置、距离远近，名山大川、生黎熟黎的分布等，予以详细论述，并配十幅地图，何处宜立参将府城、县城、屯城，何处宜设巡检司，何处宜建道路等，都一一标示，几乎达到了完备的程度。

欧阳必进对俞大猷的处黎策略十分赏识，认为依此而行，可使黎人"数十年无反"，于是上呈朝廷。不久朝廷下旨，俞大猷的处黎之议得到认可与推行。

嘉靖二十九年（1550）十月，俞大猷因治黎有功，实授广东都指挥佥事，官升正三品。

俞大猷的处黎之策一经推行，当地黎民不仅免受沉重的徭役负担及杀戮之祸，更在生活、教育、文化等方面得到了前所未有的尊重与实惠，他们皆称俞大猷为"俞佛"。

嘉靖三十一年（1552）七月，倭寇入侵东南沿海，浙江倭患尤为剧烈。崭露头角的俞大猷改任分守温、台、宁、绍地方参将，奉命离开广东，从此走上了抗倭第一线。

大猷虽然离开了海南，但当地百姓对他感恩戴德、怀念不已，专门为他建立生祠，供奉他的图像，祭祀祈祷。

第五章　奉命剿倭

一

在叙写俞大猷抗倭之前,我们有必要对倭寇的起源、入侵、祸患及御倭战争进行一番简要的回顾与概述。

倭寇,是中国人、朝鲜人对劫掠、侵扰中国及朝鲜沿海一带的日本海盗的称谓。"倭寇"一词,最早出现在404年高句丽广开土王的碑铭之上,作主谓短语使用,"倭"指日本,"寇"指"侵略",意谓"日本人入侵"。"倭寇"作名词使用,最早也见于朝鲜史料,1350年日本人侵扰固城、竹林、巨济等地,《高丽史》《高丽史节要》等记为"倭寇之侵,始地此"或"倭寇之兴,始于此"。中国史籍使用"倭寇"一词,比朝鲜稍晚,最早见于《明太祖实录》卷四十一洪武二年(1369)四月所记:"戊子,升太仓卫指挥佥事翁德为指挥副使。先是,倭寇出没海岛中,数侵掠苏州、崇明,杀伤居民,夺财货,沿海之地皆患之。德时守太仓,率官军出海捕之,遂败其众,获倭寇九十二人,得其兵器、海艘……"但倭寇入侵中国沿海一带,绝非始于洪武二年四月。据《元史》记载,武宗至大元年(1308),"日本商船焚掠庆元(今浙江宁波市),官军不能敌";延祐三年(1316),"浙东倭奴商舶贸易致乱"；至正二十三年（1363），"倭人寇蓬州（今广东汕头市西北），守将刘暹击败之"……只是《元史》称"日本商船""倭奴""倭人"而已，其实质与"倭寇"没有什么区别。

就广义的倭寇而言，但凡对外侵略的日本人，统统称为倭寇，如清末中日甲午战争、20世纪三四十年代的抗日战争，可通称为抗倭战争或御倭战争。本书所指倭寇，则指13至16世纪侵扰、劫掠中国及朝鲜沿海的日本海盗集团，他们由惯于冒险、杀人越货的日本武士、名主、浪人、奸商、海盗及裹挟、附从的"小民"构成。

倭寇作乱，与日本国内发生战争，形成南北朝对峙的混乱局面有着极大关系。战争自1335年开始，至1392年南朝被北朝灭亡结束，在长达半个多世纪的内战中，失去生产手段的普通民众为了生存不得不沦为盗贼，从战场上逃亡的溃兵、败将，以及南朝灭亡后不愿归顺的旧臣、将士等，也相继下海成为倭寇。而昔日亦商亦盗的海盗商人，则将这些武士、败将、浪人、流民等组织起来，形成规模与势力进行掠夺。没有统一的政府机构对他们进行规范约束，不少领主反而怂恿、支持其抢劫行为，将范围扩展至朝鲜与中国。自1350年开始，倭寇对高丽的劫掠活动十分猖獗。倭寇对中国沿海一带的侵扰，元朝中晚期就有记载，但规模不大，次数不多。明朝建立后，倭寇入侵不仅规模扩大，且日益频繁。这种情形的出现，与元末大规模农民战争有关，朱元璋除驱逐蒙古铁骑外，还与陈友谅、张士诚、方国珍等其他农民起义军争权夺利。朱元璋将其一一剪除，战败的张士诚、方国珍余部逃亡下海，与倭寇合流，相互利用。据《明史纪事本末》卷五十五《沿海倭乱》所记："元末濒海盗起，张士诚、方国珍余党导倭寇出没海上，焚民居，掠货财，北自辽海、山东，南抵闽、浙、东粤，滨海之区，无岁不被其害。"明朝初立，百废待举，沿海防守力量薄弱，也为倭寇提供了可乘之机。"倭寇出没海岛中，乘间

辄傅岸剽掠,沿海居民患苦之。"(《明史》)

倭寇劫掠获利多多,更加刺激了他们的胃口与野心。一时间,山东、辽东、直隶、浙江、福建、广东倭患频频,其中尤以山东、浙江为甚。倭寇杀人劫物,焚烧房屋,守军及当地民众奋起还击,损失惨重。倭寇中的主体武士、浪人、败兵等,既为职业军人,又经过几十年的战争,作战经验丰富,此外,从西方传入的火器——铁铳,也使倭寇气焰更加嚣张。嘉靖二十二年(1543),葡萄牙商船抵达日本开展贸易,他们刚到就将西方的铳药制造法传授给了日本人,然后又将铁铳传入。日本正值内战剧烈之时,铁铳的使用,在很大程度上提高了军士的作战效力,受到领主的欢迎。倭寇入侵东南沿海,铁铳便成为劫掠、屠杀中国人的利器。

明初倭患加剧,但与后来相比,不算十分严重。据史料记载,从明朝刚刚建立的洪武元年(1368)至洪武三十一年(1398),三十一年间,倭寇入侵共计四十四次,主要集中在沿海一带,并未深入内地,规模也不是很大。这主要得力于明初朱元璋对东南沿海防务的重视及对倭寇的沉重打击,有效地遏制了倭寇蔓延的势头。

朱元璋在群雄逐鹿中脱颖而出,以武力平定、统一天下。明朝建立之初,军事实力相当强盛,不仅有一支克敌制胜的陆军,还有一支屡建奇功的水军,朱元璋消灭陈友谅的汉政权,主要得益于三次舟师大捷。因此,当东南沿海告急之时,朱元璋出动这支能征善战的水陆大军,很快就让倭寇尝到了损兵折将的苦头。《明太祖实录》曾多次予以记载,如明洪武四年(1371),"倭寇海晏、下川,指挥杨景讨平之";自洪武七年(1374)始,靖海侯吴祯"每春以舟师出海,分路防倭,迄秋乃还"……

纵观历史,入侵中华之敌,皆来自陆上的北方及西北方,故此,朱元璋将胡戎蒙古视为必防之敌,随时谨慎应对。而对来自海上的敌人则认为不足虑，不过疥癣之疾耳，其来骚扰，属自取灭亡，如果兴兵远征，则属不祥。明朝建立，本着睦邻友好的原则，朱元璋想通过派遣使者的和平外交方式解决倭寇之患，但其努力归于失败，于是彻底断绝与日本的外交往来。鉴于元朝多次渡海远征劳民伤财，特别是两次攻打日本惨败的教训，决定不再派兵远征，重在加强防御，并将"以守代攻"的策略写入《皇明祖训》，要求继承者严格遵循：

> 四方诸夷，皆限山隔海，僻在一隅，得其地不足以供给，得其民不足以使令。若其不自揣量，来挠我边，由彼为不祥。彼既不为中国患，而我兴兵轻犯，亦不祥也。吾恐后世子孙倚中国富强，贪一时战功，无故兴兵，杀伤人命，切记不可。但胡戎与中国边境密迩，累世战争，必选将练兵，时谨备之。
>
> 今将不征诸国名列于后：
>
> 东北：朝鲜国。
>
> 正东偏北：日本国（虽朝实诈，暗通奸臣胡惟庸谋为不轨，故绝之）。
>
> 正南偏东：大琉球国，小琉球国。
>
> 西南：安南国、真腊国、暹罗国、占城国、苏门答剌国、西洋国、爪哇国、湓亨国、白花国、三弗齐国、渤泥国。

朱元璋明确将日本等十五个国家，列为不征之国。因此，哪怕倭患愈演愈烈，明廷也从未出兵日本，以求一劳永逸从根本上解决问题，恐怕连这种念头也不曾有过，只是绝其进贡、限制贸易、加强防御而已。

朱元璋采取的防御之策，主要有两点：一是建立严密的海防体系，二是严格施行海禁。

为防御倭寇入侵，明初不得不加强东南沿海的军事防备力量。

中国古代的沿海防务起源很早，南北朝时就已萌芽，唐天宝元年（742）就在山东设置海防官吏，但直到宋朝以前，海防并非对外，针对的主要是本国敌对势力及其他民族。元朝虽在沿海设立了较多防卫设施，有的就是对付外敌倭寇的，但没有形成海防体系。这种情形到了明朝，因倭寇入侵，发生了极大改观。

朱元璋采纳谋士刘基的建议，"革元旧制"，创立新的军队编制法——卫所法，"自京师达郡县，皆立卫所"。按军卫法规定，中央设前、后、中、左、右五军都督府，作为最高军事机关；在地方，设都指挥使司，简称都司，之下的府、县设卫、所。朱元璋又将沿海地区分为辽东、山东、直隶（相当于今江苏、安徽、上海）、浙江、福建、广东、北平（今河北）七大战略地区，各设都指挥使一名，尤以福建、浙江及渤海地区为重点设防地区。为此，他诏谕各沿海行省，按朝廷统一部署，构建严密的海防体系。于是，成千上万军民应召，纷纷投入沿海海防工程建设之中，与卫所配套的城寨、巡检司、烽堠墩台逐步建立起来。洪武元年（1368），朱元璋就在浙江设置温州卫；在福建泉州、漳州、兴化三府建立卫所，修筑城垣，编配兵力，训练士卒；在广东设置雷州卫、潮州卫。此后，卫所不断增加，配备更加完善。即以福建为例，洪武八年（1375），在福州城郊兴建左卫、右卫；洪武二十年（1387）四月，朱元璋令江夏侯周德兴前往福建筑建卫所，调"福、兴、漳、泉四府三丁之一为海戍兵，得万五千人移置卫所"。周德兴到达福建后，在要害处增设城堡，置巡检司，建造烽堠，工程之浩大，分布之绵密，前所未有。在三年多的时间里，周德兴共"筑城一十六，增置巡检司四十有五，分隶诸卫，以为防御"（《明太祖实录》卷一百八十一），另外还有烽堠约二百个。至今保存完好的崇武古城（崇武千户所）便建于这一时期。这座城池周长两千四百多米，城基高五米，城墙高七米，四面设城门，东、西、北门各有月城，筑有两层跑马道，共有城垛一千三百零四个，箭窗一千三百个，窝铺二十六座，耗费砖石近十万立方米。崇武古城从城墙、窗铺、门楼、月城、墩台到捍寨、演武厅等，结构严谨，布局完整，构成我国古代完整的战略防御工程体系。对此，《崇武所城志》以相当自豪的笔调写道："雄峙海上，所以制险御侮非常也。凡沿海列戍，不啻星罗台布，而全城居民之多，滨海扼要之重，无过于崇武。"

至洪武末年，沿海防卫设施已基本完备。据有关资料的不完全统计，洪武一朝，从辽东到广东一万八千多公里的漫长海防线上，共设立军事设施一千多处，包括四十九卫，八十五所，约三百处巡检司，约九百个烽堠，大小相间，绵延相续，错落有致。上面列举的福建崇武古城，不过沿海八十五个千户所中的一座而已，明朝海防体系之严密坚固，由此可见一斑。卫所用于作战，按四十五卫八十五所计算，正规军力为三十七万人左右；巡检司用于盘查，不属正规军，主要由民壮担任；烽堠则用于报警。

朱元璋加强海防力量，还包括加强水军、建造战舰、设置水寨等。陆军负责海岸守卫，水军担负海上巡逻防范。

有着如此严密完备，并有一定纵深层次的海防系统，一旦倭寇来袭，海上有水师出击，近岸有烽堠报警，登岸有巡检司盘查，入侵有城寨防御、正规军队出击，必将其歼灭或击溃。

另一防御之策——海禁，也是朱元璋巩固海防、抵御倭寇的一项重要措施，对后世影响深远。

明朝刚一建立，朱元璋就开始实行海禁。洪武四年（1371）十二月，他诏谕大都督府臣："朕以海道可通外邦，故尝禁其往来。"就

第五章　奉命剿倭

在同一月,明廷重申:"禁濒海民不得私出海。"据《明太祖实录》记载,朱元璋在世之时,一直都在强调海禁,如洪武十四年(1381)十月,"禁濒海民私通海外诸国";洪武十七年(1384)正月,"命信国公汤和巡视浙江、福建沿海城池,禁民入海捕鱼,以防倭故也";洪武二十三年(1390)十月,"诏户部申严交通外番之禁";洪武二十七年(1394)正月,"禁民间用番香、番货";洪武三十年(1397)四月,"申禁人民,无得擅出海与外国互市"……

由此可见,朱元璋的海禁政策不仅禁止私自出海捕鱼,禁止私自贸易互市,禁止私通外国,"走泄事情者,斩",就连海外诸国生产的香料、货物等也严禁使用,"违者罪之"。

朱元璋海禁的目的,是防倭、御倭。不准私自下海,日本海商无法交易,倭寇来袭没有水米供应,无法立足。明初倭寇入侵,常与张士诚、方国珍余部勾引有关,因此,海禁不仅对外防倭,还可对内压制不甘失败的异己力量。

朱元璋的海禁政策也如《皇明祖训》一样,为后代所继承。有明一代,长期施行海禁之策,只是有时松弛,有时严厉而已。海禁政策对抵御倭寇、巩固海防可收一时之效,但作为一项长期国策,难免因噎废食,其弊端显而易见。海禁之禁,不仅对外,也对内:"即本处鱼虾之利与广东贩米之商,漳州白糖诸货,皆一切禁罢。"(谭纶《谭襄敏公奏议》卷二)海禁之策,不仅禁来犯的倭寇、勾结的"内鬼",更禁所有沿海居民,商人不能贸易,水手不能上船,渔民不能捕捞。比如福建多山,沿海居民以海为生,"海者,闽人之田也",不出海,就不能活命;只要下海采集捕捞,又属违禁要遭到处罚。为了生存,他们不得不铤而走险,给社会带来许多难以预料的不稳定因素。"禁之愈严,则其值愈厚,而趋之者愈众。私通不得,则攘夺随之。"(谭纶《谭襄敏公奏议》卷二)对此,《漳州简史》有过具体而生动的描述：沿海百姓为了生存，"私造违式大船，有的避开官府，偷偷地出海走私；有的买通官员守将，在他们的庇护下走私；有的假冒朝廷的官吏，打着官府的旗号出海；有的巧立下海名目，竟走远夷；还有的结伙走私，组成武装走私集团……在走私失败的情况下，往往转而掠劫，具有亦商亦盗的性质"。

如果说海禁政策在明朝初年利大于弊；那么越往后去，越是弊大于利；若从长远角度来看，更是有弊无利。而要命的是，朱元璋的海禁政策，不仅在明朝被长期奉为圭臬，而且影响了清朝，对中华民族的制约与伤害不可估量。

二

明永乐至宣德年间（1403—1435），倭寇入侵次数比洪武年间略有减少。沿海防卫有所完善，并在永乐十七年（1419）六月，取得了著名的望海埚大捷，将来犯的两千多名倭寇，除生擒一百一十三人外，其余全部斩首。《明史·兵志》对此写道："自是倭大惧，百余年间，海上无大侵犯。朝廷阅数岁一令大臣巡警而已。"胜利带来的自信，使得海洋战略较之过去有所开放，一个显著的标志，就是郑和七次出使西洋。

永乐时，都城由南京迁往北京，北方防务得到进一步加强与完善，而沿海一带因望海埚大捷对倭寇造成沉重打击，使其不敢来犯，则显得比较平静。如此一来，不仅朝廷忘了海防，就连沿海军民，也因承平日久，把海防制度、设施逐渐废弛。

正统至正德年间（1436—1521），明廷的海防松弛主要表现在军伍空缺、军官懈怠、装备设施破损等三个方面。比如兵员问题，沿海卫所官兵，七分守城，三分屯种，形成自给自足的武装集团，且不向民间征兵，无论军官，还是士卒，实行世袭制，父死子承，代代相传。据《明英宗实录》卷五十六所记："管军头目及各卫指挥、千百户，多不用心抚恤军士，或克减月粮，或占据私役，或纵容在外办纳月钱，或横加虐害，骗要财物，以致军士逃窜，队伍空缺……"军官的贪婪，导致军士大量出逃，卫所兵员严重空缺，如正统五年（1440），福建各寨共缺少兵员六千多人。而那些仍然在岗的官兵，有的被调去运粮，有的被派到百里之外的地方屯田，加之平时疏于训练，战斗力之差可想而知。

军官指挥不力，战船破损，城堡颓圮，士兵奇缺，剩下的或武艺不精，或贪生怕死，一旦遭遇敌情，卫所形同虚设，倭寇如入无人之境，长驱直入，烧杀掳抢，饱掠而归。无须付出，收益甚多，这在一定程度上大大地刺激了倭寇的胃口，于是，越是海防凋敝之地，倭寇入侵的规模就越大，次数越频繁。以致嘉靖皇帝登极之时（1522），沿海外患达到了前所未有的剧烈程度。

先是在广东抗击来袭的葡萄牙舰队，进行了屯门之战与西草湾之战，击退葡人进攻。不久又发生了日本两贡使在浙江的争贡事件。明朝与周边国家的政治关系表现形式，主要是贡赐制度。洪武十九年（1386），朱元璋拒绝日本怀良亲王所派使者，中日双方再无往来。随着朱元璋去世，两国政局发生变化，中日关系有所恢复，施行一种以勘合为凭证的贸易制度。这种勘合贸易，于日方来说，即以称臣进贡的方式，获取他们所需的中国货物；对明廷而言，薄来厚往，算是一种羁縻手段，以抑制倭寇、巩固海防。明廷将勘合直接发给日本幕府将军，但幕府仅在最初能够控制勘合船，后来实际控制权转入打着幕府旗号的地方封建领主大名手中。到了后来，勘合贸易非但没有起到抑制倭寇的目的，反而成为明廷的沉重负担，财政耗费巨大不说，日本使臣还在朝贡途中骚扰勒索，非礼非法，酿成祸害。宣德年间，中日勘合贸易实权主要为大内氏与细川氏两大封建领主把持。嘉靖二年（1523）四月，日本西海道大内氏贡使宗设谦道率船三艘持正德年间勘合抵达宁波。几天后，日本细川氏贡使鸾冈瑞佐、宋素卿乘船一艘持弘治年间勘合也来到宁波。宋素卿本为华人，幼年流落日本，他贿赂市舶司太监赖恩，事事占得先机。两大领主的贡使为座次上下及验货先后等发生矛盾，宗设谦道等人烧毁细川贡使船只，追杀宋素卿至绍兴城下，返回时沿途焚掠，到宁波后夺船出海逃窜。

争贡事件虽然短暂，但其影响十分深远，"倭奴自此惧罪，不敢款关者十余年"。日本与明朝通商贸易的正常渠道中断，走私活动日益加剧。明廷除派员督查、巡视海防外，多次下诏严加海禁——主要禁双桅大船，"一切违禁大船，尽数毁之"；再禁窝藏番货，"违者，一体重治"。

严厉海禁不外乎导致两种结果，一是禁止部分守法商人的出海贸易及百姓与外人的相互往来，二是不法商人为了高额利润不计后果疯狂走私。商人为了维护经济利益，贸易走私往往与武力相伴。遇到盘问、搜查的明朝官兵，能逃则逃，逃不脱便死命相拼。因此，沿海一带海盗丛生。而这些亦商亦盗的走私者一旦与葡萄牙、日本商人特别是倭寇相互勾结，便为虎作伥，祸患无穷。《明史·朱纨传》对此有所记载："初，明祖定制，片板不许入海。承平久，奸民阑出入，勾倭人及佛郎机诸国入互市。"比如浙江双屿岛，就是海盗、倭寇盘踞的一处重要据点。发展到嘉靖中后期，酿成一场严重倭患，沿海几无宁土，百姓几无宁日。

嘉靖中期之后的倭患，可分为三个阶段。

第一阶段，嘉靖十九年（1540）至嘉靖三十年（1551），属倭患零星发生时期。

"倭寇"这一名词，虽源自日本人入侵，但有时也泛指入侵沿海的所有贼寇，包括西方的葡萄牙海盗以及中国海盗。这一时期的倭患，一个最为突出的特点，便是葡萄牙海盗、日本海盗、中国海盗三者合流。他们侵犯沿海，仅针对个别地区，且多在海上，并未深入内陆，也没有形成规模。

第二阶段，嘉靖三十一年（1552）至嘉靖三十六年（1557），属倭患最严重时期。

与早期相比，这一时期的倭患呈现出两个特点：

一、倭寇的构成成分有所不同。

葡萄牙人消失了，倭寇成员主要为日本海盗与中国海盗。中国人中，既有名噪一时的海盗大头目，也有受裹挟依附的"小民"。并且在来犯的倭寇之中，中国人反超日本人居多，占十分之七以上，与明初多为日本人形成鲜明的对比。这一阶段的倭寇大头目如王直、邓文俊、林碧川、沈南山、郑宗兴、何亚八、萧显、徐海、陈东、麻叶、徐铨、方武等，也多为中国人，见诸史料有名有姓的日本人少之又少。

这种情形，并不能说明真倭不多，只是明廷以天朝大国的心态，对所谓的东夷、西戎、北狄、南蛮等不屑于考察、研究而已。对日本的情况了解不多，姓名知道也少，记载就更少了。比如前期的望海埚大捷，来犯的两千多名贼寇全是真倭，但在史书中却找不到其中任何一个倭寇的名字。明代史料记载倭寇，往往用"二大王""倭酋""船主"之类的模糊指称。具体姓名也有，出现极少，如郑若曾在《筹海图编》中记载，海盗王直"倾赀勾引倭奴门多郎、次郎、四助、四郎等"，其他记载还有辛五郎、和泉细屋、稽天新四郎、日向彦太郎等。万历初年，在林凤海盗集团中，有一个名叫庄公的副将，便是日本人。

即使真倭，也来自日本多地，据谢杰《虔台倭纂》上卷《倭原》记载:"前此入寇多萨摩、肥后、长门三州之人,厥后大隅、筑前、筑后、博多、日向、摄摩、摄津、纪伊、种岛,而丰前、丰后、和泉之人亦间有之。"当时的日本人,大多有名无姓。全国少有的几个姓氏如源氏、平氏等都属士族或皇族阶层。日本人多以排行相称,长子称太郎,二子称次郎或二郎,依此类推。最后一个字,常用郎、夫、雄、男等字,多有雷同。直到明治八年(1875),日本才颁布《苗字必称令》:"凡国民,必须起姓。"于是日本人姓氏暴增。而此时,明朝已覆亡二百多年,中国已是清光绪年间了。

日本人特有的姓名现象,导致明史记载过于简略。另外,倭人"细作用吾人,故盘诘难",用汉人作奸细打探消息与虚实,审问不出什么名堂;倭人崇奉武士道精神,宁可战死决不投降,即使被活捉,"赴官司讯问",要么什么都不说,要么叽里呱啦说上一通,没有翻译,"言如鸟语,莫能辨也"。

打扫战场时,对那些战死或负伤的倭寇,区别真倭与假倭、附寇,主要根据其穿着、相貌及语言。据顾炎武《天下郡国利病书》卷一百零四《广东八》所记,假倭"顶前剪发而椎髻向后以从之,然发根下断,与真倭素秃者自有异,战虽同行,退各宿食,此其异也"。再如嘉靖三十五年(1556),一股倭寇夜袭上海地区,遇大潮淹死不少,据地方资料记载:"得六十七尸,皆受重创,头颅肿大如斗,口圆而小,色黝黑,知道都是真倭。"这六十七名淹死的真倭,自然也没有一个留下姓名。

因倭寇构成成分的变化,"大抵真倭十之三,从倭者十之七","倭寇的主力是中国人",于是,学界出现了一种新的论调,认为嘉靖年间的倭患并非外敌日本海盗入侵,而是内乱,是中国东南沿海的一场内部战争。如戴裔煊在《倭寇与中国》一文中认为:"嘉靖年间的倭寇运动,实质上是中国封建社会内部资本主义萌芽时期,东南沿海地区以农民为主力,包括手工业者、市民和商人在内的被剥削压迫的各阶层人民,反对封建地主阶级及其海禁政策的斗争,是中国历史上资本主义萌芽的时代标志之一。这场斗争主要是中国封建社会内部的阶级斗争,不是外族入寇。"

其实,这一时期的倭寇哪怕成员结构发生了变化,但性质没变,是元末明初倭寇入侵的一种延续。

嘉靖年间的倭寇,虽然人员比例不一,但主要由真倭、海盗及"小民"这三种成分组成。

真倭有专以劫掠为生的海盗,有由商人转化的海盗,还有伺机抢掠的进贡之人。这些商人、浪人、武士,与日本国王、名主都有着密切关系,他们的目的就是要在中国获取最大利益,至于手段,可以是通商、通贡,软的不行,就强抢蛮夺。据井上清《日本历史》所言:"杀人、劫财、强盗为武士的习性。"郑晓《吾学编·四夷考》认为日本武士"其喜盗、轻生、好杀,天性然也"。嘉靖年间,正值日本战国时期,国王威信丧失,大名之间互相争夺,内战不休,涌现出大批武士、浪人、残兵、败将。在大名的支持、怂恿下,他们侵犯中国沿海,无恶不作。

倭寇每次入侵,都与海盗勾引有关。中国沿海常有海盗出没,但其规模与危害,只有与真倭合流之后,才达到前所未有的程度。郑晓在《今言》中说:"倭奴藉华人为耳目,华人藉倭奴为爪牙,彼此依附,出没海岛,倏忽千里,莫可踪迹。"华人海盗,不过真倭的"爪牙"而已。当然,也有听命于海盗的真倭,受王直、陈东、徐海、萧显等人指挥,但这些海盗头目,并非真正的倭寇首领,他们还受日本大名的管辖与约束。比如王直的"老巢"就在日本,虽是一个"夷人大信服"的人物,但他也得寄人篱下,受平户岛主管束;陈东曾率真倭肥前、筑前、丰后、和泉、博多、纪伊等人入寇,但他只是"萨摩州君之弟掌书记酉也,其部下多萨摩人";徐海受萨摩王弟约束。再如善战多谋的海盗头目萧显,率领一群真倭,在华亭泾人陈元祥的引导下,掠夺大量金银珠宝之后,陈元祥请求放他回家,萧显先带他去见"船主",才予放行。对此,《西园闻见录》卷五十六写道:"船主,日本人,不知何名也。显见叩头,陈元祥之功,杀牛羊以祭海,因厚遗之,将遣三十倭人,送至其家。"萧显势力强大,连王直都有所忌惮甚至畏惧,而他也有日本主子,并且还得叩头下跪,可见地位之低,依附程度之深。

而依附的"小民",数量庞大,处于最底层,就某种程度而言,他们不仅无法获利,反而是一群受害者。郑晓《吾学编·四夷考》上卷《日本》言:"小民迫于贪酷,苦于徭役,困于饥寒,相率入海从之。"而有的则是倭寇掳掠的人口,他们受制于倭,无以解脱。因这些附倭的沿海居民熟悉当地情形,真倭逼迫他们充当向导;打起仗来,"贼以掳民为先锋",将其放在队伍最前面作为"炮灰"。他们思念家乡,不愿为虎作伥,"但已剃发,从其号衣,与贼无异,欲自逃去,反为州县所杀,以此只得依违,苟延性命"。哪怕自愿附从的"小民",也有阶段性,只依附海盗。因此,当王直、陈东、徐海等海盗头目及其势力被消灭之后,从倭及胁从者极少。

倭寇的三种结构成分呈金字塔状,顶层是真倭,中间是海盗,底层为"小民"。海盗、"小民"虽为华人,但他们也得剃发,着号衣,配倭刀,装束打扮及作战方式,全部日本化、武士化……

因此,我们只要稍加分析,就可得知,嘉靖年间的沿海动乱,并非内争,仍属外敌入寇。给这场战争定性,不能仅以倭寇成分、人员比例而论,应从最高指挥者、利益获得者、战争的延续与发展等多重因素加以分析,然后作出结论。

再则,日本古称倭国,唐咸亨初年(670),才因近东海日出,改称日本。但国人仍称日人为倭人,连久居日本的中国人也被称为

"倭"。据李百恭、郝杰《日本考》卷二《商船所聚》记载，日本博多"有一街名大唐街，而有唐人留恋于彼，生男育女者有之。昔虽唐人，今为倭也"。海盗头目王直、徐海、陈东、麻叶等虽为中国人，因其长期居住日本，也可称为倭人；他们在中国沿海一带烧杀掳抢，所劫财物运至日本，自然可以视为倭贼。这一当时人们认可的"倭寇"称谓，随着时代变迁，今日之理解，便产生了歧义。

二、规模大，次数多，时间长，地域广。

倭寇此前入侵，人数仅几十数百，上千就是最多的了，而这一时期动辄成千上万，有时多达好几万。嘉靖三十二年（1553），"倭寇连舰数百，蔽海而进。一时浙东西，江南北，滨海数千里，同时告警"。

倭寇与海盗合于一处，相互勾结，狼狈为奸，"倭奴非内逆无以逞狼贪之志，内逆非倭奴无以遂鼠窃之谋"（郑若曾《筹海图编》）。故此规模大，气焰炽，难剿灭。

倭寇侵犯的地域范围重点在浙江、南直隶、福建，向北蔓延至山东，向南则扩展到广东。

次数相当频繁，每年多达几十次。明初从洪武元年（1368）到洪武三十一年（1398）的三十一年间，倭寇入侵共四十四次。而嘉靖三十一年（1552）至嘉靖三十六年（1557）这六年间，倭寇入侵直隶八十九次，浙江六十一次，福建十四次，山东三次，广东两次，共计一百六十九次，每年约二十八次。

此时倭寇入侵，并非像以前那样，登岸饱掠一阵后很快离去，而是在陆地或岛上建立据点，长期盘踞，随时劫掠。

倭寇出击，没有规律，以抢劫夺利为目的，人多势众，势不可当，常常深入内陆剽掠，凶残无比，无恶不作。东南沿海仿佛沦陷一般，百姓不得安宁，财产随时被毁，生命悬于一线。

其实，就当时中国与日本的综合国力比较而言，明朝完全有力量跨海攻打日本,而日本对中国的安全尚不能构成威胁。只有倭寇与海盗合流,实力大增,动辄数万,气势汹汹,明廷才切切实实地感到了来自东南沿海的压力。

俞大猷正是在倭寇开始猖獗的嘉靖三十一年(1552),奉命走上抗倭前线的。

第三阶段,嘉靖三十七年(1558)至嘉靖四十四年(1565),倭寇由衰弱走向覆亡。

这一时期的倭患逐渐南移,福建成为"重灾区",其他地区依次为广东、浙江、南直隶,山东已无倭患。这种情形的出现,主要在于王直、徐海、陈东、麻叶等海盗头目被消灭之后,倭寇失去内应,加之浙江、南直隶的防卫得到空前加强,倭寇不得不转移劫掠方向。与此同时,倭寇中的"小民"大为减少,他们以前依附的主要是中国海盗,海盗头目大多被歼,"小民"不论生活多么艰难,也不愿与真倭狼狈为奸屠杀自己同胞。

据《明史》记载:"直(王直)初诱倭入犯,倭获大利,各岛由此日至,既而多杀伤,有全岛无一归者,死者家怨直。"对倭寇的围剿与聚歼,使得日本有的地方竟无一人归返,新倭一时难以产生,残倭或逐渐消灭,或转向台湾鸡笼(今基隆)等地。

第三阶段的八年间,倭寇共入侵九十一次,其中福建六十五次、广东十二次、浙江八次、南直隶六次。嘉靖四十四年(1565),倭寇入侵东南沿海三次,福建、浙江、南直隶各一次。可见经过俞大猷、戚继光等抗倭名将的沉重打击,倭寇已基本绝迹。

三

明初开国皇帝朱元璋构建的海防体系,因承平日久、管理不善,战舰朽坏，寨堡倾圮，军队不堪一击。普通民众势单力孤，更是难以抵御，倭寇一来，唯有四散逃命。东南沿海，全线告警，自古以来，从未有过。倭寇如此猖獗，直接威胁明廷的统治与威权，岂能坐视不管？

于是，一批才华出众、"勇于任事"的文臣武将被调往东南沿海抗倭前线，朱纨、王忬、张经、胡宗宪、谭纶、俞大猷、汤克宽、卢镗、戚继光、刘显等，便是其中的佼佼者。

守卫东南沿海的正规部队——卫所驻军面对凶残的倭寇，往往一触即溃，朝廷只好向全国各地征调战斗力强的地方武装。于是，声名远扬的狼兵（即岭南土司武装）、武功高强的僧兵以及京营神枪手、涿州铁棍手、保定箭手、辽东虎头枪手、河南毛葫芦兵、汉中矿徒兵等纷纷开赴江浙抗倭前线。

嘉靖中后期，最早出任东南沿海抗倭最高指挥官的大臣是朱纨。

朱纨（1494—1550），字子纯，号秋厓，苏州人，正德十六年（1521）进士。嘉靖二十六年（1547），因倭患大作，巡抚南赣汀漳都御史朱纨改提督浙、闽海防军务，巡抚浙江，兼制福建福、兴、漳、泉、建宁等处海道，抵御倭寇。这一职务，一改过去闽、浙两省各行其是、互不联系的分散局面，将两省作为一个完整的行政、军事区域。

朱纨到任后，采取了一系列严厉的抗倭措施。首先，他张贴告示："先之以不追既往，禁止与倭寇往来。"重申海禁，严禁船只出海，毁掉所有私造双樯大船。其次，整顿卫所，添置战船，巩固防御设施，训练能征善战的队伍。

朱纨的霹雳手段很快就收到了良好的效果，但他不准商民下海的禁令，触犯了闽浙豪绅的利益。沿海地区的大姓豪族，多与倭寇、海盗勾结，走私货物，大发横财。于是，这些豪绅不仅四处造谣、诋毁朱纨，还上书朝廷，加以诬陷，说他草菅人命、滥杀无辜。朱纨受到朝廷追责，不得不上书辩白抗争："去外国盗易，去中国盗难；去中国濒海之盗犹易,去中国衣冠之盗犹难。"

朱纨御倭的最大功绩,是取得了双屿之战、诏安之战的胜利,收回了双屿、浯屿这两座岛屿。

明初朱元璋海禁时,将沿海岛民全部迁至陆地,这些无人居住的荒岛,便成为倭寇、中国海盗及葡萄牙海盗的聚集地。舟山的双屿及福建的浯屿成为中外海盗盘踞的"大本营",不仅是最大的走私港口,岛上还修建了营房、医院、教堂,设有相应的行政、立法机构,俨然"国中之国"。

要解决倭患,首先得将这两个据点拔掉。

朱纨采取"合闽浙二省之兵,协力夹攻"的方略,将进攻双屿的任务交给长期驻守沿海地区的福建都指挥使卢镗。卢镗将兵船部署在双屿港外围,"守株待兔",俟机而动,大获全胜,一举荡平双屿岛之敌。

尔后,朱纨又令卢镗及海道副使柯乔继续追剿倭寇,取得九山大洋(今浙江象山东南海域)及走马溪(今福建诏安海滨)之战大捷,顺利收复浯屿。

为儆效尤,朱纨将俘获的通倭、通夷海盗头目李光头等九十多人押至演武场,全部斩首。

但是,他的行为招致闽、浙权贵利益集团的报复,责其擅杀,并遭御史陈九德的上书弹劾。嘉靖帝下旨,罢免朱纨官职,派官查勘、审讯其及其部将卢镗、柯乔。

朱纨闻知,不禁叹道:"吾贫且病,又负气,不任对簿。纵天子不欲死我,闽、浙人必杀我。吾死,自决之,不须人也。"嘉靖二十八年(1549)十二月,朱纨含恨服药自尽,死前为自己撰写墓志铭道:"纠邪定乱,不负天子。功成身退,不负君子。吉凶祸福,命而已矣。命之如何,丹心青史。一家非之,一国非之。人孰无死,维成吾是。"

朱纨死后，刚刚整饬得稍有起色的海防又遭废弛，他留下的职位也一直空缺。明廷"罢巡视大臣不设，中外摇手不敢言海禁事"，以致倭患愈演愈烈。直到四年之后，倭寇犯台州，破黄岩，掠象山，劫定海，浙东为害甚剧，嘉靖帝才有所警醒，在给事中王国祯、御史朱瑞登的不断上书及请求下，决定恢复浙江巡抚一职，继任者为王忬。

王忬（1507—1560），字民应，号思质，江苏太仓人，嘉靖二十年（1541）进士。读者对王忬可能知之不多，但他有个大名鼎鼎的儿子——文学家、史学家王世贞，乃文学流派"后七子"领袖之一，主盟文坛近二十年之久。嘉靖三十二年（1553）七月二十二日，朝廷颁旨："改巡抚山东都察院右佥都御史王忬提督军务，巡视浙江，兼管福、兴、泉、漳地方……并设分守浙、直参将各一员，以琼崖参将署都指挥佥事俞大猷、中都留守管操指挥佥事汤克宽为之。大猷温、台、宁、绍等处，克宽福、兴、泉、漳等处，俱听忬节制。"（《明世宗实录》卷三百八十七）

王忬任职后，采取了一系列有效措施，他沿袭朱纨的御倭谋略，将卢镗、尹凤等人解救出狱，重用部将俞大猷、汤克宽，在普陀山大破倭寇。

为求报复，海盗头目萧显率倭寇强悍劲卒四百多名入侵上海南汇、川沙、嘉定等地，大肆劫掠。王忬派卢镗前往剿灭，萧显被杀。

但王忬为人正直，不畏权贵，得罪了严嵩父子，在抗倭任上不到一年时间，便于嘉靖三十三年（1554）六月调任大同巡抚。后因俺答进犯潘家口长城，被严嵩抓住"把柄"，以"边吏陷城"罪被处死。

四

朝廷于嘉靖三十一年（1552）七月颁旨，调俞大猷任浙江温、台、宁、绍参将,十月他接到任命,十一月到职。

此时的俞大猷,年已五十,转战南北,经验丰富,并且形成了一套独具特色、行之有效的军事理论方略。尽管如此,每到一地,他不敢懈怠,总是实地勘踏,了解山河地貌、民风民情。俞大猷故乡泉州与任职的温州、台州、宁波、绍兴较近,都属沿海,但地理环境还是有着一定的差别,且方言不一、习俗有别。这些,都是作战时不得不考虑的重要因素。而对敌人情形的了解尤为重要,"知己知彼,百战不殆"。这些年来,俞大猷就像一名"救火队员",哪里失火,哪里有险情,明廷就将他派往哪里。而他总能不辱使命,化险为夷。此前扑灭的多为内患,或海盗暴民,或少数民族起义。也曾抗击外敌,一为鞑靼,二为安南,还从未与倭寇交手,对其生活习性、作战方式都不了解,不得不谨慎从事。

经过一番了解,俞大猷发现倭寇作战能力强,为人特别残忍,与此前打过交道的对手截然不同。对此,他在《论海势宜知海防宜密》中写道:"盖倭人之桀骜剽悍,嗜货轻生,非西南诸番之比。在隋、元之世,为患中国最甚。其地又无他产,仅一刀一扇,非若西南诸番,犹有椒木、香料诸货,可资中国之用者也。"

倭寇使用的武器装备主要为舟船、长刀、弓箭。

海上御倭,明军出动的海舟主要有福船、广船、浙船、海苍、开浪、沙船、鹰船等多种。倭船矮小,"其形卑隘,遇巨舰难于仰攻,苦于犁沉,故广、福舡皆其所畏,而广舡旁陡如垣,尤其所畏者也"(郑若曾《筹海图编》)。明水军的福船较大,可乘风下压,为倭寇所惧。据《武备制胜》卷十三描述:"大福船,高大如楼,可容百人。底尖上阔,首昂口张,尾高耸,设柁楼三重,旁设板如垣,帆桅二道。中分四层:下层实土;次为寝所;次为扬帆炊爨之所,左右有门,中置水柜,前后各设木碇;上层露天,设板如栏,倚以攻敌,矢石皆俯发。

敌舟小，即犁沉之。"

长刀是日本武道特有的兵器，刃长五尺，柄长一尺五寸。明军使用的全是短刀，后来也用这种兵器，原从倭寇手中缴获而来。倭寇善于跳跃，向前一跃可达一丈多，挥舞六尺多长的倭刀，明军短器无法施展，一旦遇敌，往往被其杀害。

倭人使用的弓箭，弓劲箭重，射程不远，一般不轻易使用。但只要拉弓，必被射中，中者必死。而明军的弓箭，弓软箭轻，哪怕射中，也无关大碍。因此，那些被弓箭射中的倭寇，常常拍着自己的臀部，故意羞辱明军。

倭寇的作战阵法，不仅有别于明军，即在中国传统兵法、阵法中也找不到先例。倭寇布阵，据《筹海图编·倭寇事略》所载，有蝴蝶阵，"临阵以挥扇为号，一人挥扇，众皆舞刀而起，向空挥霍，我兵苍皇仰首，刚从下砍来"；有长蛇阵，"前耀百脚旗，以次鱼贯而行，最强为锋，最强为殿，中皆勇怯相参"；还以吹海螺聚众，单列缓步前行，先派一二人跳跃蹲伏冲锋……这种布阵打法，对明军来说闻所未闻。且倭寇性格迟疑，善于抄后，既能列阵布兵统一进军，更能各自为战，哪怕落落大败，也能镇定自如，在逃窜途中常常埋伏下来，突然回身出击，打得明军措手不及。

明人冯梦龙小说《杨八老越国奇逢》中，有一首诗描绘倭寇行兵之法，颇为形象生动，现抄录如下：

倭阵不喧哗，纷纷正带斜。
螺声飞蛱蝶，鱼贯走长蛇。
扇散全无影，刀来一片花。
更兼真伪混，驾祸扰中华。

针对不同的敌人,不同的武器装备、战术特点,必须制定相应的对策,才能出奇制胜。如果依然沿袭过去的作战方式,那就只能甘拜下风,惨遭蹂躏。

倭寇从日本而来,必取道大海。当时海洋行船依靠风力,一年之中,东海多东北风利于行船的季节,一是清明节之后的农历三至五月间,二是重阳节之后的农历九、十月间。倭寇入侵的时间、地点与春夏之交、秋冬之交这两个时段的季风出现及风向变化有着极大关系。对此,郑若曾在《郑开阳杂著》中写道:"若其入寇,则随风所之。东北风猛,则由萨摩或五岛至大小琉球,而仍视风之变迁。北多则犯广东,东多则犯福建。若正东风猛,则必由五岛历天堂官渡水,而视风之变迁。东北多则至乌沙门分艅,或过韭山海闸门而犯温州,或由舟山之南而犯定海,犯象山、奉化,犯昌国,犯台州;正东风多则至李西岙壁下陈钱分艅,或由洋山之南而犯临观,犯钱塘,或由洋山之北而犯青南,犯太仓,或过南沙而入大江……"

俞大猷根据敌我双方的不同特点,决定扬长避短,构建抵御倭寇的立体防线,以达事半功倍之效。他向王忬献计献策,写有《呈浙福军门思质王公揭》共十二篇。俞大猷的抗倭方略,可简要概括为三点:首先御敌于海洋,其次御敌于河港,后则御敌于沿海城镇。

俞大猷在写给王忬的《议以福建楼船击倭》中说:

> 今之论海寇者,谓备之于山,使不登岸是也。岂知海岸邈远,到处皆受敌之村;海涛汪洋,何澳非入寇之路?我备东,彼忽然而击西;我备南,彼忽然而击北。彼由船驰击,其气逸;我由路奔备,其势劳。不胜其备,将不胜其击矣。善御海寇者,船只、器械无一不备,兵长、兵夫皆素练习,胜算定于未战之先,使闻风而自不敢至耳。是何也?盖

第五章 奉命剿倭

> 海上之战无他术，大船胜小船，大铳胜小铳，多船胜寡船，多铳胜寡铳而已。

大猷生长于闽南沿海，又在海岛、海滨长期任职，对大海及水战、海战颇为熟悉。倭寇从海上而来，明军如果株守沿海，会疲于奔命，陷入被动挨打的局面。为求主动，抢占先机，可御敌于海上。"海舟防之于海，其首务也。"而海上抗敌，既要有大船、大铳等器械，还得有善识水性、惯知水战的兵士。为此，俞大猷建议调用福建福清县高大的福船，福建龙溪等县、玄钟等所的中小哨船；火铳由官府给予税银，船主备用；募选福建龙溪县月港、嵩屿、长屿、林尾、沙坂等地熟知水战的兵夫；调募福建永宁卫指挥张文昊、泉州卫百户邓城作为水军将领，他们两人平时督兵，在大海捕贼，经验丰富，可堪重用。俞大猷认为："倭贼虽勇悍，然用功海上，定靖可期。"

如果海上拦截失利，那么就利用第二道防线，御敌于海岸、内河。倭寇入侵，分散而来，越过大洋后，往往采取两种劫掠方式，一是由海岸登陆，二是倭船溯内河而上，深入河港。

由海岸登陆的倭寇危害不是太大，因为须分散兵力看守船只，行劫的倭寇也不可能过于深入内地，一则抢劫货物过多，难以搬运；二则担心倭船失去，而海禁又严，难以弄到新的船只撤离，一旦明军追袭，难于逃脱。

防御海岸登陆之倭，可在沿海要害及可能登岸之处，驻扎军队，以逸待劳。

而深入河港的倭寇就不一样了，他们将所抢货物放在船上，并沿途抢劫官府或百姓的船只。船行至何处，就抢至何处。倭寇一般乘数十只海船而来，大船几百人，小船数十或上百人，进入河港后疯狂掠夺船只财物。倭寇饱掠返回之时，押运的船只，成群结队可达几百甚至上千艘。

防河港，就是防御这种深入内河港口的倭寇。俞大猷在《议水陆战备事宜》中写道："贼人深入，必抢内地船只，水陆兼进，故夫内河水兵战船又其急务者也。"在《议整搠河船》中指出："苏、松、嘉、杭、湖内地，水港交错，委宜多造战船，以御倭寇。"将这些建造、征募的船只，分散停泊在各个港口，在船上搭战棚，船旁加遮板，备足弓弩火器，俟机抗击倭舟，使其无法深入内河内港劫掠。

俞大猷的最后一道防线，就是御敌于沿海城镇。前两道防线都被突破，敌人深入内陆了，怎么办？既来之，则击之，不可有半点松懈犹豫。在沿海城池寨堡，驻扎军队，情形有利于我，可出城袭击倭寇；如果不利，便退守城堡牵制倭寇，使其不得安宁。倭寇既不敢深入，又不能久留，逼迫之下，只好退去。

御敌于海上固然重要，陆上歼敌令敌人有来无回，更令倭寇丧胆，不敢内侵。当然，这需要明军具有强大的作战能力，但战备松弛日久，非一时所能振兴。俞大猷虽然具备抗倭必胜的信念，但鉴于眼前的局势与实际情形，不得不做好长久抗倭的准备："惟我兵之规模素定，议论不易，勿骄于一胜，勿沮于一败，勿责于近效。大洋虽哨而内港必防，内港虽防而陆兵必练。水陆俱备，内外互援，而又求得其人以共理之。贼来则击，贼去则追，又来又击，又去又追，如是二三年而后可耳。"努力战备，加强力量，二三年可见成效与转机。

"倭奴长技利于陆，我兵长技利于水。"（郑若曾《筹海图编》）俞大猷的御倭策略是水陆并举，但更注重海洋、内河、港口等水上防御，强调以海上歼敌为主："倭贼之来必由海，海舟防之于海，其首务也。"又说："乘其初至而击之，不使得以相待合势而猖獗也。"他建议大力发展水军，剿倭军队中，"水兵常居十七，陆兵常居十三"。将兵船、水军驻扎在倭寇入侵必须经过的岛屿及内河港口，"来则攻之,去则追之;屡来屡攻,屡去屡追,何患倭寇之不灭乎"!他在《呈总督军门在庵杨公揭·论海势宜知海防宜密》中写道:"窃意防倭征调陆兵,已尽天下之选,卒未见有奇效。若用陆兵所费之半,而用之于海,则倭患可以渐息。"

浙直抗倭期间,俞大猷常常督率水军在海上作战,并将战线延至远海。他的海防思想,在当时具有一定的前瞻性、独特性与实用性,已超越其他将领,在抗倭斗争中,发挥过极其重要的作用。

第六章 大败倭寇

一

嘉靖中期，勾结真倭入侵东南沿海的海盗头目，主要有王直、徐海、陈东、麻叶、毛海峰、彭老生等近十人。他们相对独立，各自拥有一股强大的武装力量，但又相互勾结，相互照应，为了某一目的共同行动。这些海盗头目中，以王直势力最大，徐海次之。

王直（？—1557），也称汪直，号五峰，南直隶徽州府歙县柘林（今安徽歙县柘林村）人。王直少时任侠，长大成人后，多智谋，善施舍，他身上所具有的江湖义气，为他赢得了一帮追随者。早年与同乡徐惟学、叶宗满等人一起经商，靠贩卖私盐起家。遭到官府打击后，逃到浙江、福建、广东等东南沿海一带走私。据嘉靖《浙江通志·王直传》所记，王直等人不满于现状，便谋划道："中国法度森严，动辄触禁，孰与海外乎逍遥哉！"嘉靖十九年（1540），王直趁明廷海禁松弛之际，索性打造巨舰，满载硝磺、丝绵等违禁物品，走私至日本、暹罗、西洋等地，从中赚取暴利。王直与海外私通贸易，以双屿港为据点，讲究信誉，"夷人大信服之，称为五峰船主"，仅五六年时间，便成为远近闻名的富商。相当长一段时间内，王直虽走私贸易，并于嘉靖二十三年（1544）跟随故主许栋直通日本，但未与倭寇勾结。

嘉靖二十七年（1548）六月，朱纨加强海禁，派兵歼灭了屯聚于宁波双屿港的许栋海商集团，王直"遂起邪谋，招聚亡命，勾引倭奴，更造巨舰，联舫方一百二十步，可容二千人，上可驰马"（万历《歙志·王直》）。自此，王直由走私贸易变为大肆劫掠，不仅广纳亡命之徒，联络收拢杭州虎跑寺明山和尚徐海、日本萨摩岛主之弟书记陈东、无赖叶明（即麻叶，也称叶麻）、广东海盗陈思盼等人，还花巨资勾结门多郎、次郎、四助、四郎等真倭。对此，郑若曾在《筹海图编》卷八《寇踪分合图谱》中写道："许栋败没，（王）直始用倭人为羽翼，破昌国卫。而倭人贪心大炽，入寇者遂络绎矣。东南之乱，皆（王）直致之也。"嘉靖三十一年（1552）二月，王直勾结倭寇，突入定海关，以舟山群岛中的第四大岛——金塘岛为营垒。金塘岛的烈港距定海水路不过数十里，各路海盗依附、出击十分便利，"由是，倭船遍海为患"。

王忬早就想剿灭王直了，俞大猷到任，上陈御倭方略，他及时采纳，从福建征调船只、将士，设立水军。王忬认为俞大猷是一位不可多得的将才，大胆放手加以重用。俞大猷上任仅两个月，王忬就令他出兵烈港，剿捕王直、毛烈等倭寇。

嘉靖三十二年（1553）正月二十八日，俞大猷接到进攻命令，不禁十分犹豫。缉捕王直，浙兵不可用，而从福建调来的兵船不过十多艘，根本不可能向势力强大的王直海盗集团发起攻击。

俞大猷善于用兵，但他相当持重谨慎，不肯轻易出军。孙子曰："兵者，国之大事，死生之地，存亡之道，不可不察也。"俞大猷用兵讲究"计定而后大举，兵集而后齐发"，强调"兵事尤须谨慎，千日计虑，期于一日收功"。其用兵之道，讲究截杀、雕剿、大征等方式。截杀主要对付流动劫掠之敌，在险道邀击，或埋伏出击，打得敌人措手不及；所谓雕剿，就是像老鹰扑食一样，给对方猛然一击，使用精兵强将，挫其锐气，使其收敛；而大征，显然是大规模的军事行动，调集大量军队，备足粮饷，制定周密的作战计划，不限时日，分道突进，以收万全之功。

要进攻据守烈港的倭寇王直，显然只能用"大征"之法。运用这种战法，必须集中数倍于敌的兵力，形成十围五攻、泰山压顶之势。其次，须耗用大量财物，"欲求永逸之计，当为一劳之图，以数年之费而费于一举"。最后，不能操之过急，规定旦夕时限。他在《用兵不宜急迫》中说："堂堂之兵，不在急迫，要于成功而已。若兵未集而势尚弱，或兵既集而机未便，皆不可轻举挫锐。"

这时，有人提出招抚王直，俞大猷得知，给王忬写了一封上书《议王直不可招》。俞大猷强调恩威并用，一贯主张招抚，但他认为招抚"非今日之良谋"。原因何在？他写道："盖必大兵压前，贼力不支，输诚求降，帝王仁义之师，志在平乱安民，从而哀悯生全之，许其自新改过，或令各复旧居，或令听吾散置，使其决不能再聚为患。"招抚敌方，唯有大军压境，敌军不支而无所逃遁，操纵之权在我军，并能制对方于死地的情形下，才能获得效果。而现在是敌强我弱，并不构成招抚的必要条件。

明知时机尚未成熟、凶多吉少而贸然出兵，拿将士的生命开玩笑，无疑就是犯罪。军令如山，下属唯有服从而已。但俞大猷不打无准备之仗，也不打无把握之仗。于是，他向王忬进言，告以详情，建议延缓行动。好在王忬信任俞大猷，没有强行督促，只是令他相机行事。当然，也有时机不熟上司强迫出兵的情形，俞大猷宁可冒犯上级，遭受处罚或误解，也不愿羊入虎口、无端受损。

嘉靖三十二年（1553）三月，又经两个多月的准备，王忬命令俞大猷进攻据守普陀山的倭寇。俞大猷领命，在浙西参将汤克宽的协助下，率精锐部队进攻。

汤克宽也是一名重要的抗倭将领，直隶邳州（今江苏省邳州市）人，先祖为明朝开国名将汤和，父亲为江防总兵官汤庆。汤克宽袭爵邳州卫指挥佥事，历任浙西参将、广东总兵官。据《明史》记载："倭难初兴，诸将悉望风溃败，独卢镗与汤克宽敢战，名亚俞大猷、戚继光云。"他与俞大猷并肩作战，先在浙江剿倭，后随大猷入粤，终于戡平倭乱。

普陀山也是王直的一处据点，倭寇在此安营扎寨，不仅劫掠近岸百姓，还时常突袭官兵。俞大猷决定"即以其人之道，还治其人之身"，利用黑夜的掩护发动攻击。他派出哨兵探明水道，了解普陀诸山的分布及倭寇结寨情况，挑选一支精兵，先行出发。汤克宽率巨舰紧随其后，协助行动。俞大猷率军登上岛屿，按预先选定的道路，直扑倭寇营寨。

以倭寇过去的经验及惯例，只要他们劫掠百姓、攻打官兵，明军要么一触即溃，要么不战而逃，他们怎么也没想到会有不怕死的明军主动前来攻击，因此没有采取任何防范措施。俞军冲入营垒，纵火焚烧。一时间，杀声震地，火光冲天。倭寇从睡梦中惊醒，顿时大乱，赶紧四散逃命。也有倭寇胡乱套上衣服，寻了长刀拎在手中，恢复凶残本性，与明军对阵。俞大猷身先士卒，率精兵强攻，愈战愈勇。倭寇从未遇过斗志如此旺盛、武功如此高强的明廷官军，意志立即崩溃，再也不敢恋战，赶紧突围。漏网倭寇奔向海边，仓皇中寻找停在港湾未被明军毁掉的舟船逃命。俞大猷率军下海，紧追不舍。汤克宽布控的水军早就张网以待，一声令下，巨舰冲向倭舟拦截。后追前堵，明军开始合围，余倭难以脱身，孤注一掷犹作困兽斗。

就在这时,海上突然刮起一阵飓风,乌云翻滚,波浪汹涌,涛声震耳,明军船只被吹得七零八落。俞大猷乘坐的船只在波峰浪谷间颠簸,快要被打坏了。汤克宽见状,命巨舰向他靠拢。两船渐近,汤克宽跳上俞大猷船只,急得不行,要大猷赶紧跪拜海神,以数十只猪羊为祭,祈求保佑。俞大猷便以牛、羊、猪各一头作祭品,开始祈祷。汤克宽大声说道:"祭品太少,为何不多加供奉?"大猷回道:"我贫穷钱少,哪来那么多祭品?"说话间,大风更加猛烈了,波涛打在船上,击起阵阵浪花。船上士兵吓得不行,以为就要葬身海底了,不禁放声大哭。俞大猷镇定自若地笑道:"何其快也!"汤克宽见状,不由问道:"俞公以此为快,那么真正的快活又是什么,怎样称呼?"俞大猷回道:"等着享受快活!今日与大家一同投入大海,了却业缘,岂不快哉!"

说话间,风息浪止,一船平安。众兵士死里逃生,从惊悸中回过神来,高兴异常。汤克宽一颗悬着的心,也终于落下了。但他还是忍不住问俞大猷:"刚才面临凶险,危在旦夕,你好像没有半点害怕,何以如此?"俞大猷说:"我平生心肠快活,不识世上还有愁苦之事。所以诗歌文章、书简尺牍,从来就没有皱眉忧愁叹息之声。"事实也是如此,俞大猷留下的《正气堂全集》,字里行间,总是充满着一股达观豪迈、乐天知命的情怀。

遗憾的是,剩下的倭寇乘风大浪急、明军混乱之际,得以侥幸逃脱。

这场御倭史上有名的"普陀山之捷",也是俞大猷与倭寇的首次交锋,明军大获全胜,斩首一百五十多级,生擒一百四十三人,倭寇被大火烧死、海水淹死者不计其数。

一个月后,俞大猷又取得了烈港大捷。

经过一番准备,进攻烈港的时机渐渐成熟。嘉靖三十二年(1553)

闰三月,明军决定发起攻击。仍由俞大猷挂帅,汤克宽配合。

烈港地形复杂,海岸线曲折。大海潮汐,涨涨落落,起伏不定,烈港涨潮时水流向东,退潮时水流则向西。所有船只,由东、西两个方向都可进入烈港。了解地形及水路特点后,俞大猷与汤克宽分两哨进军布列,大猷由列表门进入烈港发起攻击,汤克宽率军由西后门进入烈港,以防倭寇逃窜。

嘉靖三十二年(1553)闰三月初六,俞大猷领兵船出港。初七日,停泊在金塘岛的木澳,与王直营垒仅一山之隔。军队驻扎妥当,大猷派兵侦察敌情。初十日,探得海盗开始整理帆具,并将一箱箱货物运至海边,搬到船上。俞大猷分析,王直等人见势不妙,可能要放弃巢穴逃跑。于是,他赶紧命令熟悉金塘岛地理环境、进出道路的侯得等人偷偷上岛,潜入敌营,约定第二天举火为号,展开行动。十一日,鸡鸣四鼓时分,侯得等人四处放火,倭营烈焰冲天。此时,潮水正涨,俞大猷乘势发起总攻。各兵船奋勇前进,有的将敌军的哨马船撞翻,有的砍断敌军外栏篾缆,大部则直接冲向倭寇战船。面对突然袭击,没有防备的敌军顿时乱作一团,不少倭舟被撞翻击沉。山上倭寇遇袭,数百人跳入海中逃命。就在这时,仿佛助敌军一臂之力似的,海风又刮了起来,越刮越大。狂风巨浪与汹涌的潮水搅在一起,俞军船只被冲散。倭船因停泊岸边,受风浪影响则不大。

第二天,俞大猷收拢兵船,在岛杵山(金塘沥港镇西南小岛)一带集结。

此时,王直已放弃巢垒,乘机突围,逃往马迹潭。

海洋及海岛作战,常遇突变的天气如台风、暴雨、漩流、潮汐等,防不胜防。古代科技水平低下,难有今日发达的卫星云图等气象监测手段,可准确预报未来天气,一旦具有毁灭性的台风来袭,船舶可驶入港湾,躲避风暴袭击。俞大猷率领水军剿倭,即使预知天气变化,因上峰督促或战事急迫,也得冒险启航。

烈港之战虽然获胜,歼灭部分倭寇,攻破王直长期盘踞的金塘岛,却因大风骤起、海涛袭扰而功亏一篑。

明廷水军官兵奉命继续追剿逃倭。四月十四日,汤克宽进攻逃至马迹潭的倭寇。王直大败,逃往南直隶。俞大猷紧随其后,穷追不舍。倭寇在连日沉重打击下疲惫不堪、惊惶不已,终被俞军追上。两军激战,俞军斩杀倭寇无数,王直舍命突围。此时,东南沿海风声鹤唳,王直感到再也没有立足之机,只好带着剩下的一百多人逃往日本。剿灭王直的战役告一段落。俞大猷马不停蹄,率军继续追剿其他倭寇。

嘉靖三十二年(1553)四月二十四日,一股倭寇攻陷临山(今浙江余姚临山镇),俞大猷与都指挥刘恩至奉命救援,大败倭寇,斩首、俘虏三百多人。

五月,倭寇进攻浙江温岭新河镇,俞大猷率兵船在海上截击,打败敌军,斩获颇丰。

八月,一股南直隶战败倭寇,逃至浙江普陀山,占据险要,挖掘壕堑,构筑营垒,建立新的据点。俞大猷率兵进剿,八月二十二日,乘夜发起攻击。此次,俞大猷采取疑兵之策,从石牛港进军,在倭营外面列队布阵,虚张声势,吸引倭寇,却不进攻。另派一股奇兵从西北巡检岙突进,百户邓斌、武举火斌、黎俊民等率精兵冲锋。敌军正面严阵以待,并未防御营垒后侧,顿时惊慌失措,无心应战,向茶山绝顶逃窜。第二天,俞大猷率兵围困茶山,四面齐进,终于将这股逃倭全部消灭,无一逃脱。

嘉靖三十三年(1554)三月,一股在太仓溃败的倭寇突围而出,抢劫民船,逃至普陀山。俞大猷不待敌人喘息,马上率军进剿。遇

第六章 大败倭寇

天气突变,又因倭贼有所防备,武举火斌等三百多人战死,进攻一度受挫。俞大猷遭到上司斥责,令其戴罪剿贼。对此,俞大猷毫不掩过,在《与王遵岩书》中写道:"生今春有事于普陀,适逢天变,为贼所挫。"王遵岩,即王慎中,晋江人,嘉靖八才子之首,明代著名诗人、散文家。王慎中早年读书于泉州清源山中峰遵岩,故号遵岩居士。

四月,俞大猷转战吴淞所(今上海宝山),率水军与进入吴淞江的十六艘倭船对阵。一番生死搏斗,俞军击沉倭船十一艘,斩首二百五十四级。战绩上呈,俞大猷的处分被撤销,并获银币赏赐。

十一月,俞大猷在绍兴一带追击倭寇,俞军追至柯桥村,斩杀倭寇二百多人。

…………

据俞大猷《恳乞天恩辨明下情将功赎过疏》所言,他在嘉靖三十二年、三十三年这两年间,"督水陆官兵在于松门、普陀、烈港、昌国、临山、观海、柯桥等处海洋地方,陆续擒、斩倭寇共一千余名、颗,其余沉水者不计"。

俞大猷抗倭屡获大胜,一改以往明军贪生怕死、畏葸不前、武艺不精、临阵溃逃的窝囊局面,一时威名远扬。经过一番沉重打击,倭寇再也不敢进犯俞大猷任职的宁波、绍兴、温州、台州四府。

二

嘉靖三十三年(1554)六月,明廷改王忬为右副都御史,巡抚山西大同,其职位由徐州兵备副使、左佥都御史李天宠代任。

与此同时,明廷任命南京兵部尚书张经为右佥都御史,总督南直隶、浙江、山东、两广、福建等处军务。

嘉靖三十三年（1554）十月，俞大猷升任提督直隶、金山等处地方海防副总兵官。

俞大猷就要离开任职的宁波、绍兴、温州、台州等地了，浙江官民依依不舍，请求他将自己的衣冠留下来作为纪念。俞大猷难以推辞，只得从自己的衣物中挑选数十件留下。当地百姓准备为俞大猷建立生祠，以作供奉祭拜之物。

王忬任内，派员侦探沿海勾结倭寇的内贼，审查核实后一一拘捕。倭寇失去内应，不知虚实，进攻方向、目标不明，只好游弋海中。又无粮食菜蔬火药接济，往往所带粮物用完，便自行退走。他重用俞大猷、汤克宽，推荐卢镗，从牢中释放柯乔，激励部将奋勇杀敌，打得王直逃往日本，奋力剿灭沿海余倭，功绩卓著。俞大猷上任之时，沿海大盗及通倭者对他十分害怕，便四处散布谣言，说王忬重用俞大猷捣倭巢穴是用非其人，计策不周。王忬不为所动。

而王忬一旦离去，沿海战备松弛，倭寇大有死灰复燃之势，又开始大举进犯。

嘉靖三十四年（1555）四月，倭寇自海盐登陆，进犯嘉兴。官军进剿，遭倭伏击，四百人被杀，溺死者不计其数。倭寇乘机占领石墩山，并以此为据点，分兵四处劫掠。进攻嘉兴府后，倭寇遁入乍浦，与长沙湾海盗合流，进犯海宁诸县，趁夜攻破崇明县城，知县唐一岑战死。又自崇明向苏州进发，烧杀掳掠。

六月，倭寇自吴江犯嘉兴，都指挥夏光率军背靠王江泾列阵抵御。倭寇鼓噪而进，明军大败，夏光急忙上舟，被流箭击中，落水而亡。倭寇以采淘港、柘林等地为据点，四处流窜，飘忽不定，官兵难遏。

八月，参将李逢时、许国招募山东民间枪手六千人，与倭寇在新泾桥遭遇。李逢时率麾下先行突击，获胜。倭寇退守罗店，明军追击,斩杀八十多人。许国怨恨李逢时出击不与自己相约,便从一条偏僻的小道追击倭寇,欲与李逢时分功。追至采淘港,遭倭寇伏击,结果大败,官兵仅溺死者便达一千多人,都指挥刘勇等人战死。

"岛倭之变,东南之民,焚劫殆尽。"倭寇如此猖獗,东南沿海遭劫,明廷再次震动!

卫所明军不仅战斗力低下,且数量也不占优势,倭寇入侵内地,动辄成千上万。这些所谓的正规军,根本不是倭寇对手。经过一番廷议,决定征调威震天下的地方武装——狼兵、土兵抗击倭寇。朝廷之所以任命张经总督直隶、浙江、福建等地军务,就因为他担任过两广总督,"曾平瑶乱",治理地方事务恩威有加,为当地少数民族爱戴敬服。

张经(1492—1555),字廷彝,号半洲,侯官(今福州市)洪塘乡人。正德十二年(1517)进士及第,历任嘉兴知县、吏科给事中、兵部右侍郎兼总督两广军务、右都御史、兵部尚书。张经秉性刚直,不畏权贵。明廷对他信任有加,授以重权,敕令节制的地盘几占天下一半,大小事宜可不拘条文,斟酌从事,自行处理。

张经到任后,开府设幕,大力选拔人才,任命参谋官佐,慷慨自负,面貌一新。上至朝廷官员,下至普通百姓,都对他十分看好,认为倭寇很快就能平定。

其实,当倭寇日渐猖獗之时,明廷也曾大量征调天下具有战斗力的客兵——京营神枪手、涿州铁棍手、山东长竿手、井陉蚂螂手、保定及徐州箭手、辽东虎头枪手、河南嵩县毛葫芦兵、汉中矿徒兵以及武艺高强的僧兵,他们都曾英勇抗倭,作出了巨大的贡献与牺牲。

僧人武艺之高强,经过《少林寺》等电影的渲染传播,广为人知。但僧兵抗倭,读者可能知之甚少。据《明史·兵志》记载:"僧兵,有少林、伏牛、五台。"《筹海图编·客兵附录》论及这三处僧兵的武艺时写道:"今之武艺,天下咸推少林,其次为伏牛。要之伏牛诸僧亦因欲御矿盗,而学于少林者耳。其次为五台。五台之传,本之杨氏,世所谓杨家枪是也。"

僧人抗倭,既有少林、伏牛、五台僧兵,也有云游四方的行脚僧,还有江浙本地寺院僧人,他们自成部伍,但受当地军事长官节制。

嘉靖三十二年(1553),倭寇进犯杭州,"三司领僧兵四十人御之",大胜。这四十人的僧兵首领为天真、天池,其中天池为少林僧。

接着僧兵参加了苏州翁家港之战。除天真、天池率四十名僧兵外,还有少林僧天员率苏州僧兵八十四名,以及少林僧月空率杭州僧兵十八名赶来增援。担任明军先锋的僧兵与一百多名倭寇对阵,从黄昏杀到天黑,倭寇大败,被斩首六十多级。

倭寇善舞长刀,而僧兵常以铁棍克之,所用铁棍"长七尺,重三十斤,运转便捷如竹杖"。僧兵武艺高强,精通阵法,不惧生死,常作明军先锋。据史料记载,自倭寇再次猖獗,官兵连败三十七阵。僧兵参战,扭转战局,旗开得胜。嘉靖三十二年(1553)至三十四年(1555)间,僧兵在苏州、杭州、上海一带,与倭寇进行过六场大战,每战皆胜。但僧兵毕竟有限,每战都有伤亡,如月空率三十多名僧兵与倭寇战于松江,"持铁棒击杀倭寇甚众,皆战死"。面对蝗虫般铺天盖地而来的倭寇,僧兵犹如杯水车薪,难以解决根本问题。

卫所明军不堪一击,抗倭局势日益糜烂,张经利用强大的地方武装,无疑是一条行之有效的抗倭之策。他调用的地方武装有广西狼兵、湖广土兵、广东东莞打手,以及廷臣议调的山东兵等,其中尤以广西狼兵最负盛名。

狼兵之"狼",并非"虎狼"之意,本为"俍",壮族、布依族语的音译,意为"官人"。所谓"俍兵",就是广西壮族地区土官统治下的兵丁,此后被人们读作"狼兵"。据明代邝露《赤雅》所记:"狼兵鸷悍，天下称最。"郑若曾《筹海图编·客兵附录》也写道："广西狼兵于今海内尤悍，然不易得其真狼兵也。真狼兵必土官亲行部署才出。……东兰、那地、丹州之狼兵，能以少击众，十出而九胜。何者？三州土官之兵，大略如昔秦人，以首虏为上功。"任过两广总督的张经，深知狼兵骁勇，他说："寇强民弱，非藉俍兵不可。"他对俍人十分了解，当地所谓的游民、打手，并非真正狼兵。他看中的真正狼兵，便是当时名声最大的田州岑氏兵。

田州（今广西田阳区）土司首领岑氏始祖为北宋名将狄青部将，几百年来守土安民，官职世袭。其时，首领岑猛已死，主事者为瓦氏夫人。瓦氏夫人从小习武，武功高强，擅使双刀，挥舞起来，有如"成团雪片初圆月"。瓦氏夫人接到征调诏令时已五十六岁，因没有合适的指挥人选，决定亲率狼兵出征。她慨然说道："我自备军粮，不效尺寸，何以归见乡党？是行也，誓不与贼俱生！"

狼兵勇猛善战，军纪严明，实行严格的"连坐法"。据《筹海图编·客兵附录》所载，狼兵作战时，"凡一人赴敌，则左右人呼而夹击，而一伍皆争救之。否则，一人战没，而左右不夹击者，临阵即斩，其一伍之众，必论罪以差，甚者截耳矣。凡一伍赴敌，则左右伍呼而夹击，而一队皆争救之。否则，一伍则没，而左右伍不夹击者，临阵即斩，其一队之众，必论罪以差，甚者截耳矣。……故其兵可死，而不可败"。

嘉靖三十四年三月初一（1555年3月23日），狼兵六千八百多人抵达苏州。其中田州瓦氏夫人与其孙岑大寿、岑大禄统兵四千一百多人，携战马四百五十匹。这些战马全为世上稀有的优良马种——德保矮马，善爬耐驮，仅产于广西德保、靖西等地。其余二千七百多名狼兵从广西归州、南丹、那地、东兰等地调来。

狼兵闻名天下，当地百姓早就如大旱之望云霓。瓦氏率军在苏州城外枫桥安营扎寨,军纪严明。徐宗鲁《松寇纪略》说:"瓦氏虽妇人,军法甚整,下无侵。"采九德《倭变事略》写道:"以妇人将兵,颇有纪律,秋毫无犯。"

狼兵到来,对明军士气也有提升。苏州知府林懋举率领卫所官兵与狼兵一同向倭寇发起攻击,将其包围在盛墩,"斩首级一百余,战至杨家桥,又斩首二百余,远近称快,更盛墩之名为胜墩"。

张经除征调客兵外,还在沿海各地,进一步加强海防:修建城池,制定赏罚条令;复查过去的备倭措施,充实卫所军伍;从本地百姓中编选"主兵",与客兵呼应;整顿水军,分地驻守,一旦有事,相互支援,并力杀贼……

张经慷慨自负,调客兵,选主兵,练官兵,准备与倭寇决一死战。

早在嘉靖三十四年(1555)初,张经便下令俞大猷进攻屯据柘林(今上海奉贤南)之倭,急于取胜。其时倭寇势力正盛,多达两万余人,而俞大猷手下兵力不满三百。这种仗如何打?俞大猷认为这样的军令,无疑让他做一场儿戏。既为儿戏,则有损持重威望,伤及官员部众,这样下去,东南局势将更加不可收拾。于是,他专门写了一揭《论不应张总督之调》上呈:"计出万全,乃图大举,一鼓成擒,可坐算而见效也。"宁可抗命获罪,也不愿"儿戏玩弄",他建议:"必欲扑灭此贼,须有精兵二三万屯于金山,二万屯于青南,三万屯于黄浦。而以此兵三支,总属于大将一人经略调度,刻期渐进,斯可收功。"须七八万兵力尚能获胜的大仗,欲让俞大猷以三百人击之,不是儿戏又是什么?

好在张经虚心纳谏,不仅没有强令俞大猷进攻,反而采纳了他的良好建议,依靠明廷军政机构,汇集各路精兵强将,准备对盘踞在上海柘林、川沙洼一带的倭寇,进行一场全面围剿。

三

春汛期间，不断有新倭相继来袭，与盘踞柘林的倭寇会合，声势浩大，四处劫掠，浙、直难安。

随着征调客兵的陆续到来，张经开始谋划布局，以清除柘林这股势力强大的倭寇。只要柘林之倭肃清，其他小股倭寇，就不难剿除了。

柘林之战事关大局，张经、俞大猷、汤克宽等人十分重视。

狼兵在苏州驻扎一个多月后，被派往松江（今属上海）。瓦氏夫人所率狼兵隶属俞大猷节制，驻扎金山（今上海金山区金山卫镇），为捣柘林倭巢西路；归州、南丹、那地、东兰狼兵，属邹继芳统领，驻扎上海闵行，为捣柘林倭巢北路；汤克宽领归顺兵、思恩兵、广东东莞打手等屯驻乍浦，为捣倭巢西路右哨。三路军队成掎角之势，只待土兵到来，便对柘林发起总攻。

土兵即湖南保靖、永顺州二宣慰使司之兵，编制与卫所军队不同，以旗为最小单位，每旗二十三人，队列分五层以锥形梯次形式排列，第一层至第五层人数分别为一、三、五、七、七。作战时，也分层次进行，第一人战死，第二层居中者替补，左右两人跟进，然后依次替补，直到第五层全部战死，才算失败。土兵训练严格，纪律严明，战斗力强，其中又以永顺兵最为强悍。土兵战斗时，规定只准刺击，不许割取敌人首级，违令者、退缩者斩！

就在张经蓄势以待、俟机攻击之时，明廷派工部侍郎赵文华从京城前来松江督师、祭祀海神。嘉靖三十四年（1555）二月，赵文华上书，提出备倭七事：祭海神，降德音，增水军，募余力，察贼情，差田赋，遣视师。嘉靖帝心里清楚，其实这些备倭措施都不新鲜，以前大多施行过，效果欠佳，唯有第一项做得不够，便让朝臣廷议。大家揣摩皇上意图,一致认为应派重臣前往,隆重祭祀海神。这时,兵部尚书聂豹毅然站了出来,明确表示反对,他说已将全权督理海防事宜授予张经,就没有必要再行派遣重臣了,免得互相掣肘。昏聩的嘉靖帝见有人违逆他的意志,不禁十分恼怒,竟给聂豹降俸二级的处分。

赵文华,浙江慈溪人,嘉靖八年(1529)进士。未中第前在国学时,严嵩为其主管官祭酒,很是欣赏他的才华。严嵩腾达,赵文华拜他为义父。既然朝廷要祭海神、遣视师,提议者赵文华本为浙江人,对东南沿海十分熟悉,又有首辅严嵩推荐,因此,赵文华便获派遣。

嘉靖三十四年(1555)四月七日,赵文华抵达松江祭祀海神,巡视抗倭战事。正值直隶倭患猖獗之时,赵文华深感忧虑。恰在此时,俞大猷指挥数队狼兵,觑准时机,邀击一股倭寇,全数歼灭。此次战役虽然所杀倭寇不多,但在狼烟四起、全线告急、抗倭处于低潮之时,不失为一道耀眼的亮光。于是,赵文华认为"狼兵果可用",督促张经赶紧调派狼兵出击。此前,张经任兵部尚书,赵文华不过工部侍郎而已,即使现在赵文华作为朝廷重臣前来视师,若论官职,张经身为总督,官居二品,仍在其上,且年逾六旬,也就没将赵文华放在眼里,拒不从命。赵文华欲建奇功,便越过张经,以重金犒赏狼兵,令其进剿倭寇。

瓦氏夫人听令出征,与倭寇战于漕泾。她一马当先,率军勇往直前,遭到数倍于己的倭寇反击。《吴淞甲乙倭变志》以生动的文字,描述了瓦氏狼兵大战倭寇的场景:"群倭围瓦氏数重,杀其家丁数人及头目钟富。瓦氏披发舞刀,往来冲突阵中,所乘马尾鬃,为倭拔几尽。浴血夺关而出,马上大呼曰:'好将官!好将官!'尽愤。当日,诸将拥甲不前援也。"倭寇以瓦氏夫人为目标,将其重重围困。

瓦氏夫人的家丁全部战死,她挥舞双刀,往来奔驰,而一旁的众多明廷官兵,却视而不见,不愿或者说不敢上前施以援手。瓦氏夫人浴血奋战,连坐骑的马尾鬃毛几乎被倭寇拔尽,才突围而出,不由得悲愤地在马上大呼大叫:"好将官!好将官!"漕泾之战,仅狼兵头目,便有钟富、黄维等十四人战死。

一位妇人不远千里奔袭而来,抗击倭寇,无数明朝男儿却袖手旁观。而这些所谓的男人,都是经过训练的职业军人,他们吃着国家的奉饷,关键时刻,贪生怕死、畏葸退缩,实在令人不齿。瓦氏夫人尽管寒心,但还是为明廷尽职尽责,因为听调随征是土司几百年传下来的义务。

如果说此前倭寇对天下闻名的狼兵略有忌惮的话,那么经过漕泾之战,倭寇便将明朝的所有军事武装——不管是主兵、官兵,还是远调而来的客兵,全然不放在眼里,纵横劫掠,如入无人之境。

倭寇越猖狂,越显赵文华视师无能。他恼怒不已,多次督促张经出兵。张经谋略在胸,鉴于以前多次失利的教训,态度十分坚决,土兵不到,军力不足,绝不轻易发动攻击。

此次征调的土兵,永顺兵、保靖兵各一万,缺少两万战斗力强大的军兵,而仅以六千多狼兵和不堪一击的卫所官兵,对付两万多如狼似虎的倭寇,要想取胜,难之又难。但张经因赵文华不懂军事,又担心他轻浅泄露机密,并未告知其军事部署,只是对他说:"邀击尚且失利,何况要捣毁倭寇的老巢呢?"赵文华闻言,愈加愤怒。"文华再三言,经终持守便宜不听。"(《明世宗实录》卷四百二十二)张经倚仗朝廷授予其"便宜从事"这把"尚方宝剑",对赵文华的催促与愤怒,全然不加理会。于是,赵文华上书朝廷,弹劾张经,说他糜饷殃民,畏寇贻患,错失战机,"欲俟倭饱飏,剿余倭报功,宜亟治"。

四月十七日,永顺、保靖兵先后抵达松江。时机已然成熟,张经下令进剿倭寇巢穴。

倭寇探知明军动向，一面增强柘林总巢兵力，一面派多股倭寇四处出击，以牵制对方。

四月十九日，柘林倭寇三千多人进攻金山卫，俞大猷督促狼兵抵御。倭寇突围而出，逃往浙江，经乍浦、海盐，进犯嘉兴。

卢镗率保靖兵增援嘉兴，与倭寇战，失利。

其时，永顺兵尚在苏州，张经与俞大猷星夜驰往苏州，敦促永顺兵赶紧出战。

四月二十五日，卢镗与海盐兵围倭寇于石塘湾，两军夹击，杀敌数百。

余倭向北逃窜，俞大猷率永顺兵迎击，两军战于平望。永顺兵斗志旺盛，大败倭寇。

在各路明军的沉重打击下，数股倭寇连连失败，于四月底、五月初纷纷逃往王江泾（今江苏吴江区盛泽镇东南）。

趁倭寇惊魂未定、立足未稳，明军分头逼向王江泾。俞大猷率永顺兵自北乘胜追击，卢镗率保靖军在南面堵截，汤克宽率水军由中路突进，其他各路官兵也纷纷赶来，形成严密的包围圈。张经亲临战场指挥，明军开始强攻。据采九德《倭变事略》记载，陷入重围的倭寇"既连疲于奔，又馁且病，剉无统纪"，不禁"戈甲弃地，四溃而逃。多伏地受刃，或忌而乞哀者"。

王江泾之战成果辉煌，"斩贼首一千九百余级，焚溺死者甚众，自军兴来称战功第一"（《明史·张经传》）。这场战役意义重大，创下了嘉靖抗倭以来的首次大捷，有力地鼓舞了明朝官军的抗倭士气及广大民众的抗倭勇气。

在此不得不提的是，浙江巡按御史胡宗宪奉命率浙兵、乡兵等赶往王江泾会剿，适逢保靖兵新来不识地形，战斗失利。危急之时，胡宗宪心生妙计，弄来一百多坛好酒，钻开酒盖，投毒其中，再将坛盖原样密封，不露半点破绽。然后挑选胆识过人的士兵沈坤、王彪等人，穿戴齐整，伪装成犒劳官兵的样子，驾驶载酒船只，朝倭寇占据的地方驶去。遇见一股倭寇，士兵装成害怕的样子，脱下冠服，赶紧弃舟而逃。倭寇人困马乏，获得美酒，根本就没怀疑酒中投毒，一个个开怀畅饮，结果几百人中毒而亡。胡宗宪还下令村庄、街市那些卖酒人家将毒药投入酒瓮，承诺日后以等价补偿，大米也用药水浸洗。倭寇来袭，见到民众留下的粮食美酒，争相取用，又毒死了不少。

胡宗宪急中生智，施以投毒计，也算立了一功。同时可以看出此人善于计谋，惯以非常手段收奇功于囊中。

赵文华刚刚上书朝廷弹劾张经，就迎来了他指挥的王江泾大捷，不禁十分后悔，赶紧派快骑进京，以追回疏章。但晚了一步，疏已上报朝中。于是，张经等来的不是朝廷嘉奖，而是一纸逮捕进京的诏令。

进京入狱后，张经上书自辩，详细叙述整个抗倭经过："自臣莅任方半年，前后俘斩且以五千计。"虽然功绩卓著，但嘉靖帝并不理会，严嵩、赵文华更是决心将其置以重罪。给事中李用敬、阎望云等人上书，为张经鸣冤辩诬，说王师大胜，足以令倭寇夺气，关键时刻不宜换帅，可令其戴罪立功。嘉靖帝大怒，认为张经是得知赵文华上书弹劾他之后，才用命进剿倭寇。不仅没有准旨，反将李用敬、阎望云一同打入大牢。

嘉靖三十四年（1555）十月二十九日，张经被推至西市斩首。一同杀害的，还有被赵文华、胡宗宪责为"嗜酒废事""丧师失城""玩寇殃民"的浙江巡抚李天宠，以及弹劾严嵩十大罪状的兵部员外郎杨继盛。当时民间传有"日杀三贤"之语。杨继盛临刑时作

《忠魂诗》传颂至今:"浩气还太虚,丹心照千古。生平未报恩,留作忠魂补。"

直到隆庆初年(1567—1568),张经之孙张懋爵上书鸣冤,朝廷才恢复张经官职荣誉,赐祭葬,谥"襄愍"。

第七章 "戴罪"立功

一

张经含冤而死，赵文华索性一不做二不休，谎报、瞒报军情，上书朝廷，将王江泾大捷归功于胡宗宪的投毒计，并奏请以胡宗宪为佥都御史，代李天宠浙江巡抚之职。

兵部右侍郎兼右副都御史周珫总督浙直军务，在职仅一个多月，即嘉靖三十四年（1555）六月十九日，又遭赵文华弹劾罢免。

周珫削职为民，其职由南京户部右侍郎杨宜继任，总督浙、直、闽军务，专事讨倭。

因有张经、李天宠、周珫等人的前车之鉴，杨宜担心惹祸，不得不曲意逢迎赵文华。但半年之后，赵文华还是以杨宜剿倭久无事功为由，上书罢免，建议由浙江巡抚胡宗宪接任。

抗倭指挥中枢不断"洗牌"改组，胡宗宪脱颖而出被推到"前台"，担负起剿倭重任。

赵文华将王江泾大捷归功于胡宗宪，以致胡宗宪幕僚郑若曾撰写的《筹海图编》一书，在《大捷考·王江泾大捷》中叙述这场胜仗时，仅只提及胡宗宪的投毒计，其他主功者不着一字。郑若曾一意为主人歌功颂德,在这件事上罔顾事实真相,好在该书其他部分,还算客观,为后人留下了第一手翔实的抗倭史料。

王江泾大捷影响深远,史家对它评价甚高,认为它是明代抗倭战争的转折点:"自有倭患来,东南用兵未有得志者,此其第一功云。"(《明世宗实录》卷四百二十二)其他史书记载颇多,我们只要稍加参证,即可辨明真相。

张经被害,功绩一笔勾销,他所重用的左右臂膀俞大猷不仅抗倭功绩被遮掩、抹杀,还因一次失利而受处分。

在王江泾大捷中,俞大猷曾两次大败倭寇。嘉靖三十四年(1555)四月二十九日,在平望迎击倭寇,斩首二百多级;五月初一,又在追击途中歼灭倭寇一百六十多人。关于这场战役,俞大猷在《呈军门石厓(周珫号石厓)周公揭五首》之四《王江泾之捷》中有所陈述:"倭贼为永顺兵杀败,走回王江泾,被各兵图杀一千余功。永顺兵追至,尽灭之矣。此举成功,实由永顺之兵首破贼锋所致也。"永顺兵功劳最大,其指挥者便为俞大猷。

王江泾大捷,朝廷以赵文华、胡宗宪上书为准奖赏作战官兵。赐赵文华大红金彩锦纱衣一袭、银六十两;赐胡宗宪彩缎二表里、银三十两;瓦氏夫人及其孙岑大寿、岑大禄,永顺宣慰使彭翼南等四人,也获得了相应奖赏。

而张经、李天宠则被押往京城,最终斩首。俞大猷不仅没获奖赏,反因金山失利,受到"夺职,充为事官,戴罪杀贼"的处分。

有功不赏,反遭处罚,对俞大猷而言,不能说不是一个打击。但他经历多了,早已看淡浮沉得失,并未因此而灰心丧气、意志颓丧。在给同乡、同学薛南塘的一封信中,俞大猷写道:

或为王公,或罹罪戾,当思自有天地国家以来,许多贤人君子、志士仁人，居此位，遭此厄。生于此等义理，得诸君讲论有素，平生未尝少负，敢于今日有负哉？

生受地方重寄，不能设策灭寇，坐以重罪，何说之辞？幸主上圣明，不即加诛，容令自赎。则报国未尽之心，平生未行之志，犹不自此遂已，岂敢悻悻然自弃沟壑，付天下事于必不可成哉？古人谓"其妻不识，其友识之"，今日之谓也。

俞大猷胸襟豁达，不仅没有怪罪朝廷，反而责怪自己未能剿灭倭寇，对夺去职务、戴罪自赎而没有遭受诛杀之类的重处，称颂皇上圣明。短暂的郁闷失意一过，作为乐天派的他，就又全身心地投入抗倭之中。

嘉靖三十四年（1555）五月二十二日，即俞大猷受到处分后的第五天，他就率军攻击陆泾坝的倭寇。

王江泾大捷之后，明军随即向倭寇巢穴柘林发起进攻。一千多突围而出的倭寇，经李塔汇、张庄、小昆山，自泖湖北上，准备进攻苏州。在土军的追击下，倭寇进入陆泾坝，抢占船只渡河。就在快要渡过之时，俞大猷指挥军队掩杀，大败倭寇。

六月十一日，倭寇乘船从三丈浦出海，俞大猷率水师截击，撞沉敌船七艘，斩杀一百三十多人，其余倭寇逃往三板沙。

六月十七日，余倭在三板沙抢劫民船出海，俞大猷率舟师追至马迹山，杀敌九十三人，擒获倭首滩舍卖等五十七人。

七月二十一日，金泾、许浦、白茆港等处倭寇汇集，乘船出海，俞大猷命把总刘堂等出海追击。追至茶山，纵火焚烧倭船五艘，剩下的逃往马迹山、三板沙。俞大猷下令继续追击，又沉倭船三艘，杀敌六十七人。

八月初九,又一股柘林倭寇乘船出海,俞大猷与佥事董邦政各率一支水军追击,杀敌七十多人,缴获船只九艘。

....

被夺去都指挥佥事职务的俞大猷尽管连连获胜,立功不断,却因都察院左都御史曹邦辅的一纸上书,受到了更加严厉的处分。

嘉靖三十四年(1555)十一月初五,曹邦辅上书朝廷,指责俞大猷、把总刘堂拥兵观望、防御不力,致使倭寇聚集,仅川沙洼就有四十多艘倭船,应究治其罪。

一句拥兵观望,仿佛俞大猷贪生怕死似的。而事实的真相,是因张经被杀,刚有起色的抗倭战争再次陷入低潮。

张经素为狼兵、土兵所敬服,他一死,这些远道而来的客兵便不听调遣,加之瓦氏夫人生病离开前线,狼兵更难驾驭,"既不肯受约束,岂肯出死力而为我杀敌乎?"(郑若曾《筹海图编》)于是,一幕幕乱象不堪入目:狼兵内部不和,相互私斗;永顺、保靖土兵轻敌,被倭寇打败;狼兵、土兵互相争功,作战行动不一,难以配合。最要命的是,狼兵、土兵的军纪越来越差,严重扰民,以致江浙一带有民谣唱道"贼为梳,兵为篦""宁遇倭贼,毋遇客兵;遇倭犹可避,遇兵不得生"。

而朝廷对征调的客兵,向来抱一种相当歧视的态度,仅只利用以解一时之急而已。郑若曾在《筹海图编·客兵附录》中一针见血地指出:"国家祖宗旧制,凡狼兵调征,经过之处,不许入城。狼兵性贪淫,离家远出,罕御酒肉,又不获继货色之欲,含怨饮恨,惟劫于其主之威而已。若有司不善遇之,掳掠之患在所不免也。"

鉴于狼兵、土兵及其他客兵战斗力越来越弱,且不听调遣、严重扰民,弊大于利,负作用越来越明显,于是朝廷决定陆续遣返客兵。

张经利用狼兵、土兵等征调的客兵,取得了被誉为东南抗倭以来战功第一的王江泾大捷,一旦客兵不堪重用,倭寇不仅死灰复燃,且比以前更加嚣张。据有关资料统计,来犯之倭最多达五六万人。

俞大猷麾下,有一支由福建漳州人组建的军队,长期追随在他的身边。这支军队人数不多,约几百人,但他们武功高强,纪律严明,令倭寇闻风丧胆,屡建奇功。这也是俞大猷能够真正派上用场的精锐部队,其他督率之兵,不过根据战役的需要,临时节制、指挥而已。浙江、直隶有着漫长的海岸线,大量倭寇可在多处登陆,船只更是出没不定,俞大猷所率之军,不仅势单力薄,且疲于奔命,防不胜防。正如李杜在《征蛮将军都督虚江俞公功行记》中所言:"贼来如飞蓬纷絮,在在而是,东扑西炽。水陆战败,争以其罪委公。"欲加之罪,何患无辞?只要任意一处出现倭寇,都可归罪于俞大猷的失职,指责他防范不力,除倭不尽。

之所以出现这种无端指责、弹劾的情形,实与首辅严嵩有着极大的关系。在琼岛时,俞大猷就因两广总督欧阳必进与严嵩微妙复杂的关系而受牵连,有功无赏。自那时起,严嵩就对他产生了先入之见。但俞大猷为人正直,一就是一,二就是二,从不曲意奉承,更不会四处钻营。以严嵩首辅之尊,无数人巴结奉迎,以获其利。俞大猷没有私心,从不获取私利,结交严嵩这样的念头可能从未有过。当倭寇以柘林为巢穴时,作为直隶、金山等处地方海防副总兵官,柘林为其辖地,经过一番考察研究,俞大猷写下《论柘林用兵十难》,并将这篇文章寄给内阁大学士徐阶。其时,严嵩与徐阶明争暗斗十分激烈,严嵩知道此事后,责怪俞大猷不将文章呈献给他而是送给徐阶,不禁怀恨在心。其实,俞大猷将此文寄给大学士徐阶,没有半点巴结之意,只因为松江是徐阶故乡,徐阶对所论情形比较了解,让他提提意见,以作修正。而作为严嵩义子的赵文华,正在东南沿海视师,他揣摩义父心事,为讨得严嵩欢心,从中做了一番"手脚",让都察院左都御史曹邦辅弹劾俞大猷。

当时廷议,大臣纷纷为俞大猷鸣不平,说他分身无术,海上、陆上都要兼顾,岂非求全责备?严嵩以曹邦辅奏章中的指责为把柄,欲泄心头之恨,准备派遣中校前往江南,将俞大猷拘捕进京。大臣们劝道:俞大猷领兵作战,有一支攻无不克的军队,这些士兵都是福建漳州人,他们追随俞帅久矣。现在突然将其首领押解进京,必然令他们心生不安。为防不测,莫如先遣散这支漳人队伍,然后收押俞大猷。严嵩身为首辅,众臣不敢公然反抗,便以漳人军队为由加以"要挟"。

恰在这时,胡宗宪写了一份《为议处紧急海寇以救生灵以安根本事疏》上呈嘉靖皇帝,他说:"用兵之道,任将为急。然人才难得亦难知,古称百战而名将出。今承平日久,武事废弛,名将难得,即目前所见,如俞大猷、卢镗者,亦极一时之选,武弁之巨擘也。"对待武将,不能以一战论得失,因此,他认为对待俞大猷、卢镗等将领,"仍当假以原职,重以事权,略其前愆,责以后效。彼既感再生之恩,必当效百死之报,同心戮力,自能成功。若以一事之失,遽而更置,非惟有临敌易将之嫌,亦恐一时无有出其右者"。

众怒难犯,严嵩不敢因小失大,只得打消押解俞大猷进京的念头,但还是予以严厉处分:"大猷纵寇,所宜逮治,始革其祖职褐黄,令军门责取死罪,招杀贼立功,别举代者。"

上次是夺职,此次连承袭的百户祖职也被革去了。

不论民间百姓,还是朝廷有识之士,大家一致认为,"东南之祸,非公(指俞大猷)无以已之者"。抗倭战场离不开俞大猷,唯有他,才能剿灭倭寇,平息倭患。

嘉靖三十四年(1555)十二月,因季风风向变化,大股倭寇离去。加之俞大猷等将领的勠力清剿,一时间,东南沿海出现了相对平静的局面。于是,赵文华上书朝廷,称"水陆成功,江南清宴",请求回京。嘉靖帝以为抗倭大功告成,即行准旨。

没想到赵文华回京不久,大股倭寇回泊浦东、川沙洼旧巢,进犯嘉定、高桥等地。于是,倭寇纷起、明军溃败的消息又接二连三地传到朝廷,嘉靖帝大怒。不少大臣上书,认为俞大猷忠心耿耿,才华出众,应予重用。

嘉靖三十五年(1556)三月,明廷罢黜毫无作为的浙江总兵官刘远,由俞大猷取代。

此后,俞大猷督率把总刘堂、指挥邓城、镇抚邵应魁等人,在吴淞江口、营前沙、茶山等地,取得了擒斩倭寇九百多名的胜利。

嘉靖三十五年(1556)四月,又是倭寇最为活跃、猖獗之时,新倭乘东北风争相渡海而来,劫掠直隶西庵、沈庄、清水洼等地。俞大猷与苏松海防佥事董邦政一同率军截击,杀敌三百五十多人,倭寇败走陶山。

嘉靖三十五年(1556)五月,朝廷下诏,恢复俞大猷百户祖职。

二

东南抗倭一盘棋,胡宗宪升任浙、直总督之后,相应地采取了一些行之有效的灭倭措施。与前几任不同的是,除了毫不留情地实施军事剿灭外,他还采用招抚、疏导之策。

胡宗宪(1512—1565),字汝贞,号梅林。安徽绩溪人,家族世代锦衣卫,嘉靖十七年(1538)进士。嘉靖三十三年(1554)四月,嘉靖帝钦点胡宗宪出任浙江巡按监察御史,临行时,他慨然说道:"此次任职,不平定东南沿海,誓不回京!"

胡宗宪有勇有谋,在浙江巡按监察御史任上,成效突出,受到上司及同仁称道。面对源源不断渡海而来，仿佛越剿越多的倭寇，他深感忧虑。官兵、客兵、民兵，只要能动用的军事武装，全都开赴战场御倭。虽然取得了一些胜利，"杀者不可胜纪，而寇者不为少止"。倭寇斩杀不尽，胡宗宪决定从源头入手，以解决倭患：一是直接与倭寇主帅打交道，"巨贼王直实东南乱本，今居五岛为逋逃薮，徐海辈为之羽翼。若能以计致其主帅，则从将自解"；二是有条件地让当地民众下海，其生活得到保障，便不再依附真倭，减少假倭、附倭、从倭，余倭则不难剿灭。

嘉靖三十二年（1553）闰三月、四月间，王直一伙遭俞大猷、汤克宽剿杀，舍命突围，仅剩一百多人逃往日本平户，住在胜尾山东麓印山寺址一座中国式宅邸里。他利用日本战国时期的分裂与混乱——岛国林立、战乱不已、民不聊生以及东南沿海民众在海禁下的生存危机，在不长的时间内，又慢慢缓过气来。王直虽然一直待在日本，但近几年大举进犯东南沿海的倭寇，都与他有着直接或间接的关联。若对王直招抚成功，许多问题便可迎刃而解。倭寇无人勾引，进犯缺少目标；游窜不定的海盗，没有认可的"主心骨"，无从依附，要么归顺，要么势单力薄地"单打独闹"，将为官兵各个击破带来便利。

决心招抚倭寇并付诸行动，此前还未有过，胡宗宪算是开了"先河"。他将关押在金华监狱的王直家属——他的母亲、妻子、儿子放出，并以徽州同乡的名义，专门接到杭州，予以特殊优待，"丰衣食，洁第宅，奉之以为饵"。家属感动不已，在胡宗宪的授意下，给远在日本的王直写信，劝他回国，归顺朝廷。

嘉靖三十四年（1555）十月下旬，胡宗宪任命知海情、有心计的浙江宁波鄞县生员蒋洲、陈可愿为正、副使，派遣其出使日本。关于此行目的，据赵文华《嘉靖平倭祗役纪略》所言，在于"探看消息，宣布天朝威令,令其禁戢各岛不得侵犯"。使团抵达日本山口、丰后二岛,诏示中国通番、逃匿民众,有思土归乡者,立功赎罪者,只要回国,均可免罪。然后探得王直消息,在其义子王滶(毛海峰)的引导下,前往他在平户的住所,进行劝谕与招抚。

待在日本的王直,此时日子也不好过。他虽然"不履战阵,而时遣党类扰我边鄙",但入侵倭寇在俞大猷等抗倭将领的打击下,损失惨重,有的竟"全岛无一归者",日人对他埋怨不已。加之部下徐海、陈东、叶麻等人羽翼渐丰,各自独立,分赃不均,内部矛盾重重。因此,当蒋洲、陈可愿展开试探性的招抚攻势时,王直不禁动心了。看过家属给他的信函后,他感到此次胡宗宪的招抚,确有几分诚意。一番考虑,王直同意归附,但有两个条件,一是免除罪责,二是与日本通贡开市。

使团临行之时,胡宗宪曾"密授蒋洲等以计",王直提出的条件并不苛刻,在所授"密计"可接受的范围之列。于是,双方很快就达成口头协议。但王直生长在中国,对明廷颇为了解,不免心存疑虑,便以宣谕日本其他岛国为名,让正使蒋洲留下,派义子王滶、养子王汝贤等随副使陈可愿回国,试探虚实,正式商谈归顺条件,订立协定。

嘉靖三十五年(1556)五月,因倭患未了,"败报踵至",东南告急,廷议再遣重臣,前往东南督兵。严嵩不失时机地又一次推荐了赵文华。上次派遣赵文华,结果不仅没有像他请求回京上书时说的那样"江南清宴",倭患反而愈演愈烈。"解铃还需系铃人",嘉靖帝也就顺水推舟,任命赵文华为右副都御史,提督浙直军务。

赵文华的出现,对胡宗宪来说,是一个难得的机遇,他的命运由此大为改观。

在抗倭史上,但凡涉及赵文华的文字,对他都充满贬斥,把他描绘成一个典型的白脸奸臣,《明史》也将他打入《奸臣传》之列。就其人格而言,赵文华的确卑劣,趋炎附势,投机钻营,且过于贪腐。他前往江南督师,"所至辄颐指大吏,广纳文武贿赂"(夏燮《明通鉴》卷六十一)。但赵文华也有其两面性,江南是他的故乡,他也不希望父老乡亲长期处于倭寇的侵扰之中,且对沿海事务较为熟悉,上书皇帝提出的御倭建议,往往能够抓住"症结"。平心而论,赵文华才华出众,对抗倭也作出过一定贡献,著有《嘉靖平倭祇役纪略》六卷传世。但他能够以"钦差大臣"的身份督师江南,权倾一时,主要还是巴结严嵩的结果。

　　赵文华与严嵩的关系,虽为义父义子,但远没有人们想象的那样"和谐",不过互相利用而已。他在严嵩的提携下被任命为通政使,这一官职品位不高,却可直接与皇上打交道,各地所有奏章,都要通过他送给嘉靖皇帝。由此,严嵩便可通过赵文华了解全国官员的动态与信息,然后作出相应的决断。严嵩所作所为,赵文华心知肚明,他担心日后受到牵连,常留下证据,或有意拖延,以防万一。严嵩知道后,自然心生怨恨。并且赵文华是一个十分贪婪不知满足的人,他想获取更大的权力,便绕过严嵩,向嘉靖帝邀宠。他得知嘉靖帝沉湎于求仙长生之道,便投其所好,进贡家乡慈溪物产百花酒。此酒酿法现已失传,据说为撷取梅花、菊花、杏花、兰花等百花花蕊,晾干,放入酒氅,洒上特制酒曲,严密封藏而成。因一年只能酿造一次,所以产量极少,而酒品极佳。赵文华寻机献给皇上,为强调此酒效果,还不忘特意说道:"臣师嵩服之而寿。"我老师严嵩高寿,就是服用了这种百花酒的缘故。嘉靖服用此酒,效果的确不错,在打赏赵文华的同时,对严嵩十分不满,批了一道手谕给他:这样的好酒,你怎么独自一人享用,不进献给孤家呢?在封建皇权社会,受到皇帝的斥责,那可不是一般的事儿,弄不好会掉脑袋的。天子一言九鼎，只要将他玩转，就可将天下玩于股掌之间。严嵩吓得六神无主，弄清事情真相之后，他一面回复皇上，说自己从不喜欢滋补品之类的东西，更不知道百花酒为何物；一面怒斥义子赵文华，声明从此断绝一切关系。赵文华两面不讨好，对皇上说了假话失信，在义父面前失宠，无奈之际，只好找义母——严嵩夫人欧阳氏求助。欧阳氏见赵文华一副可怜兮兮的样子，加之他平日对她十分孝敬，也就动了恻隐之心，责怪严嵩肚量不大，不该跟晚辈计较。义母一番斡旋，两人才重归于好，继续串通一气。

由此可见，赵文华只顾眼前利益，缺少一种大智大慧，为了达到某种目的，可以不择手段乃至出卖他人，哪怕自己最好的师友。

赵文华第一次到江南督军时，就与胡宗宪建立了牢固的合作关系。他不懂军事，其他将领不把他当回事，只好依靠胡宗宪。"经（张经）、天宠不附也，独宗宪附之。文华大悦，因相与力排二人。"（《明史·胡宗宪传》）

招抚王直的主意，便是赵文华第一次督师时，与胡宗宪商量的结果。当然，也得到了朝廷认可。而要皇上点头，自然得首辅严嵩出面才行。对此，赵文华坦言道："臣与宗宪策，臣师嵩所授也。"（《明史·胡宗宪传》）

从朝廷到地方，严嵩、赵文华、胡宗宪这三位抗倭决策重臣，其方略是一致的。严嵩主张"宽海禁"，沿海居民一旦可以下海谋生，那些所谓的海寇、依附的假倭便有可能转为海商、良民。赵文华到达江南后，上奏《陈海防事宜六事》，也提出了弛海禁、开市舶、轻民赋的主张，"宜令督抚等官，止禁通番大船，其余各听海盗官编成排甲稽检出入，照旧捕采"（赵文华《嘉靖平倭祗役纪略》卷三）。

胡宗宪虽然依附赵文华博取上位，但他确实才华出众、目光远大。兵部郎中、儒学大师唐顺之也认准胡宗宪才略智谋超群，向赵文华大力推荐道："非专任梅林（胡宗宪号）胡公，不能平此寇（倭寇）。"

经由严嵩、赵文华的极力推荐，朝廷诏令"以阮鹗专巡抚福建，宗宪以总督兼巡抚，专在浙江，官省而地专，彼此可免掣肘之为"。不久，又"改巡抚浙江都御史阮鹗于福建，其浙江巡抚事务，命总督胡宗宪兼理，从侍郎赵文华奏也"。为便于抗倭，胡宗宪集总督、巡抚于一身，权限比以前更大。"东南帑藏，悉从调取，天下兵勇，便宜征用。""其在军门及行军之际不用命者，武职自参（将）、游（击）、都指挥以下，许以军法从事；副总兵先取死罪招由，令其戴罪杀贼；文官四品以上指实参究，五品以下径自拿问。"（严嵩《直庐稿·敕谕兵部左侍郎兼左佥都御史胡宗宪》）

胡宗宪虽然权倾东南，但他知道，头上还有赵文华"罩着"，弄不好就会遭到张经、李天宠等人同样的下场。因此，胡宗宪与赵文华相处，不得不谨慎从事，有时曲意逢迎，有时圆滑应付，甚至利用手中的权力贪污银两，不时"进贡"给他。

清代学者赵吉士在《寄园寄所寄》卷一《囊底寄·智术》中记载的一则故事，颇具典型性，很能说明胡宗宪与赵文华之间微妙而复杂的特殊关系。

赵文华监军江南，作威作福，胡宗宪对他毕恭毕敬。一天，胡宗宪宴请赵文华，赵文华的傲慢得意之情溢于言表。胡宗宪对此不以为然，竟出言不逊，加以讽刺。大堂之上的侍从官员见状，个个惊愕不已。赵文华受辱，不禁说道："我奉天子之命督师江南，你的生死命运都掌控在我手中，你胆敢对我恣意不敬？令牌在哪？"赵文华侍卫闻言，在堂下齐声回应。胡宗宪哈哈一笑，大声斥道："我拥有十万兵马，节制七省，将在外，君命有所不受，何况监军？难道我就没有令牌吗？"话音未落，胡宗宪侍卫连连呼应，声音震耳。赵文华一行也不示弱，马上回应，声音更加响亮。前来陪酒的官员赶紧劝慰胡宗宪说:"今天是你请客,作为主人,纵使不屈服于监军,难道不屈从于请来的宾客吗?"胡宗宪厉声说道:"那要怎样才能和解致歉呢?看来得两千金才行啊!"赵文华听了,赶紧回道:"你馈赠两千,我加倍送你。"胡宗宪笑道:"就是四千金又有何难?"于是罢宴,大家不欢而散。第二天,赵文华好像什么都没发生似的,因为胡宗宪已派人送了他四千金。

一次,胡宗宪与他人谈起此事,不禁说道:"皇上派遣赵文华前来监军,并不是他有什么名望和才华,只是他善于巴结、逢迎罢了。他来江南,为的是贪财获利。如果我违逆他的心意不送财物,他必生怨恨,诽谤不已。若拱手奉送,则心有不甘。于是,我便有意辱骂,再赏他财物。辱骂可以发泄我心中的不满,打赏可以满足他的私欲。他追求的只是财物,只要得到满足,什么问题都可以解决了。"

"赵文华视师,恃严嵩党庇,所至辄颐指大吏,广纳文武贿赂。"(《明通鉴》卷六十一)正因为胡宗宪觑准了赵文华的心理,满足了他贪图钱财的私欲,所以不仅没有遭到干扰阻挠,反而得到他的赞赏与支持。

胡宗宪对赵文华采取的手段固然令人鄙夷,却有助于抗倭事业的顺利开展。

三

据胡桂奇《胡公行实》记载,胡宗宪升任总督后,曾拔剑指天,立下誓言:"倘天不助我,唯有一死报朝廷耳!"

朝廷有严嵩为援,地方有赵文华支持,胡宗宪不禁放开手脚,施展谋略,全力抗倭。除重用俞大猷、戚继光、谭纶、卢镗、刘显等一批抗倭将领外,还开设幕府,将徐渭、郑若曾、茅坤、沈明臣、王寅等颇负盛名的文人纳入麾下。一时间,东南文人武士,皆被胡宗宪"收之幕中",为他出谋划策、驱驰效命。诚如《明史·胡宗宪传》所言:"性善宾客,招致东南士大夫预谋议,名用是起。至技术杂流,豢养皆有恩,能得其力。"

胡宗宪御倭的指导思想是"攻谋为上,角力为下",因此,他一方面加强部署兵力,一方面采取招抚之策,恩威并重,软硬兼施。

使团在副使陈可愿的率领下从日本回国,将招抚王直的详细情况向胡宗宪做了汇报。经过一番认真思考,胡宗宪给朝廷上了一道奏章,希望招抚王直、互市通贡。嘉靖帝将奏疏下达兵部讨论,兵部回复:"且直等本我编民,既称效顺立功,自当释兵归正,乃绝不言及,而第求开市通贡,隐若夷酋然,此其奸未易量也。宜令宗宪等振扬威武,严加隄备,仍移文晓谕直等,俾剿除舟山贼巢,以自诚其信,果海壖清荡,朝廷自有非常恩赉。其互市通贡,姑俟蒋洲回日,夷情保无他变,然后议之。"(《嘉靖东南平倭通录》)

封建王朝,无论对内对外,只要一涉及和谈、和议等,都格外敏感,主和派往往备受诟病。对外和议,极有可能被贴上"汉奸"的标签;对内和议,也往往遭人误解,被视为软弱无能的表现。不论何种情形,主战派都能得到上至朝廷下至百姓的拥护。嘉靖帝之所以将胡宗宪的疏章交兵部复议,也有不敢专断背负骂名之嫌。王直原本大明王朝一介小民,既然归顺,就不能提什么条件;一提条件,即显示其奸诈无比,与外夷酋首没有什么两样。因此,王直若是真心归顺,就得剿灭舟山贼巢,以表诚信。至于互市通贡,且等蒋洲回来后再行商议吧。

朝廷虽然回绝,但态度不是那么决绝,还有缓冲的余地与回旋的空间。这让胡宗宪多少有点欣慰,对招抚王直怀有一份希望。

在胡宗宪眼里,侵扰东南沿海最大的倭寇、海盗头目便是王直,"其次则徐海,又其次则陈东、叶明(叶麻),余皆无名指耳"(万历《歙志·岛寇》)。招抚王直受挫,只得暂且搁置一旁,况且他远在日本,当下急需对付与解决的,是率数万倭寇大举入侵的徐海、陈东、叶麻等其他倭寇头目。

其实,这些倭寇头目之间,也存在着错综复杂的关系及难以调和的矛盾。比如嘉靖三十二年(1553),徐海与王直发生冲突,徐海袭击王直大本营烈港,两人差点翻脸火并。因此,除围剿与招抚外,胡宗宪还施以离间计。

嘉靖三十五年(1556)三月下旬,徐海、叶麻与日本大隅岛主之弟辛五郎勾结,率萨摩岛日人及海盗,分驾数百艘战船,驶向浙江沿海,从柘林登陆。盘踞新场的旧倭陈东焚毁巢穴,前往柘林与徐海、叶麻会合。

四月十九日,徐海、陈东、叶麻等率数万倭寇分路大举进犯浙西,"声言席卷嘉、湖,袭杭省以窥金陵",且势在必得。徐海在乍浦登岸时,焚毁所乘船只,下令人人各为死战。

与数万来势汹汹的倭寇相比,明军实在过于孱弱。征调的四川、湖广、山东、河南客兵,皆已遣返,只剩土兵千人、河朔兵八百,加上临时招募的三千兵员,形势岌岌可危。

明军四处溃败,新任浙江巡抚阮鹗率军赶往嘉兴增援,在三里桥与徐海所率倭寇遭遇,大败,不得不退守桐乡县城。

徐海乘势将桐乡包围得如同铁桶一般。

阮鹗只好向总督求援,但胡宗宪一时无兵可派。阮鹗"日夜望援兵不至",眼看桐乡县城就要沦陷,他给胡宗宪写了一封信,一番抱怨指责之后,盼望施以援手:"兄何忍弃弟至此?不以忧国家为念,保城池为心,而反以好兵为词,恐非豪杰本心也。祸福自有天命,不当推避如此!"

在对付倭寇、海盗的策略上,胡宗宪与阮鹗意见分歧,阮鹗一意主剿,胡宗宪则比较灵活,剿抚结合。目前欲救阮鹗,以明军实力,实难解围,那么只有招抚一策了。到底该怎么办?桐乡城一旦被攻破,后果不堪设想,对此,阮鹗在信中写得十分明确:"弟之轻躁,不过去官;不救桐乡之难,又于灭族之诛。"紧急关头,胡宗宪决定采取分化瓦解之策,招抚徐海。

这时,幕僚茅坤在一旁提醒道:"招抚徐海的计谋当然不错,但是,如果招抚不成,总督大人的命运会怎样呢?"胡宗宪闻言,不禁仰天长叹:"狂奴肆毒地方,惨祸已极,愿上天保佑社稷生灵,使得此计成功。万一天不顺我,哪怕身败名裂,也在所不辞!"茅坤等幕僚感动不已,主动捐出万金,作为招抚备用资金。

于是,胡宗宪开始利用间谍、重金、诱惑、离间、分化等策略,招抚徐海、陈东、叶麻等人。

他派擅长书画的徽州府歙县人罗龙文以"故人"(同乡)身份前往徐海军中,告诉他王直已派义子、养子入朝归顺,并乘机劝道:"故人不乘此解甲自谢,他日必将为虏。"与此同时,又遣出使日本归来的使臣夏正、童华等人偷偷潜入徐海营垒,进行离间,使头目、兵卒"自相疑畏"。夏正拿出一封模拟王㴖笔迹、口吻写就的劝降书递给徐海。徐海看后说:"老船主也降了吗?"夏正答道:"总督胡爷拥有苗、狼等劲兵二十万,马上就要开始反击了。若再执迷不悟,王江泾可谓前车之鉴。"徐海正在病中,心有所动,便说:"此次我们联合行动,兵分三路,我一个人做不了主。"夏正离间道:"我们与陈东已有约定,所担心的就是你了。"徐海闻言,不禁对陈东产生了怀疑。而陈东听说徐海军营留有胡宗宪派遣的使者,也对徐海心生疑虑,惶恐不安。

时间一长，徐海与陈东、叶麻之间，由互相猜忌，发展到产生裂痕、发生矛盾。

五月二十日，徐海在夏正的劝导下，决心归降。他将掳掠的百姓二百多人交给夏正，自动撤去桐乡之围，率领所部倭寇退离三十里。并随夏正一道，前往杭州拜会胡宗宪，称谢致意。随后，徐海又以弟弟徐洪作为人质，受到胡宗宪厚待。

陈东见徐海连招呼都没打一个，就突然撤围，大骂他不仁不义。徐海反唇相讥，两人不欢而散。陈东凭一己之力继续攻打桐乡，猛攻一昼夜后，因各地明军陆续赶来增援，只好撤退。

被困近一个月之久的桐乡之围，被胡宗宪施行的离间计谋、招抚之策所化解。

但陈东、叶麻并未停止向其他地方进攻。明军无以抵挡，胡宗宪紧急召集诸将谋划，因有桐乡解围成功的先例，大家一致认为，与其浪战损兵折将，虽胜犹败，不如依然离间，以计谋擒敌为上。

倭寇主要为劫财而来，所抢财物堆积如山，以致"陆行则人不能任，水行则海不能渡"。于是，胡宗宪遣人向倭寇宣示："愿归者听，资之以舟；愿降者留，封之以职。"

胡宗宪对徐海的招抚也在紧锣密鼓地进行，他再派罗龙文携带大量金银珠宝，贿赂徐海的两名爱姬王翠翘与绿珠，让她们一个劲地吹"枕头风"："大事必不可成，不如降也。降且得官，终身当共富贵。"

在多方攻势之下，徐海终于下决心投降。

胡宗宪令他捆绑陈东、叶麻来献，他也想以此作为"投名状"获取信任与高官。

六月中旬，徐海设宴招待叶麻及其他倭寇头目十八人，酒酣时分将他们捆绑起来，交给胡宗宪。

七月十二日,徐海计诱一股来犯新倭,生擒真倭七十三名,献给胡宗宪。

七月二十八日,徐海又设计赚取陈东,将其捆绑,派人押至总督府。

然后,徐海派人与胡宗宪约定八月二日归顺。但徐海突然提前一天,于八月一日率千余倭寇屯兵平湖城外,亲领部众二百多人入城请降。

徐海提前带兵请降,颇有要挟之意,且平湖城中官民人等,对徐海一干人众堂而皇之地进入城中,大为惊讶,惶恐不安。胡宗宪与监督受降仪式的人士一致认为徐海贼心不死,挟降不道,必欲诛之。胡宗宪说:"釜中之鱼仍张扬跋扈,实在是愚蠢至极。"最初,他对招降徐海颇有几分诚意,见他如此嚣张之后,杀心顿起。胡宗宪一面紧急调令各路人马云集浙东,对徐海形成包围之势;一面放回陈东,将他安置在西沈庄,挑动两部相斗,并让叶麻潜往徐海营中,伺机行事。

徐海率一千多人驻扎平湖城外的东沈庄(今平湖市林埭镇清溪桥一带),单等胡宗宪前来招抚,却迟迟没有消息。徐海感到一股杀机隐隐袭来,但是,他已与真倭结怨,无法回到日本;想自保,已自相残杀,自剪羽翼,遣散部众,势单力孤。陷入困境中的他后悔不已,又无计可施,只好再次向胡宗宪请降,并发誓"永远投降,不渝前盟"。

仍然没有回应,徐海预感不妙,不得不作最坏打算,他派兵劫持周边健壮男子二三百人充作壮丁,准备逃离平湖。

八月十五日中秋节,平湖守备官遵胡宗宪之命,邀请徐海赏月,遭到拒绝。

八月十七日,胡宗宪派遣使臣至徐海营中,被徐海杀害。

八月二十日，各路明军次第赶来，逼向徐海营垒。

徐海携爱姬王翠翘、绿珠及心腹出逃，遭到叶麻阻挠。与几月前挥师数万、所向披靡、围困桐乡县城相比，此时的徐海，身边残倭不到两千。

明军向徐海驻扎地东沈庄发起总攻。陈东为报一箭之仇，也乘夜攻击徐海。徐海率军强行突围，未获成功。

八月二十五日，王翠翘、绿珠被俘，徐海投水身亡（另有溺水身亡、阵前斩杀、自焚等说）。陈东、叶麻再次被擒。辛五郎走脱，在海上被卢镗抓获。

沈庄之战，杀敌一千六百余人。

九月初，胡宗宪在嘉兴北教场斩杀陈东、叶麻、辛五郎、徐洪等人，将其首级献于京师。

浙江倭患日渐平息。

四

俞大猷在剿灭徐海、陈东、叶麻的战斗中发挥了重要作用。

在沈庄大捷中，俞大猷率军一马当先。当时，胡宗宪调征各路大军围剿徐海，赵文华自然不会放过这一立功良机，于是亲率六千官兵赶往平湖沈庄。包围圈越缩越小，胡宗宪却未发起总攻，突然之间，他动了恻隐之心。不论徐海如何飞扬跋扈，但他确属真心归顺，且立功甚多。若他不肯归顺，恐怕早就攻入桐乡，浙江局势将不可收拾。而他这位总督，恐怕也会像前几任那样，身首离异。正当胡宗宪犹豫不决之时，赵文华催促他马上进攻。胡宗宪不敢怠慢，下令俞大猷整师前进，其他官兵分路进击。徐海困兽犹斗，外树栅栏数重，内掘深壕自守。明军见状，心生畏惧，退缩不前。阮鹗也发出檄令,督促官兵奋勇杀敌。俞大猷取道海盐,向东沈庄进攻,一举击溃徐海。这时,其他明军才乘机鼓噪而进。适逢大风突起,放火焚烧徐海营垒。俞大猷再追余倭于梁庄,斩杀无数。

嘉靖三十五年(1556)十一月,俞大猷"以与平徐海之功,署都督佥事(从二品)"。

浙江倭患基本平息,但舟山仍有一股倭寇据守老巢,漏网逃逸的徐海、陈东、叶麻旧部纷纷前往投奔。明军环岛围攻,屡屡受挫。最后,胡宗宪只好将舟山之贼交给俞大猷解决。

十二月二十日,北风呼啸,大雪飘飞,俞大猷乘夜督兵,从四面发起攻击。据守巢穴的倭寇全部出营作战,俞军人人奋勇争先。倭寇败退营垒,负隅顽抗。俞大猷命令士兵将卷着的棕蓑叶点燃,掷向营寨。倭寇突遭火焚,无法抵御,四散逃窜,被俞军斩首一百四十多级,其余全部烧死,俞军还救出被掳掠的百姓一百多人。

舟山攻坚战,也是浙江抗倭的最后一仗!

嘉靖三十六年(1557)三月,俞大猷因平舟山倭寇之功,升都督同知(正二品)。

浙江倭患平息不久,南直隶江北地区又出现了大股倭寇。

浙江倭患剧烈时,江北扬州等地便有小股倭寇入侵。嘉靖三十六年(1557)初,倭寇进入江北地区,四处劫掠。自四月中旬开始,相继侵犯如皋、海门、泰兴、高邮、宝应、扬州、天长、盱眙、海州、泗州、清河、淮安等县。四月八日,数千倭寇分乘八十多艘战船,在江苏泰州阻截明廷漕运粮船,烧毁船只,抢劫兑米三千二百多石。五月,进犯扬州,明军迎战,结果大败。

徐海、陈东、叶麻等倭寇、海盗集团被剿灭后,赵文华又以为大功告成,"残倭无几,旋当清荡",于是返回京城。得知南直隶江北地区的倭患奏报后,不禁大惊失色,惶恐不已,再次被朝廷派往江南督师。

两浙（浙西、浙东）倭患虽然基本平息，但抗倭大局依然严峻。从浙江逃窜的倭寇带着一股报复、补偿、纵欲的渴求，勾结新倭，向南直隶江北、福建、广东等其他沿海地区转移，而尤以南直隶江北为甚。对此，夏燮《明通鉴》写道："是时，浙江自徐海、陈东等授首后，诸寇略平。而倭之在江北者，犯常（常州）、镇（镇江），烧漕艘，官吏不能御，至是势复炽。"

卫所官兵不堪一击，狼土客兵不堪重用，且严重扰民，成为明廷负担，纷纷被遣回原籍。在这种情形之下，俞大猷深刻地认识到，唯有自己练兵，才是抗倭御敌之道。与他有着同样远见卓识的抗倭将领，还有谭纶、戚继光等人。

王江泾大捷之后，土兵骄傲轻敌，战场失利。嘉靖三十四年（1555）十二月，永顺、保靖土兵进剿聚集在南汇县新场（今上海市浦东新区新场镇）的两千多名倭寇，遭到伏击，保靖兵首领彭翅及所部全军覆没。倭寇乘机进入太湖地区，进犯杭州、嘉兴、湖州等地。土兵追至塘栖，大败。于是倭寇更加骄横狂妄，饱掠杭州北关等地后，准备经由苏州入海返回。经过吴江平望（今苏州市吴江区平望镇），遇到浙江乡兵与南直隶乡兵前后夹击。倭寇首尾难顾，败走松江。逃到三店附近，又遭明军截击。据《筹海图编》所记，平望大捷中与倭寇作战的军队全为本地乡兵，"斩首七百有奇，中毒死者千余人"。

由浙、直乡兵作战而取得的平望大捷，使得俞大猷、谭纶、戚继光等有识之士在本土"主兵"身上，看到了新的希望，"由是而专任乡兵之议兴矣"。

其实，对选兵、练兵，俞大猷在金门、武平、广东、琼州等地，已积累了相当丰富的经验。但浙江、直隶牵涉东南抗倭大局，动不动就会惊动朝廷；这里既有地方条块分割，也有地方行政与军事机构的微妙关系；抗倭军事力量内部又有卫所、乡兵、客兵之属，俞大猷权力有限，除听命于上司，引兵东西、南北驰骋、各地抗倭外，难以像以前那样，作为地方最高军事长官因战事需要独断决策。

随着抗倭中枢领导机构的不断更换，抗倭形势总是起伏不定。胡宗宪恩威并重、剿抚并用，建立幕府、重用文官，而武力征剿，则离不开俞大猷，每次大仗硬仗，难啃的骨头，最后都得依靠俞大猷才能拿下。

倭寇侵扰，此起彼落，仿佛割不完的韭菜，割了又长，越剿越多，形势越来越严峻。如果不解决军队战斗力这一关键问题，倭患将永难清除。俞大猷再也按捺不住，欲将多年来的练兵想法付诸实现。

这天，他前往浙江按察司副使谭纶官邸拜访。一阵寒暄过后，俞大猷直指主题——向谭纶提出欲练精兵数千，彻底荡清倭寇的设想。

谭纶（1520—1577），字子理，号二华，江西宜黄人。嘉靖二十三年（1544）进士，授职南京礼部主事。后任浙江台州知府，升浙江按察司副使，兼巡视海道，地位仅次于总督、巡抚、巡按，浙江、直隶自总兵官以下，包括各地的分守参将、兵备副使等，皆听节制。

俞大猷虽年长十七岁，但谭纶是他的顶头上司，两人结识于嘉靖三十五年（1556）的龙山所之战。

龙山所在浙江慈溪境内，是杭州的外围屏障。这年十月，大股倭寇在龙山所登陆，准备入侵慈溪。浙江巡抚阮鹗督率总兵俞大猷、参将戚继光、知府谭纶赶赴龙山所围剿。其时，谭纶任台州知府，他挑选千名当地精壮男子，花了三四个月时间，训练出一支武艺娴熟、军纪严明的劲旅，转战台州全境。明军与倭寇激战，凭借人数上的优势，暂居上风。倭寇边战边退，明军乘胜追击，一战缙云、二战桐岭,皆获胜利。但追至雁门岭时,倭寇遇险设伏,明军没有半点防备,被打得措手不及、阵脚大乱。明军作战,一旦获胜,往往鼓噪而进;锋芒稍挫,便斗志丧失;若吃败仗,则军纪全无,丢盔弃甲,四散逃命。此次多少有些类似,幸亏俞大猷、戚继光、谭纶的部队尚能保持作战队形,拼死抵抗,这才避免出现不可收拾的溃败局面。

龙山所之战,功败垂成,倭寇得势后,一边抢劫,一边退却,由乐清出海,从容退去。

这场战斗,既是俞大猷与谭纶、戚继光的初次认识,也是他们之间的首次配合协作。此后,他们三人并肩抗倭,常在一起交流作战经验,探讨制敌方略,结下了深厚友谊。

俞大猷年长,经验丰富,谭纶总是虚心向他求教。升任浙江按察司副使后,谭纶从不以上司自居,对俞大猷仍以挚友相待,予以极大信任。对此,俞大猷在《祭谭二华》一文中深情地回忆道:"昔者倭乱初殷,公(谭纶)慨然以勘平自任,苦无同志相资,乃于呼吸纷纭之际,遇猷及南塘戚公(戚继光),上下议论,以安社稷、济苍生皓首相期。我二人者咸能信公,公亦能信我二人,遂成交焉。"对这三位抗倭名将的结识与功绩,后世史家写道:"是年,谭、俞、戚三公,聚会浙江,同心御倭,东南之祸,始有转机。江山如画,一时多少豪杰。缅想韬钤,为之神往。"(欧阳祖经《明谭襄敏公纶年谱》)

训练一支精兵,并非俞大猷的一时之想,但练兵需要时间,不可一蹴而就,还需要充足的兵源、财力、物力等。他曾努力过,但遭多方掣肘,未能如愿。

俞大猷将练兵设想及相关情况向谭纶和盘托出,并郑重提出,如果由谭纶出面主持,练兵之计庶几可行。

谭纶有着台州练兵的经验与基础,认为俞大猷的练兵之策切实可行,若非如此,实难遏制倭寇凶焰,便毫不犹豫地应承下来,并向总督胡宗宪提出训练乡兵的请求。胡宗宪自然知道扫平倭患的关键所在，况且这年夏天，朝廷也有"乡兵御贼"之议，也就批准了谭纶、俞大猷的练兵建议，马上下拨银两，予以大力支持。

谭纶将练兵具体事宜，全部交由经验丰富的俞大猷打理。

练兵的基础很重要，须先选人，选对了人，才有可能练成精兵。否则，巧媳妇难为无米之炊。俞大猷从当地卫所、百姓中挑选一千多名精壮男子，年龄在二十至三十岁之间，思想单纯，目光有神，力大无比，能举石二百斤以上。

选好了人，下一步便是训练。对此，俞大猷在《与李同野书》中精辟地阐述道："防倭，陆兵操练为难。有兵而不练，与无兵同。精兵而不练，与弱兵同。练兵而不熟，与不练同。若动调四方乌合之兵，猝然而集，猝然而驱以应敌，将士之情不协，进止分合之律不知，此则万战而万败也。"

为了立于不败之地，就得付出精力严格操练。那么，一位将官又该如何训练这些士卒？练兵先练胆，胆壮则兵强。练胆必先教以技艺，所谓"艺高人胆大"，武艺娴熟，武功高强，胆自然也就壮起来了。训练之初，"教以疏射、奋搏、击刺、起伏之宜，皆纯熟无失，然后各相传教"（俞大猷《又答选将练兵书》）。为此，俞大猷以自己的切身经验，专门写了一本练兵教材《剑经》。几个月后，等到士兵熟练掌握了荆楚剑法、杨家枪法，再训练各种阵法。俞大猷早年以《易》演兵，对古代阵法十分熟悉。对于如何进退，怎样分合，还有埋伏与设防等，俞大猷让士兵结成整体，一一明了。他还自行创立了叠阵、夺前蛟阵、满天星阵让士兵演练。"教甲兵以阵法，乃众人合力之技艺也；教甲兵以技艺，乃一人自用之阵法也。"个人技艺、整体配合都达到了精湛的程度，士兵自然胆壮。"伍法乃总管之技艺也，正伍合战，奇伍冲应，奇变为正，正复为奇，相生相救，胆有不雄者乎？！"

经过这样反复训练的军队,有胆量、有技艺、有阵法,才能所向披靡。

俞大猷练兵,还注重士兵的思想训练、军队纪律。当然,他灌输的是封建社会的忠君报国、爱护官长那一套,但这种报效、奉献的精神,对提高战斗力尤为重要。他说:"教兵之方,技艺为先,节制次之,而其要又在于申明忠孝大节以化导之,使心知乎亲上死长之义。"

而要严肃军纪,就得赏罚分明。关于赏与罚的关系,俞大猷认为"赏在先,罚在后",奖赏可鼓舞士气,惩罚可建立威信,"苟不知各兵辛劳,全无鼓舞之恩,惟以威驱之,夫何足以服其心哉!"

俞大猷在练兵方面,理论与实践兼备,形成了由技艺、阵法、胆气到思想、纪律、赏罚的完整系统。

在谭纶的支持下,俞大猷训练士兵掌握各种兵器,除了棍、剑,还有枪、铳、刀、弩、箭等;不仅练陆兵,还打造战船,训练水兵,海陆互防。

经过数月训练,"士皆欢腾,互较精拙,以为荣愧。童子壮夫皆能出入击刺,而身不伤,气不慑,恨不得贼来一试邀赏"(李杜《浙东战功纪闻》)。谭纶前来阅兵,但见所练之兵,"进止先后,各有定局",不由得欣慰地对俞大猷说道:"可以上阵杀敌了!"

俞大猷不禁感慨万端:"数年愿望,今日终于实现!"

于是,一支新练而成的威武之师——俞家军,驰骋在东南沿海的抗倭战场。

第八章　惨遭冤狱

一

胡宗宪遣使日本、招抚王直达到了预期的效果,嘉靖三十六年(1557)夏,王直邀请日本僧人德阳首座,于五月驶抵定海关,请求通贡。定海关吏不敢怠慢,马上送德阳及头领松柴门一行来到制府。胡宗宪令藩司审查,给了一张空白印信,上书"弘治四年"以作回复。

八月,日本山口王源义长送回被掳掠的人口,丰后王源义镇也遣使来华,奉表请罪,请颁勘合修贡。胡宗宪令藩司将德阳僧等来使安顿妥当,然后上报朝廷,说明相关情况,建议准许通贡。

嘉靖帝将他的疏章交给礼部商议,回复道:"阻其贡,咨制府以礼遣之。"

尽管胡宗宪心里明白,沿海地区唯有开市贸易,方可平息倭患,但朝廷明确阻止日本通贡,他也只有遵令而行。

嘉靖三十六年(1557)九月二十三日,王直以亲送正使蒋洲回国为名,挑选精锐之倭数千人,加上丰后王源义镇派来的特使善妙一行四十多人,分乘巨舰,装载火炮,乘东北季风从日本渡海而来。两天后,王直船队驶抵舟山,泊于岑港码头。

王直此举,颇有武力要挟通贡之嫌。

俞大猷闻讯,赶紧飞檄禀报胡宗宪。胡宗宪接报,一边上书朝廷,一边差遣通事夏正、朱尚礼、童华等人前往岑港打探虚实、安抚王直,同时下令沿海卫所进入高度戒备状态。

此时,无论民间,还是地方官府、朝廷,都认为王直汹汹而来,是胡宗宪的招抚之策惹下的大祸。

虽然已上书朝廷等候旨令,但此前礼部已明确表态不许通贡,胡宗宪分析,这一决定短期内不会有什么改变。那么对待王直,只能要么动武,要么许以官职让其归顺(两项附加条件中的通贡一项,必须取消)。然而,王直有备而来,一再提出通贡,这一首要条件不能满足,和谈投降的可能性不大。为此,胡宗宪亲自率领部队渡过钱塘江,驻军绍兴,以备大战。

不久,夏正由岑港返回。他曾随使团前往日本,与王直接触较多,并得到王直的信任。据胡桂奇《胡公行实》所记,他将谈判情况向胡宗宪报告说:"直(王直)必待奏报无虞,得明旨方归顺。言不效徐海作俘囚,且欲一巡检职,使得稽压海上,开市以息兵。"有徐海的前车之鉴,王直十分谨慎,必须有朝廷的明令诏示,授以巡检使之职,开市通贡,方才归顺。王直还草拟了一份赎罪通商的疏奏,让胡宗宪代为转呈。在奏章结尾,他写道:"臣同正使蒋洲抚谕各国,事毕方回。我浙、直尚有余贼,臣抚谕归岛,必不敢仍前故犯。万一不从,即当征兵剿灭,以夷攻夷,此臣之素志,事犹反掌也。如皇上慈仁恩宥,赦臣之罪,得效犬马微劳驱驰。浙江定海外长塗等港,仍如广中事例,通关纳税,又使不失贡期。宣谕诸岛,其主各为禁治。倭奴不得复为跋扈,所谓'不战而屈人之兵'者也。敢不捐躯报效,赎万死之罪?!"

不到迫不得已的地步,胡宗宪并不想与王直兵戎相见。从王直的言行举止可以得知，他也有心归顺，只是其条件并非胡宗宪之力所能达到。见有转圜的余地，胡宗宪从绍兴移师余姚，让王直长子王澄写了一封血书，详细叙述总督优待之恩，劝父早早投降，以免全家受到牵连，并令王直老母印上手模。然后，委派夏正及王直表弟、生员方大忠等人与王澄一同前往舟山岑港。王直看过儿子王澄写给他的血书，笑着骂道："你这个痴儿呀，怎么如此愚蠢？朝廷不杀你们，就是因为我还在的缘故。我若归顺，恐怕你们也不能幸免了。"

夏正一行在王直船上待了好几天，每天都与王直接触，尽量打消他的疑虑。

夏正一个劲地劝说王直："你想保全家属，开市求官，不投降可以达到吗？你披甲带盔，陈列重兵，而口说投降，谁能相信？大军驻扎在此，你前往归顺，面见总督大人，谁敢将你扣下？况且死生有命，当死，战也死，投降也死；战死不如投降而死，因为还有一线生机。目下朝廷正值用人之际，极有可能封你官职，这样就可以转祸为福了。"

此时，因王直久驻岑港，明廷正从各地调兵赶来，俞大猷、戚继光、卢镗、张四维等名将已率精兵部署在舟山附近，"埋伏数匝，水陆要害，星罗棋列，鱼鸟莫度"。王直虽有数千精兵，但徐海、陈东、麻叶等人已被剪除，外无大军接应救援，多少有点进退维谷之困。而夏正说得也有道理，王直终于被打动，经过一番权衡，他说："昔日汉高祖赴鸿门宴，当王者不死。纵使总督胡公假意引诱，又奈何得了我吗？"于是，派王㵾、叶宗满等人随同夏正、方大忠前往总督府商谈归顺事宜，并放回正使蒋洲。

浙江地方官员，除胡宗宪真心招抚、诚意对待王直外，其他如浙江巡按御史王本固，浙江布政、按察、都指挥三司使等，并不赞同招抚王直。他们一面上奏朝廷定夺，一面准备扣留王直养子王㵾。胡宗宪认为，如果不放回王㵾，王直必然生疑。为了增加保险度，王直还提出要求,以"中国一官为质"。于是,胡宗宪不仅放回王澈,还以夏正作为人质,再次派往岑港。

嘉靖三十六年(1557)十一月,王直离开岑港,亲往浙江总督府受降。有人建议立即逮捕王直,但胡宗宪极力主张赦免,一则他想以诚意招抚,再则眼见大功告成,担心稍有不慎,激起岑港之倭叛乱。为了给那些反对招抚的强硬派一个说法,胡宗宪以商量的口吻对王直说:"你既然前来归顺,我当上表,封你官职。但事达朝廷,皇帝之意难以揣摩,不妨先将你以罪人身份关在狱中,使朝廷知你赎罪悔过,那么,我为你请命的目的便可顺利达到。如果有什么变故,你的坚甲利兵仍在岑港,我敢辜负你吗?"王直既已进入督府,便成刀俎上的鱼肉,即使不愿,也莫可奈何。

胡宗宪将王直送入杭州按察司狱,命一指挥使陪伴。狱中各种生活用品一应俱全,可乘车自由出入。白天有两司设置的酒宴,晚上有指挥官伴宿,所有开销银两,均由官府供给。因此,王直虽在狱中,日子过得也算逍遥,单等皇上开恩降旨。

胡宗宪的做法,引起了许多官员的非议与反对,工科给事中徐浦就此事上书弹劾,说浙、直、福建因倭寇作乱,经费入不敷出,而胡宗宪为招抚王直、善妙,耗费金银数十万,不得不加征、存留,倍敛赋税,民不堪命。建议对其钱粮岁给,予以清查。

人言可畏,弹劾尤其可怕,弄不好就会身首离异、身败名裂。胡宗宪害怕不已,只好改变初衷,上书朝廷,说王直等人实为"海氛祸首,罪在不赦"。

嘉靖三十七年(1558)二月五日,王直被正式逮捕入狱。

作为人质的夏正得知这一消息,赶紧盗取小艇,乘夜逃走。但天亮后被倭寇得知,派兵追赶,结果被抓回,严加拘禁。

岑港之倭,由王直义子王澈控制指挥。岑港地形,易守难攻,

"山壁峭立,外环大海,夹持其口,止容一舟进入,他莫可通"(采九德《倭变事略》)。王激又在险要的地形上建筑栅栏,加固工事,以防御明军。

此时,嘉靖帝传达谕旨,严令胡宗宪擒剿舟山岑港之倭。

胡宗宪亲临四明(今浙江省宁波市),指挥俞大猷、卢镗、戚继光等早已部署围困岑港的所有明军,开始"水陆夹剿"。

二

作为镇守浙、直总兵官,用武力剿灭倭寇,是俞大猷的职责所在。但是,他并不是像有些官员那样,一味主剿,而是主张剿抚并举,这与他此前作为地方军事长官时对付海盗、贼匪、少数民族起义的方略基本一致。并且,俞大猷还是开海的支持者,即使战时禁海,他也持一种辩证的态度。"兵者,凶器也,圣人不得已而用之。"招抚王直,用计成功,或首恶必办,余者从宽,实为上策。他在《议计缚王直》这篇呈给胡宗宪的揭中写道:

> 贼据岑港,实有负嵎之势。更番以攻之,密布以困之,俟其出师而围击之。天果助顺,或可收功。
>
> 今若恐其遁去,且以大兵分布临之,仍一面攻击,一面言诱,一面令德阳夷使辈写字与各倭,谓我官兵只欲得一王直,许其绑解,即释其他,或可济也。事势如此,其他机变未能逆知。伏乞军门,神略示下遵行。

当招抚受阻,形势突变,敌寇据险以守时,俞大猷受命出击,则尽全力围剿。

岑港位于舟山西部，山高路险，岙口众多，地形复杂。明军从右路（北路）、左路（南路）、中路（东路）以及岑港水道南口、北口，兵分五路，发起进攻。整个战场由总督府中军都司指挥，俞大猷负责往来策应。王激命人阻塞进山所有通道，仅留一条小径，隘险难行。明军进攻受阻，好不容易找到那条唯一的小路，鱼贯而入。王激率军居高临下，以火器喷射、刀枪斩杀，明军战死无数。但经过俞大猷、戚继光训练的明军，意志坚定，不仅没有退缩，反而踩着同伴的尸体，继续向上，奋勇前进。小路在明军的脚下延伸，眼看就要攻破敌军的防卫了，这时，大股倭寇突然从后面袭击。明军首尾不能相顾，进攻惨败，死者过半。

春季三月，风雨交加，溪涧水涌，倭寇在山高处修筑堤坝，拦截山水，预做准备。当明军经过一番整顿，再次向岑港发起攻击时，倭寇突然决堤泄洪，水流下泄，官兵猝不及防，淹死无数，但仍顽强进攻，倭寇死伤甚众。

正当两军激战难分难解之际，又有大批新倭从日本乘东北季风而来。一股停泊普陀小道头，窜至沈家门与岑港倭寇会合；另一股进犯温州、台州，大肆劫掠。

温、台告急，四月二十三日，戚继光奉命率部从舟山渡海驰援，与新倭战于乌牛，获胜。当戚继光回军舟山，准备与俞大猷再行进攻岑港时，新倭又犯温州，只得再次赶往增援，"复捷于乌牛之小崎"。而这时，浙江、福建各地倭患不断，明军不得不分兵应对，四处征剿，疲于奔命。于岑港之倭，则虚张声势，围而不攻。

嘉靖三十七年（1558）七月，据《明世宗实录》记载，明廷"以浙江岑港海寇未平，诏夺总兵俞大猷、参将戚继光、把总刘英职级，期一月内荡平，如过限无功，各逮系至京问"。由此可见，朝廷督责甚严，俞大猷、戚继光不仅职务被夺，还被勒令一月之内拿下岑港，过此期限,若无进展,将逮捕至京,下狱问罪。

其实,撤职处分对俞大猷、戚继光来说,都有点苛求与冤枉。俞大猷协调部署,耗心尽力,但据守岑港的倭寇全为王直所部精英,武艺高强,经验丰富,装备精良,并配有火炮,据险以守,官兵奋勇而进,死伤甚多,加之大量新倭会合一处,势力大增,故需一定时日,俟机而进,否则,伤亡会更加惨重,徒劳无功。戚继光辗转于舟山、温州,往来驰驱,消灭了倭寇大量有生力量,有功不赏,反遭惩处。而指挥整个战役的中军都司,却没有受到任何处分。

明军只有"逼垒而陈",不断组织人马,"更番迭战",冒死猛攻,但仍难得手。时间一长,舟山倭寇粮食耗尽,不得不偷出营垒劫粮。官兵又施计迷惑,致使敌军"互相猜疑至持刀自击",明军再度发起强攻,倭寇大乱。明军抓住时机,突向敌人巢穴,砍掉栅栏,斩杀一百多人。其余倭寇见势不妙,纷纷乘船逃往柯梅(今浙江省岑港镇东)。

俞大猷赶紧一面组织参将戚继光、刘显、张四维及督司戴冲霄等人围住柯梅,一面亲率水军在大洋上追击另一股逃敌。夜幕降临,敌方船只若隐若现,眼看就要追上了,突然刮起一阵大风,大海之上,顿时波浪滔天。风越刮越大,俞大猷的座船差点撞上一块礁石,幸而天上有月,依稀可见,得以避开。船在宽阔的洋面漂荡,一会儿跌入波谷,一会儿冲上浪尖,上下颠簸不已。船上人员大多出现了晕眩,有的扶着船舷,有的躺在船舱,唯有俞大猷往来行走,指挥如常。

海上行船,像这样的险情很多,汪洋大海与江河湖港完全不同,大海除有潮汐外,那不期而至的狂风大浪也令人防不胜防。一次,俞大猷突遇狂风,所乘小船快要倾覆,他马上用刀砍断桅杆,因此保住了船只。其他船只全被吹翻,落水官兵仅靠他这艘小船接济。大猷曾经说道:"海战无巧法,只在知风候,齐号令,以大胜小,以多胜寡耳。"

王滶见释放王直、互市通贡无望,且明军进攻日甚,部众伤亡惨重,与其困守待毙,不如逃走他处,再作计议。倭寇深恨官府招降诱骗,便将怨仇一股脑地发泄在人质夏正身上,杀死后犹不解恨,还将他肢解。

噩耗传来,胡宗宪痛哭不已,亲临海边,望着舟山方向祭奠,放声痛哭。部将及随从全都落泪,不能仰视。

种种迹象表明,王滶之倭将于近期逃遁。胡宗宪、俞大猷分析敌军逃跑路线,认为大木坑澳为其必经之地,于是命令张四维率水军埋伏于此。谭纶拨给张四维福船、苍船各十艘,福船每艘提供大米一百石、白银一百两;苍船每艘派给大米五十石、白银五十两。粮秣充足,以作长期布控、追击打算。

十一月十三日,倭盗放弃柯梅,出海逃遁。十四日,果然经过大木坑澳,遭张四维截击,阵脚大乱。其时,俞大猷正督率刘显等人在陆上剿倭,接报后一面差人督促张四维追剿,一边亲率舟师,追至沈家门(今舟山市沈家门镇),击沉倭舟一艘。

余倭朝福建方向逃窜,俞大猷想乘胜追击,但考虑到自己身为浙直总兵官,若越界进入福建,须得总督下令才行。张四维布控大木坑澳,为的就是拦击逃往福建之倭,胡宗宪明知逃倭方向及目的,却没有下令俞大猷继续追击。况且北风正紧,南下追逃,并未准备充足的粮食淡水,也不知何时才能返回浙江,于是,俞大猷命令准备充分的张四维继续追歼逃敌,自己也就没有亲自督师追至福建。

张四维追至福建俞山,杀敌十四人,擒获二人。因风受阻,五个月后,即嘉靖三十八年(1559)四月,张四维才率部返回浙江。

王直余党一股逃至福建浯屿,另一股逃至广东南澳岛,并在这两个岛上"建屋而居",四出劫掠。

胡宗宪诱捕王直，本想宽宥免罪，以此推动海禁开放，因此，他将王直关在狱中两年多，迟迟没有处理。但招抚之策遭到明廷不少官员甚至嘉靖帝的反对，为求自保，胡宗宪不得不违反初衷，于嘉靖三十八年（1559）十一月底上书朝廷，为王直、叶满宗、王汝贤等人定罪："直（王直）等勾引倭寇，肆行攻劫，东南驿骚，海宇震动。臣等用间遣谍，始能诱获。乞将直明正典刑，以惩于后。"经过兵部会同三法司复议，嘉靖帝下诏，王直被处死刑。

嘉靖三十八年（1559）十二月二十五日，王直在杭州伏法。当时，胡宗宪正巡视嘉兴，得知后，马上赶回杭州，亲自来到狱中，命人用轿子将王直抬至法场。王直知道死期来临，希望与儿子王澄见上一面。王澄抱着父亲痛哭不已，王直将一支金簪交给他，不禁一声长叹："真没想到会在这里受刑赴死！"怨恨之情，溢于言表。随后引颈受刑，面色淡定，毫无惧色。王直死后，他的妻子被赏给功臣，充作家奴。

招抚归顺、开市通贡、开放海禁之路再次被堵死，海盗、倭寇与明廷的矛盾对立再度激化。倭患不仅没有因为王直被杀而减轻，反而有所抬头，倭患的"重灾区"由江浙转向王直死党的逃窜之地福建与广东——他们联络当地海盗、山寇、流贼、奸民等，沆瀣一气，声势浩大，侵扰百姓，防不胜防，剿不胜剿。

关于这段历史，清人谈迁不无惋惜地叹道："胡宗宪许王直以不死，其后议论汹汹，遂不敢坚请。假宥王直，便宜制海上，则岑港、柯梅之师可无经岁，而闽、广、江北亦不至顿甲苦战也。"（《国榷》卷六十二）

三

常言道，屋漏偏遭连阴雨，船破又遇顶头风。俞大猷被夺职，以戴罪之身指挥岑港战役获胜,却遭到了一场更大的灾祸与冤狱。

起因在于王直余党逃往福建,给当地造成了极大危害,福建沿海多次全线告警,成为全国倭患最为严重的地区。

福建人遭罪,认为是胡宗宪网开一面、有意纵敌的结果。嘉靖三十七年(1558)十月八日,南京御史李瑚率先上书弹劾胡宗宪,说他私诱王直,"岑港养寇,温、台失事",有"掩败饰功之罪"。不久,巡按浙江御史王本固、南京给事中刘尧诲也先后上书,以"纵寇,滥叨功赏"为由弹劾胡宗宪。朝廷一面责令胡宗宪继续抗倭,一面派科道官罗嘉宾、庞尚鹏调查真伪呈报。胡宗宪赶紧写了一篇两千多字的《自陈不职疏》,回顾自己这些年的抗倭艰辛及战斗历程,对李瑚罗列的三大罪状一一加以反驳与澄清。嘉靖帝接到上书,认为胡宗宪辩解属实,十二月二十日降旨:"妖逆贼直,浮之贼富,本宗宪用计诱惑,人皆知者,嫉害彼功。会彼奏上天降玄瑞,小人遂谋欺君言臣。朕览诸疏,以丞弼常拟,付之公议。这会疏也,不分是非,不明功罪。胡宗宪着照旧用心,必平残孽,以副简眷。"(《忠敬堂汇录》卷一《恩纶录·上谕五》)

胡宗宪虽然化凶为吉,躲过一劫,但心情极其不爽,怨愤不已。御史弹劾官员,本是职责所在,但李瑚为福建人,与俞大猷同乡,两人有一定来往,胡宗宪便想当然地认定是俞大猷向李瑚透露了追剿王直余党的相关内幕,于是将一腔怒火发泄在俞大猷身上。

嘉靖三十八年(1559)三月,胡宗宪上书朝廷,以不实之词弹劾俞大猷:"舟山残孽,移住柯梅,即共焚巢夜徙,力已穷蹙,势易成擒。而总兵俞大猷、参将黎鹏举邀击不力,纵之南奔,播害闽、广,宜加重治。"(《明世宗实录》卷四百七十)

其实,在此之前,两人之间便已经产生了一些误会。张镇抚、朱尚礼、戴都司等人无端嫉妒俞大猷,在胡宗宪面前打他的"小报告"，无中生有，无事生非。俞大猷得知，不得不写信上呈总督，说明真相："职近乃闻谗职者，谓以职在背后有不顺之语，乃致恩台积怒之深，职皆不得知。昨张镇抚同一健步来见，职皆悦颜处之，闻对人说，职有发怒之言。职因又得闻，如朱尚礼、戴都司辈，平日所谮，皆说职有不顺之语。职非狂欺之人，委无若此背戾之事，伏乞恩台大发电照，亮察恳情，复有谮言，乞勿听之。"（《呈总督军门梅林胡公揭二十首·自明》）

作为武将，剿倭是俞大猷的职责所在，这也成为一些小人造谣中伤的"把柄"，说他反对胡宗宪议和，反对招顺王直。对此，俞大猷不得不再上一书辩解，叙述委屈，说明事实与真相："职生平拙直，更无他肠，又耻作反复之事。久居麾下，何尝有一字一语说人是非？此恩台之所能亮也。况恩台之所主者，无一不是。职既奉节制，又沐深恩，反敢异议于后耶？职待罪兵间，多历年所，岂不知诱致为上策，必不得已而后战？知战不知和，职愚必不为是说。……职身处麾下者累年，乃尚有不蒙见察，而以浮言取疑，是职之不肖，有负恩台造就之盛心，为可愧耳。故复渎禀，冀赐察职其微。"（《呈总督军门梅林胡公揭二十首·又自明》）

三人成虎，小人说得多了，即使俞大猷澄清，也不可能每一件事情都解释得清。这样一来，"才望颇隆，气节小贬"的胡宗宪，便对俞大猷心生不满，并时有表露，浙、直官场很多人都心知肚明。

因此，当胡宗宪遭李瑚、王本固、刘尧诲等人上书弹劾时，便有人以为俞大猷会庆幸不已，没想到他悲伤地说道："我常遭到贬官夺职的处分，都是胡公信任，一再重用，我才能戴罪立功，不断升迁。即使奸臣小人在他面前搬弄是非，使他怪罪于我，我也不会计较。如果可能，我愿替罪，为他效死。忘记大德，计较小怨，此乃鄙夫所为，我不会这样做！"

俞大猷写了一封书信《胡公得劾奉书慰问》，派人送给胡宗宪："职初闻报，五内崩裂，寐食俱废，恨不能奔侍左右，少效寸劳。及伏读圣谕，乃知皇上注念之恩，真天地父母之为心，非人所易测。亦诚知天下大事，非恩台无可胜其任者。謇謇臣节，恩台见之审矣。愿益坚初志，以报明主之眷，以答苍生之望。职无任诚悃，伏乞慈纳。"

俞大猷的辩解与慰问，不仅没能感染、打动胡宗宪，反而加深了误解与误会。权倾东南的总督胡宗宪上书弹劾俞大猷，加之首辅严嵩早就想治罪于他，大猷噩运降临，在劫难逃——此次就不仅仅是夺去官职戴罪立功了，而是褫夺世荫，逮捕至京，下狱讯治。

大猷被拘，个人荣辱倒在其次，所担心者，唯有寄寓宁波的家属。这些年来，他四处作战，没能顾上他们，也没有留下什么积蓄，此一别离，与妻儿不知何日得见。作为一名铁骨铮铮的将领，此时的大猷，却是柔肠寸断，只好将家眷托付给同乡好友李杜照看。

俞大猷被治罪的消息在浙江、直隶传开，上自官员，下至百姓，无不为他打抱不平："俞公奇男子，建抗倭奇功，却遭此劫难，真是天下奇事！"大猷闻言，淡然笑道："既然获罪，也就如《中庸》十四章所说的那样，素位而行，安分守己；上不怨天，下不尤人。"

俞大猷为人正直，做官清廉，被逮时，身上钱财不满百金。士绅、富人纷纷为他慷慨解囊，溧阳人史际（字恭甫，号玉阳）一次就送他五百金。当大猷得知友人邓君城也遭逮捕时，马上转赠于他。行至京城，大猷所得馈金已达数千。

患难之际见真情，上司兼友人谭纶更是长期关照俞大猷寄寓宁波的家属，多次在经济上予以资助。对此，大猷感激不已，在给谭纶的一封信中写道："我公垂爱至情，不畏嫌少避，不因时易心。他日当国家大事，卓有定守，终始不渝，于此可见。此身不复生还，俞氏子孙尚当世世讲之，万一君恩犹许再效犬马余力，其效报门下，决不

肯多让古人也。"(《与谭二华书》)

作为一名功勋卓著的抗倭主将，俞大猷遭诬陷被捕，实在是东南沿海抗倭的一大损失！

当时的抗倭之策，虽注重水陆并防，但海防效果更佳，对倭寇的杀伤与震慑更大。海战取胜必须具备两个条件，一是打造众多高大的战船，二是拥有优秀的水军将领。自从俞大猷蒙冤下狱，抗倭前线再也没有一位像他这样生长海滨、熟悉海洋、善于海战的将领，水军不占优势，海战没有取得一次像样的胜利。于是不得不改变抗倭策略，由谭纶、戚继光分别训练陆军精兵，由侧重海战改为以陆战为主。

在浙江，为纪念俞大猷的抗倭功绩，丽水莲都将一条街道命名为大猷街；镇海百姓在俞大猷调任直隶副总兵时，便请他留下衣冠，就在他蒙冤入狱这一年，他们在镇远门内为俞大猷建祠立碑，《俞大猷生祠碑记》由吏部考功司承德郎丰道生撰写，全文如下：

虚江俞公大猷，字志辅，始来自霍邱。五世祖敏，从高皇帝集大统，授泉州卫前所百户。四传至爱松公瓒，皆世袭焉。

爱松生公，治《易》，充泉州府学弟子员，试辄高等，人以文魁望之。爱松公卒，公白有司，请以官让其弟，得毕志于举。不可。则如京师受职归。嘉靖甲午魁武举，乙未会试魁，进千户，视师于金门。金门号难治，公以恺梯公廉御之，教士卒以荆楚剑法，帅其子弟谈习经礼，金门大治。戊戌秋，枭司征公讨贼，擒酋杨志新等二百三十二人。癸卯秋，内牧兵部尚书毛公伯温荐之，诏公御敌于木莲港，斩首其众。明年，进指挥佥事，以都指挥体统守备汀、漳。丁未,擒海寇康老,斩首二百八十有二。是岁秋,擒流贼雷士贤等九十余人,又擒流贼汤信四等百七十人。事闻,进广东都司署都指挥佥事。戊申秋,擒新兴贼谭青蛇、苏青竹等五十余人。十二月,迁福建都司。广人请于都御史,乞还之。奏上,明年迁广东,守钦、廉。夏,南彝平。秋,安南叛贼至,公帅水陆兵败之于白勒港,绝其道,俘溺无算。寻自龙门追及于万宁,擒其酋范子仪、范子流、范廷真等,斩首千二百余级。庚戌,黎寇作。公帅师徂征,擒其酋符门钦等,斩首五千二百余级,遂平黎。三月,进右参将,守琼州。当是时,鄞、歙亡命入海,构倭反,官兵亟战不利。兵部侍郎张公时彻荐公,移镇于浙,而宁、绍、台、温隶焉。公督水陆兵击列港,募善伏者,潜从背逼其巢穴。火夜起,贼辎重尽毁,大溃。次于马迹,飓风昼晦,群蛟荡舟,公恬不为动,既而曰:"虽天变,亦舟人弗力。"斩二人以殉,军始知有纪律者,俱而思奋。俄而,倭攻昌国,公帅舟师赴之,战于石浦、扁礁头、玉屏、海门、松门,十有八合,擒斩四千,溺者万计。余贼百余人,转补恒洛迦山,据之,公集兵围之,令举火。或曰:"恤首功。"公曰:"靖民而已,首功何为者?"遂火,贼歼焉。是月,谍言"温州有贼",公复帅舟师追之。贼走绍兴,抵柯桥,四面皆水。官壁舟,贼将涸以攻城,典史吴成器觉而拒之。公不寐,曰:"吾心动,贼其至乎!"将数卒,操一舟觇之。贼方持戎器,急,公手戈踣一人,贼众骇乱,急击,殪之。丙辰,进副总兵,提督金山。时贼将趋留都,公督永顺等兵,于乙卯之夏,五战于平望、王江泾、秋母亭、六金坝、英德湖,斩首千余。秋,七战于大赤海洋、柘林、陶宅、青村、周浦内地,斩首千余。冬,三战于川沙洼、吴淞、宝山,斩首百七十,尽沉其舟。丙辰,贼徐海以倭围桐乡。诏进公都督佥事,直隶、浙江总兵,佐总督胡公宗宪,救桐乡。胡公密谋于公,使谕徐海解围,而授之于海。胡公获徐海,輾之于沈庄。倭数千扬朱旗出海,公伏起,无一脱者。自夏及秋,五战于宝山,高家嘴、平洋沙、吴淞、刘家河。遣小舟规贼,数里举火相属,追及于洋山、茶山,凡斩首千五百,溺者亦无算。留都安,舟山者,定海之塞也。贼据山,且阅岁十有二日。公图于副使方湖王公,授略于指挥张四维,帅麻阳兵攻之,壁益坚。夜使人持死豚投其壁,狗群吠,夷惊起。纵兵击,且焚殆尽,擒百四十,献于胡公,斩之。其民归于田。屋舍妻孥,晏然复矣。于是诏进公都督同知,总兵开府定海。定海之士民曰:"微公,吾堕也。"相与剃壤构穴,而尸祝之。

道生闻而笑曰:"公之惠,直定海而已乎?贼谋以金陵为市,公抗讨议,贝锦孔多支,稍憪其身,谋大事且不测,故辟邪说以立纪,亦难矣。卒践其言,卓然成绩。难乎难哉!其议论、诗词,文多不载。"

碑文刻于四块石碑之上,详细叙述了俞大猷转战南北、救民于水火的不朽功勋。后因祠毁,石碑迁至镇海中学,至今犹存。四方石碑旁,建有"都督俞公亭",亭联刻录俞大猷诗句"乾坤万里扶苍碧,仰慰升平始解颜"。

第九章　建功北疆

一

俞大猷于嘉靖三十八年（1559）三月遭胡宗宪上书弹劾，四五月间，他与参将黎鹏举一道，被巡按御史拘至北京。

俞大猷的冤屈与遭遇，不仅让浙江、直隶一带的官员、百姓很为他鸣不平，也得到了京城许多朝廷大臣的同情与援助。

刑部尚书郑晓、刑部侍郎赵大佑真诚地关心俞大猷，为他占卜吉凶，希望他早脱噩运。当俞大猷头发蓬乱、衣衫不整地被押解至京时，御史们前来慰问，对他说："俞帅劳苦功高，皇上知道事情真相后，一定会宽大处理的。即使有什么不测，我们也会不避责罚，一定会在皇上面前为你申诉。"左都御史周延私下对分管监狱的胥吏们说，俞帅是我敬佩的正直之人，你们要善待他，不要向他索取分文。大学士徐阶也在各方面对俞大猷予以关照，为他早日洗刷冤屈尽力。因此，俞大猷在羁押期间，受到各方敬重，倒没吃什么苦头。

在所有帮助俞大猷的朝廷官员中，锦衣卫陆炳是最为突出、作用最大的一位。

陆炳（1510—1560），字文明，浙江平湖人。他母亲是嘉靖帝的乳娘，于是从小就随母进入宫中，侍奉在皇帝左右。陆炳十九岁考中武举，授锦衣卫副千户。嘉靖十八年（1539）随嘉靖帝南游，途经河南卫辉，深夜行宫失火，仓促之间，警卫、随从惊慌失措，唯有陆炳当机立断，将嘉靖帝从火海中背出。从儿时玩伴到救命恩人，陆炳受到嘉靖帝的格外信任，逐步擢升，直到执掌锦衣卫事务。

锦衣卫属明朝独有的军政特务机构，具有掌管刑狱、巡察缉捕之权，从事侦探、逮捕、审问之类的活动。提及锦衣卫，人们往往将这一机构与专权、铁血、恐怖、告密、抓捕、拷打等词语联系在一起。因此，执掌锦衣卫的陆炳是一个颇有争议的人物。他"势倾天下"，积财无数，先后除掉了内阁首辅夏言、太子太保仇鸾、司礼监太监李彬等朝廷要员，但他又保护了不少官员，折节下士，不曾陷害一名士大夫。

陆炳素来敬佩俞大猷，不惜自掏腰包，拿出千金相救。他心里十分清楚，俞大猷的罪名，可谓"莫须有"，如果捕风捉影，欲加害之，难有证据自明；如若网开一面，可立马还其清白。同时他也知道，俞大猷的"结"，唯有严嵩能解。他对严嵩了解甚多，作为内阁首辅，严嵩父子掌握六部大权之后，陆炳探知的一应大事小事，无不向他们汇报。俞大猷虽然得罪严嵩，但无大的过节，仅仅没有巴结而已，只要严嵩肯放过，大猷就能化险为夷。

为了营救俞大猷，陆炳这天起了个大早，凌晨五更时分，便来到严嵩府第。守门人见到陆炳，不禁大吃一惊，问他为何这么早就来了，什么事如此着急。陆炳不便多说，只是让他通报严嵩父子。守门人道："太师和侍郎正在睡觉呢，如果不是皇帝圣旨，我怎敢惊扰他们？"又说："太尉还是先回去吧，等睡一觉了再来。"陆炳说："我好几夜都没有睡觉了，反正睡不着，就在外面等候吧。"守门人也知陆炳有权有势，且与严嵩父子关系不错，就进去禀报了。

过了好一会,严嵩儿子、工部左侍郎严世蕃才揉着眼睛出来,他打了一个哈欠道:"你怎么来得这么早啊?我才入睡呢。"陆炳说:"我已经有好几天没睡觉了,昨天焚香卜筮,得到一个吉卦,说只要早早来到相府,见到太师、侍郎,就会答应我的请求。"严世蕃问:"你所为何来?"陆炳说:"为俞帅而来。"严世蕃一听,心里登时明白,不禁回道:"俞大猷违制无功,徒有空名,轻蔑政府,不懂规矩,撇开我们与徐阶结交,你何必救他?!"陆炳道:"俞帅之所以给徐阶写信寄《论柘林用兵十难》,是因为徐阶乃松江府华亭县人,文中所论是他家乡之事。大猷自知得罪太师,所以特地托我前来说明情况。"

这时,严嵩也起床了,陆炳又将他为俞大猷求情的事情说了一遍,希望太师"宰相肚里能撑船",宽大为怀。严嵩见他这么早就带着银两前来求情,同时也知陆炳身为太尉,权倾一时,关键时刻还得利用他才是,加之与俞大猷并无血海冤仇,也就没有多说什么,算是默认首肯。

夜长梦多,陆炳担心事情有变,同时希望俞大猷早日得到开脱,第二天,他又专程来到严府求情。当谈及俞大猷的案情时,他朝严嵩父子"八拜数十,顿首而起"。对陆炳这位炙手可热的实权派人物,严嵩、严世蕃也不敢怠慢,马上回礼,并爽快地答应了他的请求。

与此同时,俞大猷在狱中写了一封《恳乞天恩辨明下情将功赎过疏》呈上,叙述舟山之战经过,申诉自己没有穷追到底的事实真相,希望皇上明辨开恩,准其赎罪立功:

臣彼时仍欲自行穷追,但思臣职任浙、直总兵,自有地方重寄。一则沈家门遁向东南,即系福建海界,非奉军门号令,不敢擅离;一则臣原无奉令,预给远追行粮,不能前进；一则时值冬月，北风猛急，波涛之中，一篷南向，瞬息越境，何日可归？一则时正交春，贼必乘风复犯本境，合回定海整兵防御。臣有此四者，是以遵照谭副使手本内事理，行令张四维带领原给银米、兵船，前去穷追，俱经呈报军门知会讫。

…………

续蒙军门胡宗宪参臣不追前贼，故违节制，奉旨提解送问，若不具奏。切思军门行臣陆路催督参将刘显等截杀，水路催督参将张四维等兵船剿杀。原只令臣催督，不曾责臣亲自越境穷追。继而谭副使会拨船只，预给米银，交委参将张四维，计料要地，埋伏大木坑，俟其遁去截追。则是穷追之责，又已明属之张四维。臣只合行文境内催督。后臣行委张四维前去，本官缴有印信、揭帖、呈文，逐一可查。臣于催督之责未尝敢违也。

…………

如蒙伏皇上怜臣平日血战功多，察臣从何故违节制，准臣自赎，仍乞发臣有事边方立功，庶捐犬马之躯，图报圣恩于万一。臣无任激切，吁天哀恩之至。为此具本，令义男萧以望抱赍，谨具奏闻。

俞大猷还给胡宗宪写了一封《狱中上书》，反省并强调自己的为人准则："猷他无所长，唯忠义一肠，与生俱生，上足追乎古人，下独异于今人。故平日受人丝发之恩，未尝敢忘。"并向胡宗宪说明自己领兵作战的艰辛与苦衷："猷职为总兵，其部下之兵不满千人，其各调到汉土之兵，各有军门差官管押，而统之以中军都司，号为军门亲兵。猷尝于军阵中捉指挥朱先部下退缩之兵一人，欲就阵正法，竟被彼取去。谓此军门亲兵,岂他人所敢妄治?"舟山之战,官兵云集,俞大猷虽为浙、直总兵,但真正能调动的军队,不到一千人,他只是负责各路人马的调度而已,连就地正法一名逃兵的权力都没有。为此,他不得不说明真相,为自己辩解:"及师老无功,为公论所不容,乃巧言谮惑军门以罪委猷。岂知猷为总兵而无一都司之权?韩庐(一种俊犬)抑而不纵,骐骥绊而不试。夫何以责其捷巧乎?且一战二战之间,不得收功,其责在猷。至于一年之内,汉土之兵大战者,何啻二十、三十合?则皆军门亲临舟山调督,而中军统领大战出兵,进止之律猷分毫不得干预。其不能收功,是皆谁之咎乎?耿介之志不伸,抑郁之怀靡愬。猷之不见知于军门者,天也,非某氏之子所能为也。猷退洗心而内讼,实不知其所从……"俞大猷写着写着,不禁悲愤难抑:"某许国以来,平交、征黎、剿倭,大小百余战,擒斩何啻万计!其余移文调度,不在阵中者,军门不录也。结发修身,白首无违。一发不中,百发尽失哉!以今之观,竟何如哉?"

胡宗宪接信,回忆往事,点点滴滴,宛在目前,俞大猷所说皆为事实,自己对他的确过于苛责,且听信谗言,有亏于他。不禁深感后悔,马上给严世蕃写了一封信作为弥补,希望朝廷能按俞大猷所请,让他前往西北,练军守边。

经多方努力,俞大猷终于免祸出狱。朝廷下旨,令其前往大同,塞上立功。

二

俞大猷在给胡宗宪的《狱中上书》最后一段,提出希望去西北练兵,他说:"猷窃惟今日边方之患,东南与西北同急。猷欲报效门下,若悠然南去,则补报无日,恩台平日爱猷,而造就生全之意孤矣。

獗为负义不能报恩之人,则生不如死。天地鬼神可鉴獗心,原恩台谅察。乞致獗于大同军门麾下立功,一则使獗得遇知己,行夙志,一则使獗问候有期,效报有机。且獗至边方,果能训练一军,勉力尺寸,少舒当宁之忧,亦莫非恩台救拔得人之所致也。"

大獗出狱之后,还得回到军旅之中效力,既与胡宗宪发生了惊动朝野的误会与不快,暂时已不适合南下继续在他手下任职。西北鞑靼与东南倭寇,是嘉靖年间的两大国防重点。而中国自古以来,边患主要来自北方,且在俞大獗眼里,防北虏比捍东南更加重要,他儿时的志向,便是西北立功。因此,他希望能被派往大同,干一点实事,像在东南抗倭一样,为朝廷训练一支兵强马壮、抵御北虏的军队,以弥补上次无功而返的遗憾。

俞大獗在《与谭二华又书》中说:"故獗谓欲与一代豪杰争品色,宜安于东南;欲与千古之豪杰争品色,宜在于西北。"他心中之志向,显然想与千古豪杰争品色。此次前往大同边陲,可慰平生之志,俞大獗不仅没有蒙冤受屈后的颓废,反而激情满怀,意气风发,准备大干一番。他出狱时便对京城诸公说:"人生聚散各有天地,况死生贵贱哉!"大獗并不在乎什么功名利禄与个人得失,能捍卫边关、为国出力,就是他最大的心愿。

嘉靖三十九年(1560)一二月间,俞大獗来到大同,受到了大同巡抚李文进的热情接待。

李文进,生年不详,卒于嘉靖四十一年(1562),字先之,号同野,四川巴县人,嘉靖十四年(1535)考中进士。俞大獗与李文进在浙江认识,其时,李文进任浙江按察副使,俞大獗任浙江参将。此后,两人一直书信往来,可谓故交。后李文进升任山西按察使,旋拜右佥都御史,巡抚大同。嘉靖三十八年(1559)九月,俺答入侵宣府洗马林、蔚州川一带,李文进率兵配合其他军队作战,立有战功,朝廷赏赐金币。

在京城监狱时,俞大猷就给李文进写过一封信,说有可能前往西北边陲效力,并就北疆守卫问题谈了自己的看法。

得知俞大猷来到大同,李文进甚为高兴,抛开手头一应事务,亲自前往迎接。刚一见面,李文进就与俞大猷抵掌说道:"如果不是胡公宗宪总督,我怎能在这儿与你相见呢?"故人相聚,分外亲热,特别在这边关大同,当年浙江交往情景,可谓历历在目。一番寒暄叙旧过后,两人就当前的战略防御展开探讨。

嘉靖二十二年(1543),俞大猷前来宣大总督翟鹏处听用,对北疆有了一番感性认识及较深入的了解。虽然第二年就赴福建武平汀漳守备之任,此后一直东征西讨,但十六年来,他一直思考着如何抗击鞑靼的战术与方略。京城狱中,他又将近些年来的思考好好梳理了一番,认为破虏之道,除分兵防守外,必须另建一支奇兵,造车五百辆,训练步兵、骑兵两万人,设大将一员、参将一员统领,等待敌人深入时予以痛击。

北方与南方,山川地理、气候环境迥异,倭寇驾船而来,长于步战;而鞑靼则乘马而来,惯于骑战,来去如风,大肆剽掠。对付倭寇的立体防御,在北方得适当地加以变化。胡虏来袭,要以机动之兵拒敌,而能抵挡铁骑的军队,便是车阵。第一次来北疆,俞大猷就提出了"矛车御其冲突"的主张,但未能付诸实施。后在两广任职时,他曾督促部下打造战车投入战斗,效果不错,积累了一定的经验。嘉靖二十一年(1542)冬天,兵部尚书杨博让俞大猷陈述练兵事宜,他写就了一篇《兵略对》,全文三千多字,以问答的形式,阐述选将、练兵之策,特别论及战车的形制、编制及使用。

曰:"步兵亦用马乎?"对曰:"亦宜人给一马,俾得治力节劳及负辎重。且每步兵十人,兼以马兵二十人,战车一乘,兵十人以上,共四十人为一队。遇敌则战车列于前,弓弩铳炮之用如常法;步兵以马交同队马兵为管,相机冲入贼阵,杀击;车兵十人专备割取贼级。事毕总查功次论赏。"

曰:"战车亦有制乎?"对曰:"独其轮,横其长轴,直安双股,长矛轻便易运,遇坑则数人可抬而前。一则前拒,一则治力,一则束步伍也。"

此次北来,有了解、赏识他的上司兼友人李文进的大力支持,俞大猷独创的训练车阵之法就要付诸施行,怎不令他心潮澎湃?他向李文进剖白自己的内心愿望与想法:"猷居南方,依次而转,岂无高位?岂不安逸?但祖宗二百年养士,人人俱求退避,则庙社之事,将谁任之?天柱地维,将谁撑持?所以日夜切心,不能已已。"

俞大猷作战时胆大勇猛,但考虑问题、谋略决策时却细心谨慎,对训练车阵,他将许多可能因素乃至细枝末节都纳入考虑的范畴,一一分析,认真对待。比如造车练阵应配以鸟铳、钩镰、枪、叉等武器;受制于北方天寒地冻的特殊气候,一年其实只有三四个月工夫可以训练兵车;训练车阵、抗击北虏难以速成,非一二年时间可以解决,应有持久战的思想等等。

俞大猷的构想,几乎全部得到了李文进的认同与首肯。两人谈至激动之处,俞大猷不禁慷慨激昂,以古代豪杰自许:"胸中百万,猷实有之,古之豪杰不敢多让。公所真知,言听计行,且不责其速效,古人丰功伟业,岂难立哉?千载机会,在此一时。一代之下,有我二人,而又相知之深,不能相资相济,是古来皆无豪杰也!"

就在俞大猷抵达大同不久,朝廷下达一条诏令,因岑港之战终获胜利,平定倭寇、海盗王直集团有功,"大猷、冲霄、继光等八员,俱准赎罪录用"。

这纸诏令虽然没有明确任职,但对俞大猷的冤狱,总算有了一个说法,算是得到了平反。

训练车阵,没有现成的战车可以模仿利用,需要重新创设、打造。于是,俞大猷与李文进经常聚在一起,考查历代战车模型、功用,取其优点,加以综合,结合北方地理、材料等因素,设计图纸,做成模型,送给谭纶,请他按标示的尺寸、样式打造,反复试验、运行,然后不断修改,克服缺陷,终于制造出运行自如的新型战车。

游牧民族从小在马背上生活,善于骑射,因此,马上作战为北方鞑靼等少数民族的强项。而车战,行则以车为阵,止则以车为营,既可坚壁固守,也可乘势突击,此为中原王朝军队所长。使用战车,可以避开敌军的弓箭射击,能够阻挡潮水般涌来的战马;战车配备火器铳炮以及刀、剑、枪、叉、钩镰等,既可远距离杀伤敌军有生力量,也可近距离防范与攻击。因此,战车不失为对付北方骑兵的一种有效武器。

其实,车辆用于作战,在殷商时期就开始了。春秋时期,列国纷争,交战双方使用战车十分盛行。秦始皇统一中国后,车战便逐渐衰落了。唐、宋军队也使用过战车,但无论数量规模,还是战术效果,都远不如从前。

明代自正统十二年(1447)开始,便有大同总兵官朱冕、户部右侍郎沈固提出用战车对付鞑靼的主张,并付诸实行。此后不断发展,从车辆运送粮草到成批制造战车武装军队,已初具规模。如正统十二年(1447)九月,朱冕制造战车三百八十六辆;正统十四年(1449)九月,工部打造战车千辆;成化二年(1466)六月,京营制造战车二千五百辆等。

但是，俞大猷制造的战车、训练的车营显然有别于这些普通的战车与车营，否则，他照葫芦画瓢即可，完全用不着独具匠心地重新设计车辆，与李文进、谭纶等人反复切磋、不断修改，更用不着苦心孤诣地排阵操练了。俞大猷的车营，既有步兵、骑兵，也有战车，战车配备铳炮等火器，相当于炮兵。也就是说，他创造的是步兵、骑兵、炮兵三者有机结合的多兵种合成军队，这在中国古代军事史上实在是一个伟大的创举。这一多兵种结合的协同防御，与他在东南沿海抗倭构筑的立体防御战线——率先御敌于海洋，其次御敌于河港，后则御敌于沿海城镇，具有异曲同工之妙。

为此，俞大猷写了一篇《大同镇兵车操法》，全文近四千字，配图十幅，并附相关说明。

为何要操练兵车？兵法说："车胜马，马胜步。"根据自己的认识与理解，俞大猷对这一兵法作了相当精辟的阐述："盖步兵技专击刺，而马有践踏之势，故步不如马。车则能御马之践踏，而中又有铳炮之雄器，击刺之精兵，追逐之马兵，是一车而兼乎马步之长，故非马所能敌也。"

俞大猷制作的战车，是一种独轮车，上面配备大枪头、大佛郎机、盾牌等武器。车身、车轮与车上装备，总重量不超过三百公斤，上可登高山，下可入壕堑，在崎岖的道路上也可行驶自如。每车配备兵卒四十二人为一队，有旗手、牌手、叉手、钩镰手、拨刀手、鸟铳手、神枪手、佛郎机手、短拨刀手、车后把舵手等共三十人，他们各司其职，或推车、守车，或利用手中武器冲锋陷阵。还有马兵十名，用以追击敌人；管队二人，一人手举车上青旗，督促冲锋兵破阵，另一人掌车舵，督兵守卫车辆。车队所有官兵，要求腰悬环刀，携带弓箭，由马兵驮着备用。强弩、鸟铳等射击远处，用于攻坚；刀枪、盾牌等冷兵器用于近距离搏斗防守，可谓远近兼备。俞大猷创设的这种战车，拥有步兵、车兵、骑兵三个兵种，用李杜的话说，就是"盖以马隆之战车，兼李陵之步卒，而参以卫青之纵骑，最谓备算。后有作者，弗能易矣"（李杜《征蛮将军都督俞公大猷功行纪》）。

设计、制造新的战车是一个突破，而俞大猷更大的创造，在于以战车列营布阵。一辆战车与动辄数万奔驰而来的鞑靼骑兵相比，无异于杯水车薪。所以，他以十三辆战车为一小营，十三小营合成一大营，战车"行则布以为阵，止则列以为营"。

一小营有车十三辆，大佛郎机十三架，鸟铳五十二支，神枪五十二杆，兵员五百四十六人，另设千总官一名，把总官两名。

即使是一小营御敌，车与兵也少，只可一面出战。而要四面拒敌，展开大规模的战斗，必须有大营车兵才行。一大营有战车一百六十九辆，火器一千五百二十一件，人员七千一百三十八名，其中骑兵一千六百九十人。

这样建立起来的车、步、骑合成集团军队，要达到令行禁止、步调一致，谈何容易？那就得严格训练，不仅要培养单兵作战的能力，还得让他们掌握全盘协调、整体作战的战术。

俞大猷认为，胆气为练兵的首要之策："教兵之法练胆为先，练胆之法习艺为先。"技艺娴熟了，才有胆气；胆气壮了，才能合为一个无坚不摧、无往不胜的整体。在这方面，他充分借鉴以前特别是浙、直练兵经验。但浙江、直隶练的是步兵、水军，和西北的车营又有区别。他年轻时的以《易》演兵，此时也排上了用场。一小营中的十三队，一队为中军，其余十二队分别为子队、丑队、寅队、卯队、辰队、巳队、午队、未队、申队、酉队、戌队、亥队。各队出战，分设翼兵、伏兵，布成方阵，分为五列，以叠战战术形成战斗波次交替冲锋。操练之时，中军吹号笛，管队官手举月旗，齐至中军。千把总引分两路，行至将台前面。演习完毕，回至中军。然后从子队开始，依次进止,或操练,或歇息,或吃干粮,或整衣甲,皆以铳声、锣声、鼓声、号笛为令。车队、步兵在前,骑兵跟进,敌人一旦溃败,骑兵则当仁不让地越过车队,向前追击。阵法除练分波次立体进攻之外,还练行军、扎营之法。

如果是一大营训练作战,则分为三班:一班(前班)与敌接战;二班(中班)在一班之后,防护两翼与后侧;三班(后班)在二班之后十来步处防范后方,不使敌军乘机偷袭。

自一小营到一大营,从一大营合为一师,由一师而百万之军,作战操练之法,虽然不断变化,但都以首尾照应的"常山蛇势"为要。

经过一番严格训练,车营进止有序,火器远距离射击,敌兵纷纷坠地;前有战车为屏障,敌骑无法冲击;若有漏网之敌冲至近前,立即用刀枪钩镰等将其斩杀;敌军一旦溃败,骑兵乘势而出,追击逃窜之敌。这样的战阵与战术,足以占据主动优势,控制战场局面,克敌制胜。

三

俞大猷的西北练兵计划,不仅付诸实施,还在实战中发挥奇效,取得了著名的安银堡大捷。

当时,数万(一说十多万)蒙古鞑靼铁骑入关劫掠,所到之处,如风卷残云,势不可当。若在过去,明军会以超过敌军的优势兵力截击、防御,往往付出伤亡惨重的代价。而此次,俞大猷练兵初成,便将车营投入战场。他以战车百辆、步骑三千在安银堡抗击敌军。车营在数量上明显居于劣势,但战士们配备的武器,要比鞑靼骑兵的弓箭、大矛、长枪先进,在技艺与士气、协调与配合方面堪称一流。鞑靼骑兵仍以过去的作战经验对付这支看似自不量力的明军,根本就没将他们放在眼里。然而，双方刚一交锋，鞑靼兵就在鸟铳、佛郎机的远射中纷纷落马，没有倒下的骑兵冲至阵前，不是战马被刀叉、钩镰中伤倒地，就是遭到长矛、拨刀刺杀。敌军一拨拨地进攻，明军则分波次地替补而上轮流还击。鞑靼骑兵从未遇到这么强劲的战阵与对手，一番进攻，死伤惨重，而明军仍旗帜鲜明，战车、步骑严阵以待，似乎没有受到半点影响。鞑靼骑兵军心动摇，开始往后撤退。俞大猷见状，抓住战机，擂动战鼓，指挥骑兵乘胜追击，车队紧随其后。"虏救死扶伤，追奔逐北数百里，自入寇以来，未有此衂。"（李杜《征蛮将军都督虚江俞公功行纪》）

安银堡大捷，是载入明史的唯一一次以车营作战的胜仗。此后，虽然戚继光在蓟镇也以训练有素的车骑步营对敌作战取得胜利，但史书没有明确记载。

练兵初成，就取得安银堡大捷，并且是以少胜多，人们对俞大猷的西北练兵抱以极大期望。明军势弱，对付强悍的鞑靼骑兵，能够以多胜少、以多打个平手就相当不错了，而要以少胜多，几乎就是奇迹。而俞大猷就以训练初成的车营创造了这一奇迹，故有鞑靼"自入寇以来，未有此衂"之说。

李文进及时上书朝廷，推荐俞大猷的战车御敌之法。于是，京师开始按俞大猷的车营范式建立车兵。

在俞大猷的影响下，九边各镇纷纷建立步兵、骑兵、战车组合的多兵种车营，以抗御鞑靼入关内侵。

用这种车营作战，车辆、武器等硬件设施的配备比较容易，但三个兵种之间的协调配合是个难点。如果没有得力的将领训练指挥，没有严明的军纪、昂扬的士气与娴熟过硬的技艺，军队将是一盘散沙，不仅不能发挥立体作战以少胜多的优势，反而会成为挨打的靶子。

嘉靖三十九年（1560）夏，李文进谋划袭击板升。

板升，是丰州滩（今内蒙古呼和浩特）西南的一块水草肥美之地。嘉靖时期，蒙古俺答汗统率土默特部驻牧于此。生活在这里的民众，除蒙古人外，还有不少汉人，他们中有迁徙的农民，发配戍边的囚徒，反抗明廷的边官将士等。李文进之所以用兵板升，主要针对居住在这里的汉人——叛逃的白莲教首领丘富、赵全、李自馨等人。他们教鞑靼人制作钩竿、攻击城堡，诱导俺答骑兵南下入侵，内地不堪其扰。北方边塞将领对付鞑靼，一般采取守势，而李文进却是一位勇于进取的官员，他一直想主动出击将这股势力歼灭，机会终于来了，据可靠消息，俺答率主力部队西征劫掠，丰州只有一千多名士兵留守。

李文进与俞大猷、总兵官刘汉聚在一起商讨万全之策。眼下敌军不会内犯，如果安于现状，绝对无过；而深入北方袭击，如果失败，后果不堪设想。因此不得不慎重对待，制定详尽周备的作战方案。命令下达，参将王孟夏等将领率三千精兵北进，奇袭板升，刘汉等人率军紧随其后。

兵贵神速，王孟夏等率领三千精兵深夜疾驰，赶在天亮之时到达丰州。部队稍做调整，便向板升发起进攻。一千多守兵没有准备，明军很快突入城内。丘富随蒙古人北迁不在丰州，赵全、李自馨自知有罪，时刻提心吊胆加以防备，一有风吹草动便逃之夭夭。明军虽只抓到了李自馨的母亲胡氏及弟弟李自桥，但他们烧毁了板升的宫殿、居室，杀敌八十三人，生擒六十七人，袭击大获全胜。

嘉靖三十九年（1560）七月，明廷得到捷报，嘉奖有功人员，俞大猷也在其中，祖荫得以恢复。但是，仍没有授予他相应的职务。

没有职位，也就没有决策权与指挥权，只能做一些辅助、协调性质的工作。时间一长，个别边将受不了俞大猷的严格训练，便故意给他脸色看；还有边将担心俞大猷任职，抢走他们的"饭碗"。其实，俞大猷也不愿以己以长，夺去他们的印佩。上自朝廷，下至边关，一些人为的因素，影响并妨碍了俞大猷练兵计划的深入施行，其军事才华难以得到充分发挥。

撇开这些微妙复杂的关系，对俞大猷的褒扬，则来自方方面面，可谓有口皆碑。就在他前来大同训练车营的一年时间里，上书称赞他德才兼备的奏章就有二十多封，各地纷纷希望他去任职。比如福建巡抚推荐他回故乡八闽抗倭；巡抚都御史黄光升因湖广镇筸发生大规模的苗民起义，希望他去那儿平叛。

一时间，俞大猷进退两难，留在大同，无职无任，一些事情办起来不够顺畅。虽然不论发生了什么事情，李文进总是站在他的一边，支持他，鼓励他，但长此以往，名不正言不顺，总归难成大事。如果离开大同呢？这里又不能缺少他。怎么办？俞大猷不禁矛盾重重："大抵此方事如今日，必欲收拾整顿，舍猷之外，决难其人事如今日，猷不一担当为之，则终无可为之日，可为之人矣。可奈何？可奈何？"(《又与李同野书》)

嘉靖三十九年(1560)十一月，李文进升任宣大总督离开大同，俞大猷不再犹豫，决定离去。他最向往的，是到京城军营当一名副将，继续训练车兵，完成建功北疆的夙愿。但朝廷下达的圣旨，却是南下就职的任命——任镇筸参将，署指挥佥事。尽管不是那么尽如人意，尽管由总兵降到参将，由署都督同知降到署指挥佥事，从正二品降到从五品，但总算有了属于自己的职位。

嘉靖四十年(1561)三月，俞大猷怀着惆怅的心情离开大同，出云中，踏上了湖广任职的旅程。

第十章　回传棍术

一

此次南下，俞大猷想了却一桩心愿，那就是顺道前往河南嵩山，探访少林禅寺。

少林寺创建于北魏太和十九年（495），天下闻名，慕名前来探访的人多矣，帝王将相、文艺名流、诸山长老、普通百姓，林林总总。俞大猷前来，不仅缘于独特的人生阅历，也抱有一份特殊的期待与目的。

少林寺声名远扬，原因有很多方面。首先，它是中华禅宗的祖庭。遥想当年，禅宗始祖达摩自印度渡海东来，在南海登陆，经广州进入内地。梁武帝萧衍笃信佛教，曾多次舍身出家，但对达摩说法却没有多大兴趣。禅宗与南方的梁朝无缘，达摩只得一苇渡江，在北方弘扬禅法。他看中了嵩山这块风水宝地，在少林寺面壁修炼长达九年之久。尔后其衣钵由二祖慧可、三祖僧璨、四祖道信、五祖弘忍、六祖慧能传承下来，孕育出独特灿烂的中国禅宗文化。其次，少林寺那过硬的武功，得到了官方、民间的一致认可。十三棍僧辅佐唐王平天下，得到朝廷的特殊恩宠，武僧成为一支合法的特殊武装力量。此外,少林寺所在的嵩山,风景优美如画,不断吸引人们前来观光游览。

俞大猷的关注点,既不在禅宗祖庭,也不在动人风景,而在于少林武功——传得神乎其神的少林棍法。

少林棍因其取材、携带极为方便,是僧人操练的常用器械。时间一长,少林棍便在积累大量宝贵经验的基础上,提升到了棍法的理论高度。少林武僧因经常搏击实战,所以更加注重实践性。在长期不断的残酷战斗中,少林棍吸收了军队、民间不同流派的技艺,因此,少林棍法越来越精湛,内容越来越丰富。

俞大猷年轻时学习的剑法,便与少林棍有着一脉相承的历史渊源。他的盖世武功,主要源自两位师傅,一位是赵本学,另一位是李良钦。

赵本学除教他兵法外,还教他太祖棍。赵本学作为宋太祖赵匡胤的后人,深得祖上武功真传。赵匡胤早年凭借一根齐眉铁棍,纵横四海,据《北拳汇编》所记:"少林派亦称外家,赵匡胤其开山始祖也。匡胤挟其奇技,秘不示人,而醉后曾与群臣具言其奥蕴,寻悔之,又不欲食言,卒置其书于少林寺神坛中。"不仅唐代皇帝恩庇少林武僧,北宋也是如此,少林寺的"太祖拳""太祖棍",据说便源于宋太祖赵匡胤。在赵匡胤的大力支持下,一度衰落的少林武术,又开始走向兴盛。

由此可见,俞大猷演练的赵本学之赵氏太祖拳、太祖棍,可追至少林武功。

俞大猷的另一位师父李良钦所教荆楚长剑,出自嵩山少林的分支——南少林派。据《洪门历史》记载:"少林寺本在河南登封少室山,福建少林寺是河南少林寺之支寺。"经专家、学者研究考证,福建历史上有泉州、莆田、福清三座少林寺。不论哪一座,都属嵩山少林寺分支寺。

泉州少林寺由救助唐王的嵩山少林寺十三棍僧之一智空建于清源山麓,"闽僧武派之始焉"。南少林寺规模宏大,庙宇十三进,寺僧千人,分为禅房、方丈、长老、住持、当家、香火、缘斋、武练、武农、武樵十个等级。所有僧人都会武术,尤以"三武"——武练、武农、武樵功夫最高。

泉州南少林寺三兴三废,最后一次废于乾隆二十八年(1763)秋,清廷下诏焚毁,"从兹无复敢修者"。直到1992年10月13日在清源山凤山之麓奠基重建,1997年10月首期工程竣工,完成大雄宝殿、五观堂、僧舍等建筑工程。

北宋进士、泉州南安人刘昌言有诗咏南少林寺道:"智空武击法闽中,王氏附梁毁此宫。遗迹清源兴国建,泉南到处少林风。"

因有智空前来泉州传授少林武术,也因有这座南少林寺,闽南一带,习武成风,逐渐形成南派少林武功。当地乡村,到处可见两座馆——南曲馆与拳头馆。南曲即南音,一种兴盛于唐朝的乐曲,由中原传入,与本土文化融为一体,用闽南语演唱,是中国现存历史最为悠久的汉族古乐,闽南百姓几乎人人会唱,自娱自乐。拳头馆,即习武场所,教与学皆为少林拳法与棍法。当然,百姓还会就地取材,利用生产工具如扁担、锄头、铁锹、镢头等,创造发挥,来一些"自选动作",久而久之,便形成了泉州南少林独特的武功。

南少林功夫具有深厚的民间基础,那些专业武术师,一个个无不身怀绝技。同安人李良钦便是其中的佼佼者,而刻苦好学的俞大猷,更是超过师父,达到了"剑术天下第一"的程度,形成了具有闽南特色的"俞家棍"。他还加以总结,将其上升到理论高度,根据俞家棍法,在戎马倥偬之际,花了十多年时间,撰成武术专著《剑经》,于嘉靖三十六年(1557)首次刊行,一并印行的还有俞大猷的另外三部兵书《射法》《营阵四形》《发微四章》，总名为《韬钤续篇》。可见俞大猷不仅是名扬四海的抗倭名将、武林高手，还是声誉卓著的武术及军事理论专家。

《剑经》一万多字，主要讲的就是棍法，共一百二十条，分总诀、步法、技击法三部分，并兼射法与阵法。俞大猷根据历年来的实战经验，总结所练棍法精要，吸收前人及当时各派武术特点，提炼出具有规律性、普适性的技击规则。一册在手，棍法的基本原理、原则及方法尽在其中。

《剑经》文字简洁、通俗易懂，却又高度凝练，往往寥寥数语，即能道出真谛，易于诵读记忆。比如开头四首总歌诀，便言简意赅地包含了棍法的刚柔、动静、虚实及对阵、战术、技巧等方面的内容：

中直八刚十二柔，上剃下滚分左右。打杀高低左右接，手动足进参互就。

刚在他力前，柔乘他力后。彼忙我静待，知拍任君斗。

阴阳要转，两手要直。前脚要曲，后脚要直。一打一揭，遍身著力。步步近前，天下无敌。

视不能如能，生疏莫临敌。后手需用功，遍身俱有力。动时把得固，一发未深入。打剪急进凿，后发胜先实。步步俱要进，时时俱取直。更有阴阳诀，请君要熟识。

《剑经》一出，因其言棍法不言之秘，传武家不传之妙，受到武界、军界的极力推崇。明代军事家何良臣认为当时流行的几十种棍法中，以俞家棍法为首，"棍法之妙，亦尽于大猷《剑经》"，只要悉心研究操练，"久则自可称无敌"。戚继光不仅向俞大猷学习棍术，还用于培训操练戚家军，他称《剑经》为"千古奇秘"，"其最妙者只在一得手之后便一拿一戳,如转圆石于万仞之山,再无往歇",并将其收入他的军事理论著作《纪效新书》之中。

俞大猷的棍法源于嵩山少林寺,但毕竟经过了漫长的传承与辗转,他想亲眼看看、直接了解祖庭功夫,并且怀着一颗谦恭之心,想一探少林棍的精妙,取长补短,掌握真诀,使俞家棍的水平得到进一步提高。俞大猷时年五十九岁,马上就要进入花甲之年了,如不顺道探访,这辈子,恐怕就再也没有机会了,这将给他留下难以弥补的终身遗憾。

于是,他风尘仆仆地从山西赶来了。

听说俞大猷前来,少林寺住持小山上人非常重视。俞大猷天下闻名,是武林一致公认的无敌高手,军界威名赫赫的平叛、抗倭名将,三四年前刊行的《剑经》,如今已传播开来,好评如潮。况且,俞大猷的个人武功、理论著述都与少林寺有着密不可分的历史渊源,他的到访也是重振少林雄风、提升少林威名的一个绝好机会呵!

小山上人,法名宗书,号大章书公,又称小山宗书大师,是少林寺第二十四世传法住持。据说他曾督率少林武僧,慨然出征,抗击倭寇。可见小山上人虽为佛门弟子,但他关心世事,关注民瘼,是一位富有正义、敢于担当的和尚。因有过抗倭经历,小山上人对俞大猷更是钦佩仰慕不已,也想在他面前好好展示一番少林风采。他将禅寺所有武僧召集在一块,在平日刻苦演习的基础上,再加以强化训练。

俞大猷一到,小山上人亲往迎候。宾主一番客套寒暄,渐入正题。

俞大猷说诸般武艺,宗于棍法,而天下棍法,又宗于少林,敝人仰慕已久,愿能一睹其详。

小山上人也不推辞,马上集合武僧一千多人,开始演练棍法,各人都使出了浑身解数。

少林棍法一个最大的特点，便是快速勇猛，密如急雨，气势盖人，棍打一大片。一千多名长期刻苦精练的武僧排成阵势，齐出长棒，左挥右舞，喊声震天，气势之壮，可想而知。

一番演练，小山上人以为会得到俞大猷的赞赏，没想到他神色严峻，沉默不语。

小山上人望着俞大猷，也不便多说什么。

过了好一会，俞大猷才道："这种大规模的棍术表演，多少有些花架子，可否进行实战对练？"

小山上人闻言，当即挑出数十名武功高强的和尚，让他们对阵厮杀。

演练完毕，俞大猷不由得一声长叹道："少林寺以棍术闻名天下，但哪怕再好的东西，传得太久，也会出现讹误。少林棍法的真诀，如今已全部丢失了。"

得知少林棍法真诀已失，小山上人从善如流，马上请俞大猷指教，众武僧也一片附和。

关于此次探访，俞大猷本人在两处地方有所记述，其一为《新建十方禅院碑》："予昔闻河南少林寺，有神传长剑技。嘉靖辛巳岁，自北云中奉命南征，取道至寺。僧负其技之精者，皆出见呈之，予告其住持小山上人曰：'此寺以剑技名天下，乃传久而讹，真诀皆失矣。'"另一处见于《诗送少林寺僧宗擎有序》："予昔闻河南少林寺有神传击剑之技，后自云中回，取道至寺。僧自负精其技者千余人，咸出见呈。予视其技已失古人真诀，明告众僧，皆曰：'愿受指教。'予曰：'此必积之岁月而后得也。'"

两处记载都过于简略，笔者以为，仅凭俞大猷一句"真诀皆失"，哪怕小山上人出于礼貌表面认可，而其他武僧不一定服气"买账"。常言道，是骡子是马拉出来遛遛，他们定会请求俞大猷演示一番保有少林"真诀"的俞家棍。尽管俞大猷年届六十，但精力与年轻人无异，而棍法之娴熟精妙更是无懈可击。在众人的邀请下，他不便拒绝，只得脱掉外衫，操起长棍，使出平生功夫演练一番。长棍上下翻飞，疾如闪电，俞大猷的身子配合着，前后左右，腾挪闪跳，攻守有道。长棍越舞越威风，如出水蛟龙，旋成团扇状，连水都难以泼进。俞大猷果然名不虚传，众僧看得眼花缭乱，不禁大声叫好。

俞大猷演练完毕，千余武僧，大半心服口服，但仍有数名争强好胜者，提出与俞大猷捉对厮杀。

小山上人假意拦阻，但见俞大猷二话不说，便与挑战者对练起来。不到几个回合，数位强悍武僧全都败于俞大猷神棍之下。

他们不仅见识了俞大猷"天下第一"的盖世武功，也见识了什么是真正的少林棍术。

若从武林及江湖"规矩"而言，俞大猷的展示与对练不可或缺。但这两处叙述只字未提，实与其为人低调、虚怀若谷有关。如果记叙俞家棍的展示与对练，必然状写少林武僧的败落，如此一来，便会突显自己武功之高强，实与大猷为人处世的原则相违背，故此略而不记。

作为一名武林高手，俞大猷的武德同样令人肃然起敬。在菲律宾等东南亚国家的武术团体中，至今仍流传着一则"俞大猷比武"的故事，并被当地教练视为教育学员的生动教材。

故事说的是俞大猷少年时与一位同伴比武，他先胜了两个回合，第三回合之时，眼看同伴渐渐不支，为给对方面子，俞大猷故意摔倒在地。同伴对他的谦让"武德"心知肚明，不禁心服口服，便长期追随、效命于他，抗倭平暴，转战南北，不离不弃，立下大功。

笔者见到这则故事，萌生出考证的念头，遗憾的是，手头一直没有确切资料证实俞大猷的这位少年同伴到底是谁。

回到俞大猷对少林寺的探访,宾主一番演练过后,大猷换上芒鞋(由植物叶子或茎秆编织的一种草鞋),备了一根竹杖,在小山上人的陪同下,参观大大小小的寺庙。他们来到禅宗始祖达摩面壁的石洞,游览嵩山金乘珠藏、龙步虎音等景区。两人走着聊着,俞大猷见到少林寺对面有一块山地,地形奇特,风水颇佳,便指着对小山上人说:"如果在这里建造一座小院,可为少林寺增添一处胜景。"

小山上人当即回道:"建造小院并非难事,由我来承担就是,马上平整土地,开拓地基,着手建设。只是少林武功真诀失传,令我担忧,看来非得俞公帮我们传回不可了!"

俞大猷说:"要想找回少林真功,并非一朝一夕开悟可成,得耗费一定时日,勤学苦练才行呵!"

"俞公朝命在身,不可久留敝寺,那……"小山上人欲言又止。

俞大猷慨然说道:"回传少林棍术,是我义不容辞的责任,定当早日完成,请大师放心!"

小山上人闻言,不禁欣喜万分:"那就拜托俞公了!"

两人商议,由俞大猷挑选两名武僧带在身边指导教练,待真正的少林武功学成,然后返回嵩山,传给其他武僧,以使真正的少林真诀传承下去,绵延不绝。

俞大猷从一千多名武僧中选出年少勇敢、武功高强、可塑性强的宗擎与普从二人,让他们作好准备,以便一同上路。

俞大猷一行离开少林寺时,小山上人对弟子宗擎、普从免不了一番嘱咐,希望他们不负众望,早日回传镇寺法宝——少林棍术。

此后,俞大猷长期将宗擎、普从带在身边,出入阵营,一有空闲,便"谆谆示之",毫无保留地教他们少林棍密诀。

他们俩一边刻苦练习,一边帮助俞帅培训招募的新兵,武艺不断长进。

一晃三年时间过去了，宗擎、普从二人终于学得少林棍真诀，虽未达到得心应手之神妙，但也掌握得十分娴熟，长剑指处，所向披靡。便按小山上人所托，请辞北归，以传授剑技……

此事过去十四五年之后，即万历五年（1577）四月，俞大猷在京师神机营训练车兵，士兵报告有一僧人求见。大猷召见，来者不是别人，正是随他南下学习少林棍术的武僧之一宗擎。他乡遇故旧，俞大猷十分高兴，他正想了解少林武功的回传情况呢，师徒二人不禁聊开了。从宗擎口中，大猷得知，他们两人告辞北归，一路跋山涉水，普从不幸中途染病，不治身亡，仅他一人回到少林寺。这些年来，宗擎一直不忘恩师嘱托，以所学真诀，广授少林寺僧，他们大都学得少林正宗棍法。去年二月间，宗擎前来京城戒坛受戒，滞留未归。昨天闻知恩师提调京营车兵，今日一早，便迫不及待地赶来叩见。

一番努力，终于有所收获，俞大猷甚感欣慰。他拿出一册重新刊刻的《剑经》送给宗擎，告诫他艺无止境，勉励他锲而不舍、精益求精。并赋诗《诗送少林寺僧宗擎有序》相赠，诗曰：

学成伏虎剑，洞悟降龙禅。
杯渡游南粤，锡飞入北燕。
能行深海底，更陟高山巅。
莫讶物难舍，回头是岸边。

不久，宗擎要离京南下，归返嵩山少林寺，前来京营与恩师告别。俞大猷感怀不已，再作一首《少林寺僧宗擎学成予剑法告归》相赠：

神机阅武再相逢，临别叮咛意思浓。
剑诀有经当熟玩，遇蛟龙处斩蛟龙。

过不多久，又有一位名叫普明的少林寺僧前来拜访。他告诉俞大猷，寺前的那块山地，原拟盖一座院子，小山上人正在施行，尚未完成，便圆寂了。幻休大师是小山上人的得意弟子，就任第二十五代传法住持后，想继续盖院，便命普明负责完成。普明是少林寺无空大师的嫡孙。无空大师又称匾囤禅师，法行高深，常外出云游四海，广泛结交，致力于弘扬少林禅法，僧俗两界，弟子众多，在佛教界颇具影响。普明接受任务之后，唯恐财力、物力不够，辜负大师期望，便前来京师，找到无空大师的俗家弟子——御马监太监张公暹、卢公鼎、高公才三人。他们各自捐出自己的薪俸，资助建院。经过众人的一番努力，如今院已建成，取名十方禅院。若追溯此院最初缘起，始于俞大猷的建言，佛家注重因缘，因此，当十方禅院落成之时，幻休大师便命普明前来京师，"乞名公赐文勒碑，以垂不朽"。

俞大猷认为十方禅院由普明上人主持施工，三位朝廷内相资助，才得以落成，应日夜焚香祝颂：一祝万历天子万岁；二愿四海之内，物阜民丰；三则寺院建成，四方游僧，来往客人，有所栖止；四因宗擎广授少林棍法真诀，此院后进之行者，当以忠义报效之心，随时为国家社稷服务。有鉴于此，俞大猷十分乐意为新建禅院撰文纪念，便以自己所历所闻，详细叙述少林棍术回传及十方禅院落成经过。如今，这方《新建十方禅院院碑》仍存于少林寺内。

据相关史料记载，当时著名的少林长剑高手，除宗擎外，还有洪转、昔从、洪纪、宗岱、宗想、广按等近百人。他们都由宗擎辗转相授，其中洪转不仅技法最精，还著有《梦绿堂枪法》一卷传世。

由此可见，嵩山少林寺至今仍有正宗少林棍相传，实得力于俞大猷教授阴阳变化真诀，宗擎予以回传之功。

第十一章　怀柔边民

一

嘉靖四十年（1561）三月，俞大猷从山西大同出发，顺道探访少林寺，带着宗擎、普从继续南下，历经两三个月的长途跋涉，终于于夏天抵达湖广镇筸参将的任职所在地——湖南五寨（今湖南湘西土家族苗族自治州凤凰县沱江镇）。

镇筸参将，旧为镇筸守备，正德八年（1513）设立，嘉靖二十三年（1544）改设镇筸参将。该职管辖范围较广，"统御常德等六卫、永顺等宣慰司、施南等宣抚司、筸子坪等长官司及镇筸九永等二守备、贵州铜仁等长官司及守备四川酉阳、宣抚、平茶、邑梅等长官司"。

俞大猷被朝廷任命为镇筸参将，实得力于巡抚都御史黄光升的大力推荐，他说："大猷用兵如神，我在广东任职时，发现他平安南叛臣，谋划有方，布局得当，从来没有失算过。发兵之日，廉州太守问他，安南贼何时能平？大猷说：'四十天后我凯旋，还会在这个地方与你相见。'事实果真如此！如此大才之人，却没有受到重用，希望能任命他为我部副将。如今楚地苗民暴乱，占地为王，入山为寇，作战强悍,难以征剿,但他们昔日都被俞大猷调遣过,随他一同出征平叛。如果令大猷前往任职,以他的威望,必能招抚成功。"

黄光升的预言很快就得到了证实。苗民听说俞大猷担任镇箪参将,还没等他征剿或招抚,就先自互相告诫说,俞公恩重如山,再也不要闹事了,还是回家安心种田,或是继续干过去的营生去吧!

俞大猷以其威望,不动半分军饷,不费一兵一卒,就将一场暴乱平息下来,这也称得上中国古代史上的平叛奇迹了。

镇箪平静,苗民相安无事,俞大猷在五寨肯定待不长久。他的身影,总是出现在那些多事之地。

嘉靖四十年(1561)七月十五日,朝廷再次颁旨,命令俞大猷以湖广镇箪参将署指挥佥事,充参将分守江西南赣等处。

南赣,位于江西南部,主要包括赣州、南安两府,东、西、南三面分别与福建、湖南、广东接壤。这里山高路远、地旷人稀,"汉唐以前,率以荒服视之"。明初学者、内阁首辅杨士奇在《送张玉鸣序》中对这一地区生动地描写道:"赣为郡,居右江上流,所治十邑皆僻远,民少而散处山溪间,或数十里不见民居。里胥持公牒征兆,或行数日不底其舍,而岩壑深邃,瘴烟毒雾,不习而冒之,辄病而死者常什七八。江水险急,滩石如虎牙森立。"明中期以后,随着大量流民的到来,这里的人口逐渐增多起来。但因位于四省交界之处,交通不便,管理不善,盗贼、流寇活动频繁。弘治八年(1495),明廷为对付这里的盗贼与暴民,设立南赣巡抚,统辖闽、赣、湘、粤四省边界地区。辖区虽时有变动,但基本稳定区域包括江西赣州府、南安府,福建汀州府、漳州府,广东潮州府、惠州府、南雄府、韶州府,湖南郴州等地。

此时,在广东饶平、大埔等地,发生了一场以张链为首的大规模农民起义,人数达数万之多。他们并非一般的打家劫舍,而是公开与明政府对抗,攻占了江西、福建不少州县。明廷紧急下令,准备从江西、福建、广东三省征调二十万大军,前往饶平、大埔等地围剿。

俞大猷在广东、福建、江西威望甚高,成为平暴的首要人选,因此命他充参将分守江西南赣。

嘉靖四十年九月初五,俞大猷接到这一新的任命,马上领旨赶往治所赣州。刚刚上任,又逢程乡(今梅州市)盗贼猖獗。"闽广之贼倡乱,巢穴固多,而程乡为甚,程乡贼垒联络。"(天启《虔台志》卷七)于是,俞大猷先行参与会剿程乡盗贼的战斗。

这场武力围剿由闽、粤、赣三省联手,两广总督张臬、福建巡抚刘焘、镇守总兵陈玉谟经过协商,决定一致采取行动。于是,从广东调田州目兵三千、土兵一万,命令参将张四维、守备王诏统领,从东石进军;从福建调武平兵五千,下令千户贾瑞率领,从叶田进军;从南赣调会昌兵五千、安远兵一万,由参将俞大猷、坐营张斌、指挥董训统领,从河坪进军。三万多征调的官军队伍,分三路向程乡进发。

其实,程乡盗贼多为为生活所迫的流民与当地农民,为了生存,他们不得不聚众起义。以三万多经过训练的军队,对付一群手拿锄头、镢头、铁耙、扁担、弓箭、渔叉等工具作为战斗武器的农民、猎人、渔民,官兵势如破竹。

俞大猷初战告捷,所率南赣兵攻破起义军巢穴五座。

经过数日战斗,三路官兵攻破起义军构筑的所有坚固堡垒,数名首领被杀,程乡暴乱就此平息。

二

嘉靖四十一年(1562)四月,俞大猷以参与剿杀程乡贼首梁宁、徐东洲、朱寿温、冯四子、苏小敬、蓝松山、王子云等被叙有功,接着又奉命征讨"巨寇"张琏。

广东饶平，一直为强盗猖獗之地。张琏被称为"巨寇"，在于他作乱已久，根基深厚，并联合其他起义首领，营构巢穴，蚍结蚁附，连成一片，相互称乱。不仅如此，张琏还自行建造官府，任命官职，设科置历，居室、服装都有所僭越，建立小朝廷，国号"飞龙"。因为天远地偏，张琏起义一直没有引起明廷重视。直到福建盗首饶表，广东盗首梁宁、林朝曦等联合进攻吉安，杀害官员与副将，势力日盛，引发周边地区民众蜂拥响应，才引起了巡按广东御史蔡结的高度重视，上书朝廷，论及张琏之事，请诏三省会兵围剿。

从广东、福建、江西三省征调的数万大军，分六路向饶平进军。

据史书记载，张琏"性狡黠"，"初为库吏，盗库银，杀人亡命，投靠贼郑八为乱"。可见张琏天资聪颖，计谋多端。传说他在饶平县为库吏时，监守自盗，并私刻印玺"飞龙人主"一枚，沉入县城四方塘中。然后四处传播消息，说仙人托梦，天降神物于池塘，寻得此物者具有帝王之福。一传十，十传百，一时间，不少人前来四方塘打捞，一池清水很快被搅浑，但印玺却不见踪迹。张琏也在无数打捞者之中，正当众人失望，怀疑传言真伪之时，印玺竟奇迹般地出现在他的手中。张琏事先将其放置在一个隐秘角落，关键时刻"亮相"，自然不费吹灰之力。但此种情形下获得印玺，也就等于向众人宣示，他是一位具有帝王异相的贵人。古代生产力低下，对神鬼之事颇为迷信，张琏通过这种非常手段，获得了当地民众的认可与崇拜。等到他杀死劝说他为善的族长，投奔白扇会起义首领郑八时，一入伙就做了副寨主。郑八死后，张琏理所当然地坐上了第一把交椅，开始扩大势力，攻占附近州县，并在饶平上饶乌石建造城堡，在柏嵩关张项山建筑宫殿，设坛祭拜天地称帝，建立"飞龙国"，号"飞龙人主"，做起了他的帝王梦。

就在粤、闽、赣三省官兵向广东饶平集结之时，张琏正率领部众倾巢出动，攻占福建平和、云霄、南靖等县，向漳州进犯。以常规而论，首领不在，老巢空虚，可乘机攻取。于是，胡宗宪紧急督令各路军马：盗贼弃巢出动，自投死地，诸将宜速出兵攻击！如果等他返回老巢，据险自守，必定难攻。

胡宗宪虽为浙直总督，但管辖范围并不仅仅局限于浙江、直隶二省。因倭寇为害剧烈，为便于协调作战，于嘉靖三十三年（1554）设置的这一官职权倾东南，辖区虽时有变化，但主要包括南直隶、浙江、山东、福建、广东、广西、江西等地。俞大猷任职南赣，自然也在其管辖范围之内。

此时，其他各哨尚未集结，唯独俞大猷率领的一支队伍正逼向张琏老巢。面对老上级的命令，俞大猷不禁左右为难。就当下的实际情况而论，张琏率兵外出，妻子、财宝全在老巢，并非弃巢而去。俞大猷善于攻坚，拿下张琏老巢并非难事，只是这样一来，张琏肯定会逃遁远去，将飘忽不定，四处为害，那时就难以追剿了。如果命令大军全数压向张琏老巢，造成一种声势，他必定回兵相救。等他归来，再以数万之师发起猛攻，势如摧枯拉朽。因此，俞大猷认为，不妨等张琏回军相救，将其死死困住，予以全歼。

上次追剿舟山余倭，胡宗宪怪罪俞大猷，结果惹出一场牢狱之灾。此次如果违令，情况又将怎样？其实，依照胡宗宪的命令行事十分简单，俞大猷在其他各哨未到的情况下，可出奇兵，建奇功，若换成他人，简直求之不得。但是，如果这样，张琏流窜各地，将引发"东南骚动"，遭祸害的还是百姓，大猷实在于心不忍。因此，哪怕再次获罪，他也顾不得了，便将自己的真实想法上呈总督胡宗宪："明公谓琏贼出劫，使急击，毋反巢，上策也。大猷谓明诏三省会征，必有所在，岂其使二十万众，从一夫浪走？若其奔窜流杀，为祸滋大。

琏虽离巢,财宝妻子在也。攻而致之,孰与走逐之?"

胡宗宪接札,认为俞大猷分析有理,全奸盗贼的战法可取,不仅没有斥责他有违节制,反而听从了他的建议。

张琏所建老巢柏嵩关,位于广东饶平县北部上善镇(今上饶镇)与福建平和县九峰镇交界之处,属粤、闽通道之咽喉,这里高峰耸峙,易守难攻,有一将当关、万夫莫敌之险。

俞大猷率部离张琏老巢越来越近,他决定占据有利地形,为日后围剿赢得先机。柏嵩关位于万山丛中,地势险要,越往前进,道路越发崎岖陡峭,人马越难行走。部将面有难色地说道:"山径斗绝,谁敢先登?"俞大猷闻言,大声说道:"跟我来!"他一马当先,率一万五千官兵攀山越岭。

嘉靖四十一年(1562)四月十九日,俞大猷率军占领当地最高峰柏嵩岭。从这里可以俯瞰张琏老巢,将对方的举动一一收入眼底,从而采取相应行动。

其他各路大军陆续赶来合围,张琏闻报,果然率领所有人马,从漳州匆匆回师饶平,退保老巢。

这时,除广东兵迟迟未到之外,其他几支人马都已到位,将张琏老巢围得水泄不通,插翅难逃。

俞大猷对付盗贼、暴民的态度,一直都是剿抚结合。他站在柏嵩岭上居高临下,发现张琏兵营依山环建,绵延数里,周围草木茂盛,宜于火攻。他命人于敌营就近处点火烧山,火势蔓延开来,越烧越旺,数百座军营化为灰烬,包括张琏作为宫殿的"朱城黄屋",也被悉数烧毁。他又乘火势蔓延、对方混乱之时,连连发起进攻,斩杀、俘虏一千多人。

然后,俞大猷开始不失时机地进行招抚。他采用攻心战术,派人到各营寨喊话,用弓箭发射传单,动摇敌军军心。

营房被烧，张琏所部惶恐不安，加之从四面八方源源不断赶来的官兵队伍已将柏嵩关围成铁桶一般，得知自己处于难逃灭亡的困境之后，依附张琏的两万多党徒，不禁十分惧怕，纷纷寻找出路。

五月初九未时（下午一至三点），一群人举着旗帜，试探着前来挑战突围。浙江把总陈其可独自一人策马向前，向他们劝说道："首恶必办，协从不问。朝廷只想抓获张琏，其余从宽。如能绑来张琏投诚，将奖赏万金，赐爵万户。如今你们危在旦夕，何不早寻出路？难道要跟随张琏一同被千刀万剐吗？俞将军威震天下，想必你们也有所耳闻，他正直守信，一诺千金。你们何不乘此良机，绑缚张琏，立功赎罪呢？"陈其可一番入情入理的游说，使得这些人心有所动。

五月初十凌晨，敌营过来两人，告知张琏老巢的具体情况。俞大猷亲自接见，写了四张恳恻票（一种投降凭证）交给他们，每人又赏白银一两，嘱咐他们回营策反。

不久，困守岭底老巢的酋长郭玉镜、袁三乌、刘纲等人回话，自愿为俞大猷效力。经过一番商议，决定引诱张琏与官员作战，他们在阵后发动兵变。

五月十二日，张琏果然亲率部众前来挑战。俞军前锋应战，两军格斗，喊杀声在山谷间震动回荡。张琏自从退回饶平，节节败退，积郁已久，此番争战，恨不得立马报仇雪恨，锐气颇盛。俞军前锋皆精锐之士，武艺高强，纪律严明，双方搅在一起，杀得难解难分。

就在这时，郭玉镜、袁三乌、刘纲率领手下人马，突然从背后进攻张琏。两军战斗正酣，张琏根本没有防御背后，瞬间溃败。前有俞军，后有叛军，张琏进退失据，走投无路，只好束手就擒。一同被擒的，还有另一首领萧雪峰。

得知贼首被抓，一直持观望态度的数万广东官兵在两位参将的率领下前来争功,抢走张琏。

众部将愤愤不平,准备出兵夺回。他们受欺,出于一种本能的冲动想要反击,也情有可原。俞大猷劝道:"我所担心的是盗贼不灭,祸害百姓,至于被谁抓获,并不重要。"但仍有将领不服,说广东兵欺人太甚,就是拼命,也要夺回张琏。俞大猷统率的一万五千人马从江西各地调来,有的并非他的部下,只是临时节制而已。这些将领叫着嚷着,不听劝阻,马上就要带兵出击。江西兵与广东兵争抢战俘,结果会怎样?肯定是两败俱伤。俞大猷见状,不禁抚桌大骂:"谁敢争斗,格杀勿论!不管是江西兵抓获张琏,还是广东兵擒拿张琏,只要叛乱平息,我们的目的就达到了,何必争此功劳?!"

一向和善的俞大猷竟然忍不住骂人了,可见他是真的动怒了。

俞大猷一发怒,大家全都闭嘴,谁也不敢多说什么,自然也没有谁胆敢争抢战功了。

对此,明代学者、地理制图学家罗洪先有诗赞道:"暗投奇计无坚垒,早缚名酋却让功。"

为示恩信,俞大猷践行前诺,遣散张琏党徒两万多,不杀一人。

饶平人感念俞大猷的恩德,专门建祠祝祷,并在仙山留有"俞大猷生擒张琏"的摩崖题刻以作纪念:"明嘉靖肆拾壹年壬戌孟夏拾捌日,漳南道佥事、金浙都督俞大猷,都师谢敕,帅师由此进征饶平,逆贼张琏等首从俱就擒戮,次日尽班师。"

关于张琏的最后结局,尽管这一至今保存完好的摩崖题刻及主要史料确凿无疑地记载已被"擒戮",但也另存一说,张琏并未被抓获,而是逃到了三佛齐岛国,在那里任国王或蕃舶长。据《中国人名大辞典》所记:"琏潜逸入海,夺据三佛齐,自为国王。"另有《明史稿·列传》《明史稿·外传》《图书集成方舆汇编·边裔典三佛齐部》等书记载:"嘉靖末,广东大盗张琏作乱,官军已报克获。万历五年商人诣旧港者，见琏列肆为蕃舶长，漳、泉人多附之，犹中国市舶官云。"

不论张琏个人结局如何，但在俞大猷等人的抚剿下，他所建立的"飞龙国"土崩瓦解、灰飞烟灭，饶平百姓又回到了安居乐业的正常生活之中。

嘉靖四十一年（1562）六月，因平定张琏有功，朝廷下旨："参将俞大猷就近转升副总兵，随带所部南赣、南韶、惠、潮、汀、漳、郴、桂、抚、吉各府州县募兵二千，旗军一千，营于新县，各路参备等官听其节制。"（天启《虔台志》卷七）

三

俞大猷在转战南北的平叛中，积累了丰富的经验。东南各地，农民起义此起彼伏，特别是那些边远地区，往往剿灭之后，不过数十年，又会爆发一次新的甚至更大的暴乱。究其原因，一是没有施行教化，二是官府苛政所致。为了达到一劳永逸之效，俞大猷一直都在思考相应对策。

在南赣参将及副总兵任上，俞大猷设州置县，教化民众，成效显著，功不可没。

刚一上任，他就在提督南赣都御史陆北川命其陈述会剿事宜的一封回揭中写道，大军进剿，"一齐进攻，真如泰山压卵之形，烈火燎原之威，岂有不糜烂焦枯者乎？尝见两广及湖、贵地方，从来大征，大略如此。如苗、黎之山，可谓险矣，其徒可谓众矣。兵进之时，有据山为巢以自固者，亦终当破灭。其实不见有聚众一大支，与官兵接战，及流突远出者。盖官兵抵巢，各贼之心在于保父母妻子，惟逃生之不暇，而自无固志耳。惟兵后不善处，则数十年生聚，又有一次之乱，乃其山势之使然。天下事，不一劳，不能永逸。若姑息翫视，迁延岁月，其所费既不止于一劳，而终又不能免乎一劳之费也"（《呈提督军门北川陆公揭二十一首》之《论用向导计度兵粮》）。

百姓聚众，占山为寇，官兵一至，不难剿灭。他们反叛，其目的只为生存，保父母妻子家庭而已，根本不想与官兵顽抗到底，更没想到离开家乡逃遁远方。即便起义头目，像张琏那样有异志建国做皇帝梦的，毕竟少之又少。问题的关键，在于做好剿灭之后的安抚工作，使其数十年之后，安居乐业，不再叛乱。

为此，俞大猷在《呈提督军门北川陆公揭二十一首》之《议建州》中提出建立州县之策，杜绝闽、粤、赣三省盗贼之源，以图长治久安："照得江西、广东、福建三省合界山中，近年以来，盗贼生发，至有数万，见议征剿于中。有一征剿而永无后患者，有用兵之后所当善处以为永久之图者。如潮州府饶平县之三饶地方，去县治不远，南滨海边大路，其中田地丰饶，礼义教化所及，自古以来未尝为乱。近因张琏一人倡祸，不早剪除，乃至今日。故职谓，一征剿而永无后患者，此也。"他对三省交界的相关地域经过一番实地探访，在详细了解各县、乡的基础上，对如何建州，县乡如何划分，提出具体建议："此州既立，得一贤州官，则一年之内，教化可行。于各为乱之村，其安远县黄乡等处，设立铺递，州官往府，县官来州，及一切公差人役往来，俱经其地。则三年之内，皆为衣冠文物之区矣。故职谓用兵之后，所当善处，以为永久之图者此也。但行勘之际，各县之官或有以割地为难，而偏执阴沮其事者必多。独不思征剿之师，乃仁人万不得已之举。永久之图，而利溥，其功远，省日后无穷之费，活千万年元元赤子之命，诚今日有地方之责者，所当矢心以共成其美者也。"

他在给提督南赣都御史陆北川的另一揭《添设上杭三图县治》

中,建议在福建上杭县溪南三图之地,割上杭、永定两县之地,别立新县。因为此地位于闽、粤两省交界之处,东接福建永定县,西邻广东程乡县,北仰上杭县,南联广东大埔县,"四面相通,易于诱惑,兼以恃险,不免作乱"。一百多年以来,每年秋冬之际,都有一二千人在此聚啸行劫。新县设立,可在县令的教化督导下,以道德礼义改变当地恶习旧俗,以达长治久安之效。

在俞大猷的多次建议与请求下,嘉靖四十一年(1562)五月,朝廷终于批复建立平远县(今属广东梅州市所辖)。又在兴宁、程乡、安远、武平之间,建造一座名为"伸威"的新城。俞大猷转升协守南赣汀漳惠潮副总兵,驻所便在伸威城。

就在这年五月,内阁首辅严嵩被罢免,其子严世蕃被逮捕。

严嵩是中国古代历史上的十大奸相之一,史书提及严嵩,总是将他与儿子严世蕃并列,说他们父子专横跋扈、贪赃枉法、结党营私、打击异己。其实,在封建皇权专制社会,严嵩虽贵为首辅,也不过朱家的一名奴仆而已,嘉靖帝对他一面重用,一面严加防范。"帝虽甚亲礼嵩,亦不尽信其言,间一取独断,或故示异同,欲以杀其势。"严嵩的日子一直过得不甚安稳,"朝夕直西苑板房,未尝一归洗沐"。他知道,只要主子稍不高兴,就会堕入万劫不复深渊,不得不小心翼翼、诚惶诚恐地加以服侍。

胡宗宪实由严嵩义子赵文华督师江南时举荐,才能屡获升迁。因此,朝廷内外,都将他视为"严党"。嘉靖三十六年(1557)九月,赵文华因贪腐骄横、主持建造西苑阁逾期未能完工等原因惹怒嘉靖帝,下旨将其革职为民。赵文华"意邑邑不自聊",不久自杀。嘉靖四十一年(1562)五月,严嵩父子倒台,一场清算"严党"的运动随即展开。内阁首辅一职由大学士徐阶继任,在他的授意下,南京户科给事中陆凤仪上书弹劾胡宗宪,列举其贪污军饷、滥征赋税、党庇严嵩等十大罪状。嘉靖帝接疏,转吏部责成巡按御史勘报,与此同时,马上罢免胡宗宪所有职务,命锦衣卫派人前往浙江押解至京。锦衣卫阎金吾到达杭州时,适逢胡宗宪从福建视师返回,马上用械具将其铐住。

俞大猷得知胡宗宪被逮捕,不计前嫌,马上发书慰问。

胡宗宪遭到刑拘,引得朝廷上下一片哗然,"三军愤愤不平",百姓沿途拦阻,朝臣奔走呼号、斡旋相救。对此,嘉靖帝不得不体察民情,念其抗倭功绩,为他辩白,"宗宪非嵩党,自御史皆朕升用,任事已八九年",并网开一面将他释放,令其闲住。

胡宗宪回到故乡安徽绩溪县龙川村,一边优游山水,"绝口不言往事";一边在嘉靖帝寿诞之日,献上"秘术十四",以图东山再起。然而,一次抄家事件将他牵连其中,使他顿时陷入灭顶之灾。

嘉靖四十四年(1565)三月,曾在胡宗宪手下任职的罗龙文,被指控与严世蕃一同潜逃,遭到诛杀,其家被查抄。罗龙文是胡宗宪非常信任的将领,曾打入海盗徐海营垒进行策反活动,抗倭屡建奇功。直隶巡按御史王汝正奉命对罗龙文抄家时,意外发现一封胡宗宪遭弹劾时写给罗龙文的信函,希望由他出面,贿赂严世蕃,以作内援。更要命的是,信中还附一道胡宗宪代嘉靖帝拟就的"圣旨"。私拟圣旨,属十恶不赦的欺君大罪。

其时,内阁首辅拥有票拟权,严世蕃长期值宿内阁,代替父亲严嵩草拟圣旨。胡宗宪的本意,并非"妄撰圣旨",也无从颁发,他之所以模仿皇上口吻写下这道所谓的"圣旨",是为严世蕃替他开脱票拟时作为参考。但此信寄给罗龙文后,"会世蕃被罪,书未达仍匿龙文所"(《明名臣言行录》)。

王汝正抓到把柄,为了立功,立即上书弹劾胡宗宪:

> 宗宪昔与王直交通，每藉龙文为内援，相与诪事世蕃，故事久不发。今蒙恩放归之后，不思补过，愈猖狂招集无赖，横暴乡里，其罪不减于世蕃、龙文。乃二犯已正明辟，而宗宪独以幸免，恐无以服天下之心。

这封奏章对胡宗宪来说不啻致命一击，嘉靖帝阅后大怒不已，立即降旨将胡宗宪再次捉拿至京审讯，并将其次子——世袭锦衣卫千户胡松奇革职为民。

胡宗宪被关押狱中，写下数千言《辩诬疏》，对王汝正的指责，一一加以辩解与驳斥。

嘉靖帝接到《辩诬疏》，没有明确表态，只是将它与王汝正的疏章一同交给法司，刑部再将这两封奏章批转巡抚操江御史勘报。

胡宗宪待在狱中，日夜盼望处置结果，但朝廷迟迟没有回复。世态炎凉的处境及悲愤交加的情绪，影响了他的身体健康，他染病在身，病情日渐加重。绝望之际，胡宗宪写下"宝剑埋冤狱，忠魂绕白云"的诗句，服毒自杀身亡（一说病死狱中）。

俞大猷得知胡宗宪去世消息，不禁说道："胡公功勋在于东南抗倭，皇上对此十分看重。即使对簿公堂，必定减刑，又怎知不会重演汉宣帝赦免萧望之的故事而获赦免呢？可他却突然离世，岂不痛哉！"萧望之，西汉丞相萧何六世孙，历任大鸿胪、太傅等官。汉宣帝即位，重用贤能之士，萧望之办事甚合帝意，接连将其提拔为谏议大夫、丞相司直，后来失宠降职。等到汉宣帝卧病不起，太子太傅萧望之再次受到重用，拜前将军光禄勋，领尚书事，接受遗诏辅政。

一连数日，俞大猷都沉浸在惋惜、悲伤与哀悼之中……

纵观抗倭将帅，从朱纨、王忬、张经、李天宠，到赵文华、胡宗宪，不是被朝廷处死，就是自杀身亡，一个个似乎都没有落得好下场。

俞大猷虽然经常获罪降职，甚至蒙冤系狱，但与他们相比，算是十分幸运的了。

第十二章　平海大捷

一

嘉靖四十一年（1562）十一月二十九日，明廷任命俞大猷为镇守福建总兵官，仍驻伸威城。

巧合的是，就在这天凌晨一至三时（古称"四更"），福建兴化府城（今福建莆田市区）被倭寇攻陷。

自嘉靖三十八年（1559）三月俞大猷蒙冤入狱，三年多来，抗倭的任务主要落在了戚继光身上。

随着王直、徐海被歼，直隶、浙江倭寇基本被清除，而福建倭患则越来越炽。嘉靖三十九年（1560），倭寇进犯福宁（今霞浦县），攻占福安；嘉靖四十年（1561），攻陷宁德；嘉靖四十一年（1562），占据永宁（今晋江东南）。整个福建，北起福宁沿海，南至泉州、漳州一带，倭寇肆虐，千里萧条。宁德的横屿、福清的峰头两地，成为倭寇长期盘踞的老巢。

为此，福建巡抚游震得不得不上书朝廷，请求派兵增援。于是，嘉靖帝昭示胡宗宪，令戚继光领兵六千，都府中军都司戴冲霄率军二千，共八千精兵入闽抗倭。

嘉靖四十一年（1562）七月，戚继光奉命入闽，在短短的三个月之内，就在其他明军的配合下，攻克倭寇老巢横屿，取得牛田、林墩大捷，基本肃清多年来入侵盘踞福建的倭寇。十月初一，戚继光班师，准备返回浙江。十月初三，戚家军抵达福清。戚继光染病，咳嗽不止，大口吐痰，暂住衙署调养，同时将战斗中负伤的数百士兵送往省城福州。十月初五，接到福清东营地方报告，一股新倭三百多人乘船在葛塘登陆驻扎。戚继光得报，马上部署兵力围剿，部队出发行军约十里，得到新的消息，又一股三百多人的倭寇已侵入牛田。此时，戚家军离牛田这股倭寇很近，决定率先对其发起进攻。倭寇猝不及防，被全歼，倭首双剑潭被斩首。其实，这两股新倭不过是大批倭寇的先头部队而已，不久，戚继光陆续接到报告，登陆福建的倭寇已达一万多人。

面对汹汹倭情，福建按察司副使汪道昆在福清一家酒楼宴请戚继光，希望他不要返回浙江，而是留在福建，继续围剿新倭。

病情已有好转的戚继光闻言，面有难色地说道："我部六千入闽，转战千里，四战四捷，斩首数千。我军阵亡虽仅百余，但伤病甚多，已达一半，能继续作战的官兵只剩三千，几个月来不断行军，连续作战，已属疲兵。且部卒皆为义乌子弟，他们第一次离开浙江，思乡心切。而数十艘倭船运来一万多新倭，以我部三千能战之兵与之搏斗，无异于以羊搏虎。"

汪道昆理解他的苦衷，但形势危急，便一个劲地给他敬酒，并三次下拜，恳请戚继光以百姓为重，留在福建。

戚继光深受感染，说出他的一番打算，先返浙江休整，以慰军心，然后再往义乌招募新兵数千，现在手下的这些士兵即可升为头目，如此一来，部队可达万余。待明年春天，再次入闽，歼灭来犯新倭。"而眼下良策，只有坚壁清野，以待援军了。"戚继光说着，拿出一对宝剑,一把自己留下,一把赠给汪道昆,以示一诺千金。

十月十六日,戚家军从福清出发,继续踏上返浙路途。

倭寇闻讯,相互庆贺道:"戚老虎去,吾又何惧!"人性之恶暴露无遗,开始更加疯狂地抢劫与杀戮。

此次入侵福建的倭寇大致可以分为南北两路,北路从浙江温州而来,会合福宁、连江等地登陆新倭,侵扰闽北等地;南路从广东南澳岛进犯,伙同福清、长乐等地登陆新倭,窜犯闽南、闽西等地。对此,《明世宗实录》(卷五百一十五)写道:"其自浙之温州来者,则合福宁、连江登陆海贼,攻陷寿宁、政和、宁德等县;自广之南澳来者,则合福清、长乐登陆海贼,攻陷玄钟所,蔓延及龙岩、松溪、大田、古田之境,无非贼者。"

福建沿海,全线告急,而以兴化府为甚。兴化府面积不大,仅辖莆田、兴化两县,但该地位于福建东部沿海地区,不仅十分富庶,晚唐以来更是福建著名的文教之乡,名儒辈出。明朝科举,莆田每科及第四人左右,正德、嘉靖年间猛增至九人,呈现出"莆文献领袖全闽"的局面。然而,莆田的繁荣富庶与文明昌盛却引来了倭寇的垂涎,成为他们入侵劫掠的重点。

嘉靖四十一年(1562)十一月初,一股精锐倭寇六千人进攻兴化府城,当地军民组织反击,倭寇多次强攻都没有得手,便将兴化府城紧紧围住,伺机而动。

福建巡抚游震得一面上报朝廷,一面就近向广东总兵刘显求援。

刘显所部主力正在江西平暴,身边士卒只有近七百人。尽管势单力薄,刘显还是毫不犹豫地率兵驰援。他赶到时,兴化府城已被围困近一个月,因兵力太少,不敢贸然突进,便驻扎在离府城东偏北约三十里的江口桥迎仙寨(今福建省莆田市涵江区江口镇锦江中学一带)。他一面督促江西主力紧急入闽,一面在当地招募新兵充实军力。没想到所募新兵之中,混入不少奸细,军中虚实,尽为倭寇探知。

为与城内取得联系,十一月二十八日,刘显派遣八名士兵前往被围的兴化府城送信。途中被倭寇截获,八名士兵遇害。倭寇搜出刘显信函加以伪造,改为"今夕且息铃柝,我有所谋",换上绣有"天兵"字样的明军服装,送信入城。守卫府城的明军官兵正望眼欲穿地盼望救兵,接信后未加分辨,信以为真,自动解除警报。当天深夜,进入府城冒充明军的八名倭寇出其不意地杀死守城士兵,打开西门,迎接早已埋伏在城门外的大股倭贼。守城明军猝不及防,陷入一片混乱,抵抗无效,城池陷落。守将毕高、参政翁时器、卫掌印指挥徐将等人缒城逃脱,同知吴世亮被杀。

倭寇涌入城中,杀人放火,强奸妇女,抢劫财物,无恶不作。为避倭寇,富庶的兴化府民众早已将所有钱财,悉数搬入城中。这也是倭寇必欲攻下兴化府城的缘由所在。兴化城陷,百姓生命财产损失惨重,据王士骐《皇明驭倭录》卷八所记:"乡宦士民男妇咸就掳杀,死者约万余,庠士三百五十,乡宦十七,举人二,太学生六,妇女义不辱而骂贼以死者,不知其几也。宝器、金玉、锦绮或传自唐宋者,咸归于贼,否则幻为煨烬。"莆籍御史林润在一封奏疏中称:"死于锋镝者十之二三,被其掳掠十之四五,流离徙于他郡,又不计其数。迩又各府(含泉、漳)疫病大作……一坊数十家,而丧者五六;一家数十人,而丧者七八;甚至尽绝者,哭声连门,死者堵路。"因死者过多,以致尸横遍野,孤城之外,千里为墟。据《林子本行实录》所载,仅三一教教主、当地乡贤林兆恩一人就葬尸五次,收埋全尸者三千多,火化而葬二万余,另有遗骨百余担。这些都是无人收埋的尸体,算上那些被亲友埋葬的死者,倭寇所害人数之多,实难一一统计。

兴化府城陷落,不仅"八闽俱震",明廷也异常震惊。自倭患以来,东南沿海虽有数以百计的州、县、卫所被攻破,但府城被攻陷,在兴化还是首次。嘉靖帝立即罢免游震得巡抚职务,命其戴罪立功,急令俞大猷、戚继光分别从江西、浙江入闽抗倭。

两个月后,即嘉靖四十二年(1563)正月二十九日,因城中财物夺尽,倭寇主动放弃兴化府城,退走歧头(今福建莆田东南埭头)。

游震得被夺俸,立功心切,督促部下甚急。嘉靖四十二年(1563)二月,泉州卫都指挥欧阳深率兵追剿退走兴化府城的倭寇,遭敌埋伏,当场阵亡,两百多名士兵被杀。

倭寇获胜,乘势占据平海卫(今莆田市东南平海),安营扎寨,伺机夺船出海。

得知倭寇撤走,四处躲避逃难的百姓纷纷返回府城。他们收拾整理被毁家园,相互探知亲友消息,直到二月初四才补过春节。第二年,即嘉靖四十三年(1564),莆田百姓过年才恢复正常。为了纪念倭寇攻陷府城这一悲惨历史,当地百姓改大年三十过小年,二月初四过大年,俗称做大岁。因二月初四已渐入春忙时节,为不耽误农时,又改为正月初四过大年。与"做大岁"伴随而来的独特民俗,还有贴白额春联、初二不走亲戚等。倭寇退走,百姓赶回家中,先贴白纸对联办丧事,再贴红纸对联补过年,红联贴在白联之上,后来演变成白额春联——红色对联上方,留出一条白色;当年民众赶回家中,二月初二互相探望被倭寇残害的亲人,称为"探亡日"。为了避讳,此后大家约定,正月初二这天不到亲友家中拜年。

四百多年过去了,"做大岁"的习俗一直流传至今。

二

俞大猷接到升署都督佥事、镇守福建南赣惠潮等处地方伸威营总兵官任命不久,又于嘉靖四十二年(1563)二月初一接到邸报,得知皇上令其紧急援闽。他不敢怠慢,快马赶往漳州,会同巡海、漳南、兴泉等道,以及行巡按衙门紧急磋商,讨论对策。然后,他率领一支招募的六千新军日夜兼程,赶至莆田。其时,倭寇已退出兴化府城。于是,他率军在江口(今福建莆田涵江区江口镇)驻扎,与刘显联营结寨,共同御敌。

以俞大猷的风格,他每到一地,每次作战,都要实地勘踏,了解当地山川河流地形地貌,探知敌方强弱及兵力部署等方面的情况,知己知彼,审时度势,然后提出应对敌人的总体谋略及具体方案。此次也是如此,根据打探的倭寇虚实,结合兴化府的实际情况,俞大猷很快拟定出切实可行的作战方略,给朝廷写了一封《为乞赐大举扑灭袭陷郡城大伙倭寇疏》。奏章中,他强调兴化府陷落的影响及彻底消灭此贼的重大意义:"兴化府城既可袭陷,则福建通省之府城皆属可忧,是福建各府州县皆当出兵输粮,以共灭此寇,以弭后来之祸也。非但福建一省为然也,窃意天下各省,皆当出兵输粮,以共灭此寇,以弭后来之祸也。若使此寇无所挫衄,将兴化宝物子女尽载而归,则倭寇必以我沿海府城亦尔易图,设或空岛而来,则浙、直、福、广沿海之府,讵能保乎?天下奸雄窃发之辈,以为倭寇能陷府城如此之易,必生睥睨窥伺之心,其祸曷可胜言?兴念至此,心寒骨悚,敢有一毫悦生恶死之心,非为人臣子之义矣!"俞大猷建议,朝廷"必设异常之谋",多方调度,大举兴师,全歼倭寇,"使此贼一人一板不返也"。为此,他提出了周密对策,先差将领二员把守三江、黄石等港口,多备小梭船巡逻,不让倭寇从海上逃脱;从浙江、广东收购粮米,切实保障后勤供应;然后合精兵三万,分三路将倭寇包围,形成十围五攻之威、泰山压顶之势,一举歼灭这股罪大恶极的倭贼。他特别指出,剿灭此贼不能以"急功之心为之",应多方协调,准备万全，一战而收全功，还就今后的抗倭之策建言道："见在倭贼一鼓成擒之后，仍听臣照依原议，伸威营留足兵五千名，副总兵戚继光量留兵三千名，各参将量留兵二千名，时常操练，以御春汛新到之倭。斯免有将无兵之叹，地方可获久安矣。"

倭寇从歧头退至平海卫后，俞大猷与刘显分别率军进逼。俞大猷驻军秀山，刘显驻守明山，两军联营，距倭营不过三四里。

俞大猷用兵，一不打无准备之仗，二不打无胜算之仗。他善于以优势兵力对敌强攻，一战而致敌于死命。攻陷兴化府城的倭寇约一万名，他们的双手沾满了百姓鲜血，饱掠的财物也在营中，俞大猷决心将其全歼。这一万名倭寇，真倭二三千名，附倭、从倭约七千。俞大猷与刘显所围之兵，共约一万，与倭寇数字相当。而倭寇作战能力强，他们以逸待劳，会与明军拼个鱼死网破，胜负之势难料。如若被倭寇挫败，东南大势会更加糜烂。为此，俞大猷采取列营围困的方略，在倭营四周设立排栅、挖掘壕沟、建筑堡垒，既防他们从陆路逃走，又以许朝光、刘文敬率水军把住港口，在海面巡逻，预防倭寇从海路逃逸。

就在倭寇包围兴化府城之时，浙直总督胡宗宪于嘉靖四十一年（1562）十一月初七遭弹劾被逮捕入京，东南沿海抗倭少了一位全盘指挥、统一协调的文官统帅。情势急迫，明廷不得不起用回籍守制的谭纶，升任都察院右佥都御史，巡抚福建。

自俞大猷蒙冤入狱以来，谭纶接济、照顾客居宁波的大猷一家老小，使他们渡过难关，直至俞大猷出狱。这些年来，谭纶与戚继光相互配合，协同作战，在宁波、台州的抗倭战斗中取得了决定性的胜利，他的军事指挥才能及抗倭功绩得到了上至朝廷官员，下至地方同僚、普通百姓的交口赞誉。嘉靖三十九年（1560），谭纶被任命为浙江布政司右参政兼副使。他大力支持戚继光罢去旧兵，前往民风剽悍的义乌县重新招募新兵,进行严格训练,组成一支抗倭劲旅——戚家军。嘉靖四十年(1561)三月,父亲谭镐逝世,谭纶回故乡江西宜黄丁忧守制。五月,张琏、林朝曦农民军声势浩大,在福建、广东、江西等地攻城略地、往来驰骋,在江西泰和县打败前来围剿的明军,斩杀副使汪一中、指挥王应鹏等。宜黄县也受到波及,谭纶不得不前往抚州避难两三个月。八月,朝廷对谭纶夺情起用,令他以原职统领浙江兵马,围剿起义军。嘉靖四十一年(1562)初夏,他与俞大猷合兵一处,共同平定暴乱。对此,俞大猷在《祭谭二华》中深情地回忆道:"公衣铁衣跨骝,同猷驰驱,旬日之间,攻破数巢,追剿余党。途遇骤风暴雨,斩木为栅,芟草为褥,手足胼胝,泥浊污漫,同诸士卒卧林中。猷曰:'愿公异日擢秉枢衡,得知师中苦情如是真切也!'次日穷追,及贼尽歼之。"张琏、林朝曦之乱被平息后,谭纶改官福建,任福建布政司右参政兼按察司副使。嘉靖四十一年(1562)十月回乡补制。嘉靖四十二年(1563)二月,明廷下旨再次夺情起用。谭纶不敢怠慢,率领所属浙兵一千二百人,经浦城、建阳进入福州。嘉靖四十二年(1563)四月,谭纶与福建原巡抚游震得办理交接手续,正式执掌福建军政大权。

谭纶到来,俞大猷甚感欣慰,他们既是上下级关系,又是推心置腹的朋友,对这场即将到来的攻坚战,有谭纶的指挥与理解,俞大猷更是充满了必胜的信念。

此时,俞大猷在福建漳州府龙溪县的藤尾,漳平县的永福,长泰县的高安,漳浦县的濠浔等地招募新兵数千,这些地方的民众"刚勇善斗,重义轻生",经过一番武艺、战术强化训练,成为一支精勇有力的生力军,即刻赶赴兴化,投入战斗。俞大猷所部兵力,由六千增至一万多人。

刘显所部兵力,或从广东、江西等地调入闽地,或在本地征召新人,也达到了一万人马。

两万明军与一万倭寇对决,仅从数量上看,明军已占据上风。但俞大猷仍按兵不动,倭寇屡次挑战,他严令所部坚守阵地,不要轻易出击。

如此一来,俞大猷受到来自方方面面的压力与攻讦,有的逼他发动进攻,有人指责他怯懦,有的说他延误军机……

足智多谋的俞大猷之所以没有轻易进攻,其实是在等待一万名戚家军的到来。那时,三万明军连成铁壁铜墙,可确保全歼亡命之倭。

为此,他不得不写下一篇流传至今的《兴化灭倭议》呈给谭纶,叙述经过,分析原委,阐明谋定后动、以守为攻的道理。最后一段,俞大猷写道:

或曰:"倭贼攻城,每每易破,今言攻彼之难,何也?"曰:"攻者虎也,守者羊也,其破之易固宜矣。若守者皆虎,而攻者未必虎,贼相机冲出,胜负盖未可知。堂堂王师以讨穷寇,庙算无术,先战而后求胜,乃今世用兵之通弊。今日岂可复蹈之哉?且速战,贼之利也。贼只喜一战,胜亦可遁,负亦可遁。迟战,我之利也。兵日益多,守日益固,贼日益困矣。窃意天于此贼,似有欲尽灭之意。离兴城不他遁而往崎头;胜欧兵不他遁而入平海,皆自投死地,进无所之矣。乃今以臃肿之势,未易遁走,姑食麦以活旦夕。故曰天欲尽灭之也。今夫奕者,急斗则悦,虽有所获,亦不能多。远布则固,可以多获。敌以战为守,我以守为攻。攻守之机,微乎微乎,至于无形。如戚副总之兵未必即到,到又欲别用,须早发银一万两,限二十日之期,泉、漳、汀之

第十二章 平海大捷

间,可得雄兵一万,添属刘总兵,比之客兵尤为得力矣。自古当事之人,每有建议,不能取信于当时,而多取信于后代者,治日常少,乱日常多,盖有由也。"

作为平海卫战场的总指挥,谭纶接此书信,不仅表示理解,而且反复告诫另一剿倭主帅、广东总兵刘显:"未可轻战,只宜严防。"

俞大猷为福建总兵,戚继光已升任福建副总兵,受其节制。俞大猷驰檄戚继光道:"猷与贼对垒,不肯轻战,专候公大兵至,并力收功。世人皆以猷为怯为迂,唯谭二华及公能识猷心。贼在数日欲遁,愿公速至。人皆以为公迟,亦惟二华及猷能知公之心也。"

在等候戚继光的日子里,俞大猷设立栅栏,建造营垒,围困倭寇。平海一带,山无竹木,建材不够,他不得不下令拆毁当地残屋为营。大军久驻,兴化府及附近的泉州府没有充裕的粮草供应,指望海运,一连数日也没有等到。士兵饥饿难耐,大猷只好命令部众采集当地快要成熟收割的麦子为食。如此一来,惹得兴化百姓抱怨不已。俞大猷不禁长叹道:"我为将三十年,从不扰民,没拿过百姓一草一木!而今迫不得已,竟然拆屋采麦,种孽于父母之邦……"悲悯无奈之情,溢于言表。

三

嘉靖四十一年(1562)十月,戚继光由闽返浙,刚到金华,便得知浙直总督胡宗宪被逮入京消息,不禁十分悲伤失意。这些年,因有胡宗宪对他的赏识与支持,戚继光才能升任宁绍台参将,才能募兵义乌组建一支愈战愈勇、无坚不摧的戚家军,才能在战场上屡建奇功。他越想越灰心,准备以养病为由回山东老家,撂挑子不干了:

"胡公北辕,浙无知己,计必不行,颇悔初念,欲际新中丞未至,乞病东还。"(《止止堂集·横槊稿中·闽海纪事》)

福建按察司副使汪道昆自从戚继光离闽回浙,就望眼欲穿地盼望戚家军早日入闽歼灭新倭。得知胡宗宪被逮捕进京之事,他马上致信戚继光,劝他以国家社稷、百姓安危、诚信守义为重:"臣子荷国厚恩,无以有己。胡公往,即不得尽如夙所期,顾恶忍坐视闽赤子之荼毒?浙之行,义不可止也!"戚继光接信,十分感动,很快打消了乞病东还的念头:"南明公(汪道昆为安徽省歙县西溪南松明山人)不忍负闽赤子,予可负知己乎!"

胡宗宪入狱,朝廷罢设浙直总督之职,以赵炳然为浙江巡抚。当戚继光提出率浙兵援闽时,赵炳然明确表示反对。后经多方活动,戚继光得到好友、台金严兵备佥事赵大河的帮助,将其所带之兵分拨给他。

嘉靖四十一年(1562)十二月,戚继光升任福建副总兵,立即上书朝廷,提出继续训练精兵两万,备粮饷器械十万,率浙兵入闽抗倭,并给以便宜行事的请求。

嘉靖四十二年(1563)一月,兵部下令"新募义乌兵一支,以戚继光统之",驰援福建。二月,戚继光前往浙江义乌县,在短短的十六天之内,征得壮士一万多人。三月初二,他与汪道昆一同率领新兵赶往福建。时间紧迫,新兵未经训练,戚继光只得根据往日练兵经验,一边行军,一边操练,半月后到达福建浦城。四月十三日,戚家军进抵福清。

三支明军汇集一处,兵力已达三万,对倭占据绝对优势。

戚继光刚到,便给谭纶写了一封信,希望由他来统一部署,收功于万全:"三家之兵既杂,则互推之隙可乘。万一少挫,全师夺气,大事去矣。必候本部院亲集三营将士,歃血立盟,分定道路,约以机

宜,进有先后,专责冲锋,悬以重赏,争级抢财者立以重禁,斯可以万全而无害也。"(《戚少保年谱耆编》卷四)

这时,一股新倭在长乐登陆,入侵福清,有与平海卫之倭合流、救援的迹象。俞大猷、刘显合兵联手,在遮浪(今莆田荔城区黄石镇遮浪村)予以邀击,将其全歼。

平海卫倭寇得知戚继光率军由浙江赶来驰援,大有末日临头之感。四月十六日,大小倭船三十六只装载劫掠的珠宝财产,抢夺水路强行出海,准备返回日本。一直守候着的把总许朝光率水军拦击,击沉倭寇大船五艘,斩首四十九级,迫使倭寇返回原地。为便于逃窜,三千倭寇移营许家村(今莆田市秀屿区东峤镇许厝村),此地为进出平海卫的咽喉之地。

四月十九日,戚继光率兵屯驻东停(今莆田市涵江区东白塘镇东亭)。

此时的平海卫,从秀山、明山到东停,到处都是明军营寨,旌旗猎猎,鼓角相闻。三支人马,三万士卒,俞大猷、刘显、戚继光都是久经沙场、能征惯战的将领,他们一边动员所部拼力一战,一边申明纪律,强调各军之间的相互配合。士兵们斗志高昂,进入临战前既紧张又亢奋的状态之中。

四月二十日,谭纶来到俞大猷营帐,召集汪道昆、俞大猷、刘显、戚继光等人,讨论攻敌之策。戚家军善于攻坚,戚继光主动提出担任正面突击,"身当中哨,刘、俞犄角"。经过一番商议,大家很快达成共识,定出具体作战方案,决定明日发起总攻。

谭纶随即进行战前统一部署:戚继光率把总胡守仁等部官兵作为"中哨",从正面向倭寇发起进攻;俞大猷督率南赣军门都御史陆稳、指挥魏宗瀚、把总朱相等部为"右哨",命浙江援兵把总杨文、参政翁时器所辖标兵把总陈其可、蒋伯清、傅应嘉等部辅佐,从右翼突进；刘显率把总郭成等部官兵作为"左哨"，江西援兵把总乐埙以及福建标兵把总陈仓等部协助，从左翼发起进攻。为鼓舞士气，谭纶下令，悬赏冲锋银二万两，奖给那些勇猛无畏、攻坚克难的士卒。

当日夜间，三路人马做好战前准备，整装待发。

四月二十一日凌晨三时许，谭纶亲自指挥中路军先行，以把总胡守仁为先锋，戚继光为后队，左、右两路接着开进。马衔枚，人息声，直到三支明军将倭寇盘踞的许家村团团围定，敌军仍未发觉。

黎明时分，谭纶下达总攻令。刹那间，三万明军齐声呐喊，直扑倭寇营垒。

前锋胡守仁一马当先，从正面猛攻寨门。倭寇仓促迎战，以一百多名骑兵迎战，两千多名步卒为后队。戚家军火铳手一字排开，对准倭骑一阵猛射，骑兵纷纷落地，战马四处奔窜。倭寇骑兵败落，步卒一拥而上，与戚家军搅在一起，双方展开白刃战。兵器的碰撞声、士兵的喊杀声、凄厉的惨叫声连成一片。

就在双方杀得难解难分的紧要关头，俞大猷、刘显所部从左、右两翼发起猛攻。明军以三比一的绝对优势展开进攻，士气高昂，锐不可当。倭寇三面受敌，死伤惨重，赶紧缩回老巢。

明军四面合围，将倭寇困在巢穴。此时，刮起阵阵海风，明军因风纵火，倭寇营房、粮草被点燃，火光冲天，顿时乱作一团。

明军乘机血战破巢，倭寇有的被杀死，有的被烧死，到处都是尸体。也有侥幸逃出老巢的，明军跟踪追击，将他们赶至海边，坠崖蹈海而死者不计其数。

平海大捷，是一次完胜倭寇的战役，前后仅用四五个小时，"斩首二千二百余级，火焚刃伤及堕崖溺水死者无算，纵所掠男妇三千余人，复得卫所印十五颗"（《明实录》）。

平海卫的倭寇主力被剿灭，福建各地仍有小股倭寇活动，明军

第十二章 平海大捷

继续清剿,将福清、连江、怀安、莆田、灵川里等地倭寇一一追杀殆尽。至五月中下旬,福建各地倭贼基本被肃清。

平海卫之战,意义重大,在抗倭战争史上具有重要地位。此次战役,事关抗倭全局。谭纶叙及接任福建巡抚时的情境说:"人心危惧,以为八闽且不能保,宦游兹土者,皆以一日得脱去为幸。"(《谭襄敏公遗集》卷二)倭寇嚣张,为官者以离开福建为幸事,而谭纶、俞大猷、戚继光、刘显等人则逆流勇进。平海卫之战大获全胜之后,官员重振士气,百姓扬眉吐气,军队"勇气百倍,至于舟师最为废弛,亦各感奋,共兴敌忾之心"(《谭襄敏奏议》卷一)。

平海卫大捷,既是一次速战速决的典型战例,也是经过充分准备、谋定后动的漂亮歼灭战。从倭寇退守平海卫,俞大猷、刘显追踪逼近围困,到戚继光率兵增援,三路明军发起总攻,历时三月之久。在这相对漫长的三个月时间里,明军围而不攻,"列营以困之",同时调集各路人马,务求全歼倭敌。此次大捷,固然是各路明军将领与广大士兵同仇敌忾、协力合作的结果,但俞大猷的军事指导思想起了重要乃至决定性的作用。面对怯懦、迟缓、延误等诸多攻讦,俞大猷"咬定青山不放松",顶住各种压力,终于迎来时机成熟的那一刻,仅四五个小时便全歼倭寇。

而俞大猷获得的功名与奖赏,与其功绩则相去甚远。

平海卫大捷不久,嘉靖四十二年(1563)五月,福建道监察御史李邦珍以二月中旬倭寇攻陷宁德、平海城及都指挥欧阳深战死等为由,上书皇帝,指责"总兵俞大猷赴援濡滞"。朝廷下旨,令"大猷姑戴罪自效"。

七月,巡抚福建都御史谭纶以四月中旬平海卫大捷上报朝廷,叙及各位将领功绩时写道:"以继光居首,显、大猷次之,募兵督战如副使汪道昆、参议万民英又次之,先驱陷阵如把总胡守仁等又次之……"又在《剿平倭寇叙有功人员恳乞录赏以励人心疏》中特别指出:"俞大猷弘廓深远,浑厚老成,论兵如王翦大而非夸,驭众如子仪威而不猛,灭倭有议制胜于未战之先,坚壁如山破敌得万全之策,居然大将之体久矣。"

朝廷下旨赏赐,谭纶晋升副都御史,仍兼福建巡抚;戚继光署都督同知,荫一子为锦衣卫正千户;谭纶、戚继光两人并各赏银三十两、纻丝二表里;哪怕有明显失职行为,对兴化府城陷落负有一定责任的刘显,也于祖职上升两级,赏银二十两、纻丝一表里;唯有功绩最为卓著的俞大猷,仅赏银二十两、纻丝一表里而已。

对此,谭纶也抱不平之意,在给俞大猷的一封信中写道:"论功疏甫行,而前捷疏已覆,公止受金币之赉而已。大抵世人知公者甚少,至于真知公则惟纶一人,乃不为众楚所咻,然又不能为公重。今纶向人又有说矣。姑自治兵一节言之。节制精明,公不如纶。信赏必罚,公不如戚。精悍驰骋,公不如刘。然此皆小知,而公堪大受。盖诚似霍子孟,任如诸葛亮,大似郭子仪,忠似文文山,毅似于肃愍,可以托六尺之孤,寄百里之命。当今之世,舍公其谁哉?此生自谓知公之深,公幸甚自爱。此点精诚,想不以老而衰,因时而变也。"(《谭敏襄公年谱》)

知大猷者,莫过于谭纶。在他眼里,俞大猷是一位可以寄百里之命的大将才,更是一位堪比诸葛亮,能够担当托孤重任的大臣。谭纶对俞大猷的军事才能尤其赏识,评价甚高:"俞总兵大猷者,东征西讨,皆先为必然之画,而事后成败咸如所料,是决胜之略也,并大将才也。"(《虔台倭纂·倭议二》)

第十三章　剿灭吴平

一

平海卫大战结束,俞大猷仍回伸威营,任南赣汀漳惠潮总兵官。

近些年来戎马倥偬,他一直在外为明廷效力奔波,难得有机会回家。此次路过泉州,尽管抗倭剿寇任务仍然艰巨,但机会难得,俞大猷还是抽空回了一趟故乡,拜望师长,会亲访友。

一日,他与数位友人相约,游了一趟清源山。沿天湖虎乳泉而上,那块硕大的练胆石,岁月不改旧容颜,仍高高地耸立在那儿。一晃俞大猷已是年逾花甲的人了,不禁感慨万端。继续前行,南台岩上,有俞大猷题写的一首诗:"胡然北斗宿,化石落人间。天不生奇石,谁擎万古天!"大家由往事联想到今天,堂堂大明,竟被北虏南倭弄得千孔百疮,幸得朝廷有几员大将支撑,不然局势早已糜烂不堪。他们为有俞大猷这样不计名利、为民除暴的友人感到自豪。置身世外桃源般的清源山,大家忆往事,赏清风,披明辉,谈笑风生,慷慨而歌,仿佛忘了人间忧愁。快下山时,不知是谁提议道:"今日游山赏景,此乐何极,大猷得奋笔书之,我等百年之后,或许得以长存人间。"众人附和不已。俞大猷不便推辞,写下一行字来,这便是今日清源山小云关一块石壁上的摩崖题刻:"明嘉靖癸亥岁季春,钦差镇守福建、南赣、惠潮兼郴桂、南韶地方都督俞大猷,提兵往兴化剿陷城倭寇。次月尽竣事班师,偕友人游诸洞。"文字质朴无华,叙事简洁明了,一如大猷之为人。

嘉靖四十二年(1563)五月,俞大猷在泉州老家得知农民起义首领陈绍禄在汀州上杭县四处打劫,于是,他派遣把总洪道谦手持节钺前往招抚,令其不得扰民,然后马上离开泉州回任,途经上杭时,俞大猷单枪匹马进入陈绍禄营寨。

面对大名鼎鼎的俞总兵,陈绍禄诚惶诚恐。俞大猷指责他为害当地百姓,劝其悔过自新,平缓的言语中透着一股凛然的威严。陈绍禄当即匍匐在地,接受鞭杖,表示愿意悔过自新。俞大猷责令他率领部众驱散另一股由梁道辉领导的劫掠长汀的农民起义军,陈绍禄遵命。在陈绍禄的追击下,梁部四处溃散,梁道辉被乡民杀死。

嘉靖中期,广东虽受倭患侵扰,但与浙江、直隶、福建相比,倭寇往往匆匆而来,饱掠一番后又倏尔远去。嘉靖后期,浙江、福建对倭战争取得决定性胜利,残倭相继逃往广东,开始攻陷城池,安营扎寨,久驻不去。嘉靖四十二年(1563),被追剿的福建余倭"屯住潮(潮阳)、揭(揭阳)海滨,众号一万"。嘉靖四十三年(1564),被戚继光在王仓坪、蔡坡岭围剿逃窜的余倭,与春汛渡海而来的一万多新倭会合,在广东四处抢劫屠戮。海盗吴平熟悉当地情形,与潮州的两万多倭寇勾结,"相为犄角",使得形势更为复杂,倭患更其严重。此外,在粤、赣、闽交界之处,爆发了多股武装起义,如惠州以伍端、温七、叶丹楼为首的矿徒起义,部众多达万余;程乡等地以蓝松三、余大春、李春文、刘万清、苏阿普为首的农民起义,各自拥兵数千。

面对倭寇、海盗及矿徒起义、农民暴动的严峻局面,俞大猷仍像过去那样,在了解情况、知己知彼的基础上,提出了相应的战略战术。他认为,三者相较,有急有缓,应区别对待,当以剿除倭寇为首要任务,离间海盗吴平与倭寇之间的关系,然后各个击破,对矿徒及农民武装则采取招抚之策。

嘉靖四十二年(1563)八月,俞大猷率兵前往惠州平暴。其时,兵部右侍郎、两广总督张臬派遣一支部队,正在征讨伍端。两军相持,明兵不敌义军。张臬得知俞大猷正率军赶来增援,马上心生一计,打出他的招牌,谎称俞家军赶到。伍端对威名远扬的俞家军既仰慕又害怕,自知难以抵御,赶紧骑马驰出阵前,驱赶部众退回营寨。不久,俞大猷果然率军赶来,伍端探得虚实,派遣使者,请求投降。俞大猷应允,派王鸾、俞尚志等人前往伍端营中办理相关事宜。为示诚信,伍端献上绑缚的首领温七等六人。此前,伍端长时间地羁押着一名府署幕僚,此次不仅马上放回,还给他配备仆从骑卫。

俞大猷决定利用这支起义军,让他们加入剿倭行列。于是,又派翁思诲、俞尚志手持节钺,命伍端率两千精兵,由惠州赶往潮阳驻扎,"责其杀倭自赎"。进军途中,有人散布谣言,说让他们离开老巢惠州,是俞大猷的诡计,要将他们引诱到潮阳后一一坑杀。伍端严厉追查,向翁思诲与俞尚志禀报后,将两名造谣者处以死刑,军心由此安定。

嘉靖四十二年(1563)十二月,俞大猷对蓝松三、叶丹楼数千部众进行招抚,蓝松三退入老巢,叶丹楼回到山中。对此,俞大猷在《与南赣军门尧山吴公书》之《宜缓诸巢而急征倭》中写道:"如此山寇,到处都有。若节节与之从事,一时未能收功,不得前进剿倭。"这些所谓的盗贼、山寇,只要晓之以大义,给其生路,招抚可见成效。倭寇为亟须征剿解决的重心所在,其他则可从缓。

惠州、潮阳地区的矿徒暴动、农民起义就此基本解决,俞大猷开始对吴平采取行动。

吴平，福建诏安县四都梅岭（今福建省诏安县梅岭镇）人。他个子不高，但十分精悍，颇富谋略，水性极佳。据有关资料记载，吴平儿时十分聪明，与小伙伴们最喜欢做的游戏，就是充任指挥，打打杀杀，"部署诸将，号令皆如法，群儿畏服之，往往多奇异"。稍长，因家境贫困，到一富人家担当佣工。因不堪忍受雇主婆的虐待，乘机逃出。为了生计，他不得不以偷盗为生。后来，沿海一带倭寇横行，吴平也加入其中，成为一名"附倭"。倭寇遭到明军沉重打击，吴平便吸收流散倭寇，自立为王，势力越来越大，拥众一万多人。广东一带的著名海盗，除吴平外，还有许朝光、林道乾、曾一本等，他们骁勇善战、令人生畏，若论谋略智慧，皆不如吴平。因此，广东海盗共推吴平为首领，甘居其下，"平亦偃然居群贼上"。

因吴平当过"附倭"，懂日语，对倭寇的情形十分了解，长期以来，与倭寇或多或少保持一定联系。作为本地人，吴平对闽粤交界沿海一带了如指掌。因此，倭寇每每入侵，便与吴平勾结。如嘉靖三十六年（1557）十二月，倭寇由梧屿进入澄海，入侵潮州、惠州各县，便是吴平引路；嘉靖四十一年（1562），倭寇攻陷诏安悬钟城，杀死千户周华，也是吴平充当先导。

要想歼灭倭寇，必须断绝倭兵与吴平之间的联系，使他们失去耳目与内援，陷于孤立之境。因此，俞大猷在《与南赣军门尧山吴公书》之《款吴平用伍端以大杀倭寇》中说："须使平不与倭合，然后倭可剿也。"他又认为，长期作为"附倭"的海盗吴平，与那些矿徒、农民起义军毕竟不同，"抚平亦一时权宜，不然近万之众，与各倭合，益难处矣"（《与南赣军门尧山吴公书》之《吴平得功》）。先行招抚，此后情形难以预料，待倭寇被剿灭后相机行事。

大猷部下有数人认识吴平，便被派遣去与吴平联系。吴平内心十分清楚，尽管自己拥有万余部众，若与明廷为敌，朝廷源源不断地调兵遣将，自己毕竟不是明军对手。他本人有意接受招抚，但其盗首地位，原为大家推举，关系若即若离，多股武装势力难以直接控制，一旦涉及招抚大事，不少海盗头目却不愿接受朝廷约束。受部众掣肘，吴平犹疑不决。

俞大猷派人招抚的同时，还运用了游说、离间、反间之术。郑禹迹原先与吴平并不熟悉，但俞大猷派他与那些认识吴平的人一同前往南澳岛游说。此后，郑禹迹又多次出入吴平营垒，取得吴平信任，长期跟在他的身边。一有异动，郑禹迹便随时报告俞大猷。

吴平尽管举棋不定，但在郑禹迹的游说下，经过反复权衡，终于下定决心，接受招抚。他率部众前来拜见，俞大猷孤身一人骑马往迎。吴平见到令他又敬又惧的俞大猷将军，不禁感激涕零，愿以身报效。为表诚意，他偷袭一股倭寇，杀敌一百多人。如此一来，吴平与倭寇之间，便断绝了一切联系。

因吴平为福建诏安县四都梅岭人，俞大猷命他回故乡梅岭据守。

义军、海盗得以解决，俞大猷便可一心一意地对付倭寇了。

留在潮州、揭阳、惠州一带的旧倭，原有二三万人，因兵备金事徐甫宰用计，遣散胁从，又经多次攻剿，尚剩数千。

就在俞大猷排兵布阵之时，一股新倭在揭阳登陆。派人打探，有的说倭寇多达一万二三千人，有的说是七八千人，综合推算，大约一万。抓了几个真倭，经过审讯，得知他们是日本荫子马人，此地倭人比其他岛屿的倭寇更加凶残。

不久，又有数千新倭渡海而来。

随着浙江、福建剿倭渐近尾声，潮汕新旧之倭，既是广东省规模最大的倭寇，也是东南沿海的最后一股大倭。俞大猷心里十分清楚，剿倭越是接近尾声，越是不能疏忽大意功亏一篑。他在《与南赣军门尧山吴公书》之《款吴平用伍端以大杀倭寇》中特别强调："但剿倭事不能急,须画图贴说,分哨明白,堂堂正正,四路渐进,十围五攻之势成,太山压卵之形张,乃可收万全之功。"

嘉靖四十二年(1563)九月,明廷诏令兵部右侍郎吴桂芳接替张臬,提督两广军务,兼广西巡抚。俞大猷手下兵力仅一千多人,而倭寇多达两万,他不得不向吴桂芳叙述原委,请调兵力:"闽中浙兵二万,与贼战,则遁入潮。今潮兵驱贼益急,则贼入益深,益深则益斗。非若达贼之以出边为生路,山贼之以归巢为生路也,将安所遁哉?诚当大集精兵,使其片甲不返,乃有成功。若兵力皆寙,不能取胜,又令遁去,迁旷日久,糜费愈多,数年之潮事然也,可复蹈之乎?"

吴桂芳大力支持俞大猷的进剿方略,从福建调漳兵近二万入粤,交给俞大猷指挥,分为三哨,每哨五千人。这些漳兵,大多是俞大猷过去的部下,对他可谓心悦诚服、言听计从,凝聚力与战斗力极强。吴桂芳还征调狼、土劲兵二哨及参将王诏的一哨人马围剿倭寇,并调广州水兵驻扎柘林港,以防倭寇从海上逃遁。

为防打草惊蛇,俞大猷一直按兵不动。直到嘉靖四十三年(1564)三月初,各路征集军队陆续抵达,他才开始调兵遣将,准备发起攻击。

其时,倭寇分住浃水、芦清两地,互为掎角。俞大猷先以伍端为先导,攻打邹塘,扫清浃水、芦清两地门户。伍端这支由矿徒组成的军队,经过招抚整训,纪律严明,对百姓秋毫不犯,作战人人争先,成为大猷手下的一支劲旅。三月十二日,伍端受命,率部猛进,一昼夜间连续端掉三个倭寇巢营,斩首四百多人,打得"倭寇望见花腰蜂(伍军标志)旗帜,辄股栗思遁"(乾隆《海丰县志·邑事》)。尽管如此,倭寇仍负隅顽抗,以死相拼。伍端以较大伤亡,终于攻克邹塘。

经此一战,伍端之兵损失惨重,人心思归。这些部卒,为人纯朴,当初造反,实乃迫不得已。既然不愿再为明廷效力,俞大猷只好

第十三章 剿灭吴平

将他们遣散，让其归老田园。"此兵之归，谓欲及时耕田，为盗之心已无矣，似当亮之。"（《与两广军门自湖吴公书》之《伍端兵欲归耕田可以堵贼之前》）

邹塘之敌扫清，泷水、芦清两地便成为明军进攻的主要目标。为集中优势兵力，两地倭寇只能先攻一处。俞大猷与兵备佥事徐甫宰一番商议，决定先攻泷水乌石（今广东省普宁市燎原镇乌石村）之倭，两广总督吴桂芳也以先打泷水为要。但是，欲专攻泷水乌石之敌，则担心芦清（今广东省揭阳市揭西县大溪镇井新村）倭寇从背后袭击。俞大猷决定采取声东击西之策，造成大军攻打芦清的假象，麻痹泷水之倭，然后出其不意，再攻泷水乌石。

于是，明军移营芦清，展开进攻。倭寇营巢十分坚固，士兵难以攻入，双方以鸟铳对射，各有损伤。明军收兵，倭寇打开寨门追赶。明军回身反击，倭寇赶紧缩了回去，紧闭寨门。如此反复，倭寇进入寨门跑得稍慢者，便被斩杀。明军纪律严明，不得独进独退，没有命令，绝不后退。但因倭寇火铳甚多，明军一时无法近前，难以攻克。每次冲锋，都有人中枪，或死或伤。

芦清倭寇被困，见明军士气高昂，且援兵日多，想与泷水乌石之敌会合。大兵当前，难以突围，从山路逃走，又担心明军冲击其后。一时进退失据，不敢移动，只好固守原地。

其实，明军攻打芦清，只是虚张声势而已，使敌人觉得芦清为明军必欲得之的首攻之地。几天之后，等到芦清倭寇全力防守龟缩不出之时，大部明军突然回头攻打泷水。泷水倭寇没有防备，大败退却。俞大猷率兵追击，杀敌一千四百名。

芦清倭寇得知泷水同伙被歼，惊慌失措，不等俞大猷回军，便乘夜狂奔二百里，逃往陆丰崎沙、甲子一带，夺船出海。正遇狂风，船只多被巨浪吞没。两千多倭寇侥幸逃生，再次登岸，占据海丰金锡都。

俞大猷率兵追踪而来,将其死死围住。两个月后,即嘉靖四十三年(1564)六月二十日深夜,倭寇粮草不济,不得不从中窖大埔寮突围逃遁。俞大猷督促部下汤克宽、王诏派兵追逐。敌军在九龙山一带被明军追及,因被困已久,斗志全无,两军交战,擒斩倭寇一千三百多人。明军无一阵亡,仅伤二三人而已。

俞大猷发现,这股倭寇与以前在江浙一带围剿的倭寇相比,真倭甚多。那些殿后与明军对抗的敌兵,全是真倭。两千多倭寇,除擒斩一千三百多名外,尚有七八百人逃入大山,其中真倭两三百,从倭四五百。从倭本为汉人,将自动分化散去,而真倭还会寻船出海,逃往日本。俞大猷派哨探跟踪搜索,紧追不舍,真倭多被明军剿灭。

随着这股广东大倭被俞大猷荡平,明朝嘉靖年间的倭患也基本平息。

二

吴平被俞大猷安置回老家福建诏安梅岭后,暗中不断扩大势力。

福建巡抚汪道昆与已升任福建总兵的戚继光探得详情,得知吴平"创武场,日习兵事,造战舰百余艘,泊港中",企图"谋袭郡城"(《戚少保年谱耆编》卷五)。

俞大猷得知,自行请命,说不费朝廷钱粮,给他以半年时间,当可活捉吴平。

如果按此方案行事,可免去闽粤百姓不少负担。但福建一些官员认为俞大猷招抚吴平,便有养虎遗患之嫌。当初如果加以平定,便没有今日之患,岂能一错再错?

这些官员不了解当时情形,如果不行招抚,吴平与倭寇勾结在一起，粤省局势将会大乱而不可收拾，哪来荡平广东倭寇之完胜？这些官员一鼓噪，大家都认为是俞大猷的错，此次决不可姑息养奸，弄得俞大猷再也不敢多说什么，只得随众附和，以武力征讨。

福建先行准备，汪道昆与戚继光开始部署兵力。

戚继光写信将相关情况告知俞大猷，大猷在《报福建总戎南塘戚公书》中回复道："吴平徒党颇众，向以旧倭在境，恐其合伙，故权处分。今如不悛，自当剿灭。或者姑俟春汛新倭消息如何？乃约会举行，或三月，或四月，乞公克一日期见示。"俞大猷所担心者，仍在春秋乘季风而来的倭寇，如倭寇不犯，剿灭吴平并非难事。"大抵公陆兵由漳来，猷陆兵由潮去，闽船兵由北来，广船兵由南去，不患不破。闽中水陆之兵，俱有见在，广当临时调取，日期宜早赐定，乃可整备。唯机计应甚慎密，使贼疑信莫决，不得走遁也。"闽、粤水陆大军直取诏安，前后夹击，吴平插翅难逃，关键在于计划周密，不可走漏半点消息。否则，吴平逃走，踪迹不定，便难追剿。为此，俞大猷专门补信一封："其事欲密，其机速不得。须先灭其在海大小船，然后困攻于陆。不然，彼必由海遁去，一时不能收拾也。"

一时间，俞大猷的精力不得不专注于剿灭吴平。但吴平毕竟已安置在福建领地，他不便擅作主张，只能提出建议，行动时加以配合。为此，他给福建巡抚汪道昆写信建议，闽粤如欲合剿吴平，最好提前三个月约定。

每次大战，俞大猷都从四方征兵，战争结束，遣返原地。他留在身边可随时调动的俞家军不足千人。吴平部众万余，一旦开战，又将是一场较大规模的战役。因此，得筹集粮饷，征调部队，须三个月时间准备才行。

同时，他给自己的上司两广总督吴桂芳上书一封，提议广东应早做预备，采取突袭之策，只要将吴平的船只全数焚毁，则大功告成矣:"吴平事,闽中决用兵。平有大船五只,小船三百只,徒众盈万。闽中兵兴,平必率众由船入广,则责专在广矣。为今之计,乘其船只见泊梅岭内港,先调兵船突至彼港,将其船只尽数击焚,使其水不能遁,只得穷守土围中待毙。彼欲陆走入潮,则一水未易渡,广有兵迎,闽有兵追,亦不患其不毙。如入漳浦地方,广兵亦当前追,与闽兵合势。伏惟名公察之度之。此事今日不一费速图,恐广海之患无涯也。"(《与两广军门自湖吴公书》之《请早调兵船掩击吴平船只》)

然而遗憾的是,无论是福建,还是广东方面,都没有采纳俞大猷的建议。两广总督吴桂芳没有调集水兵突袭梅岭内港,吴平三百艘小船、五艘大船在大海、内河间往来行驶。而福建方面也没与俞大猷相约,竟自率先向吴平发起进攻。

嘉靖四十四年(1565)二月十九日,戚继光发兵诏安梅岭。吴平事先得到消息,赶紧将家属、财物全部运往广东南澳岛。

时值春汛,一股倭寇乘季风渡海而来,登陆福建,戚继光不得不回兵剿倭,仅派都司傅应嘉督率水师追剿。傅应嘉击沉吴平船只一百零五艘,斩杀三千多人,四月返回福建。

福建巡按御史陈万言等上书朝廷,报告戚继光已铲除海盗吴平在诏安梅岭的巢穴,吴平乘船逃脱,据守南澳。四月十八日,兵部提议:"马上派人移咨侍郎吴桂芳,巡抚吴百朋、汪道昆会同镇守总兵官吴继爵、俞大猷、戚继光等严督水陆大小将领,率精锐军兵,各于通贼要路,协力夹剿,其吴平或生擒或斩首,务见下落,以除祸根。不得再以招抚为词,因循玩惕,贻害地方。"(《覆福建巡按御史史万言等报贼首吴平叛招疏》)四月二十三日,嘉靖帝下旨:"命督抚等官,协力夹剿,以靖地方。不许妄分彼此,及以招安为名,养寇贻患。"(《明世宗实录》卷五百四十五)

吴平接受招安后,面临两种情形,要么摇身一变,成为明军的一部分；要么削减力量，自剪羽翼，安分守己。可他回到梅岭，不愿就此销声匿迹，继续打造船只，招兵买马，声势颇大。吴平称自己为"义盗"，以劫富济贫为要，"造战舰数百，聚众万余，筑三城守之，行劫滨海诸郡"。得知戚继光来剿，吴平既知戚家军之厉害，同时也清楚俞大猷将他安置在梅岭的用意，一旦内港被封，困守此地，只有束手就擒。于是，足智多谋的吴平采取主动之策，"集船百余艘，弃梅岭，浮海窜入南澳，筑寨于深澳之东"。

南澳岛由三十七个大小岛屿组成，面积一百三十多平方公里，位于广东东北海面，与福建诏安仅一水之隔。南澳主岛一百二十八平方公里，南北长约十公里，东西长二十多公里。吴平被招安之前，便以南澳岛为据点，这里进可攻击广东、福建交界沿海各县，退可乘船跨海远遁。

南澳岛位于福建、广东交界海面，岛上土地肥沃，林深叶茂，山势险峻，修寨建堡，易守难攻。明朝初年，为构建东南沿海军事防线，朱元璋下令南澳岛所有居民全部内迁。南澳一旦被弃为荒岛，便成了海盗、贼寇的"乐园"。他们以此为据点，或向过往船只征收赋税，或登岸打家劫舍。一旦官兵来攻，则据险而守；实在不行，便乘船出海，逃得无影无踪。

吴平由梅岭回到南澳岛后，预料明军一定来攻，加紧构筑工事。环岛有深澳、隆澳、云澳等港湾，其中尤以深澳港地势最为险要，入港处水道十分狭窄，仅容一船通过。于是，吴平在深澳港近海猎屿、虎屿东面的山坪处，填海竖栅，修筑城堡，名曰"吴平寨"。寨堡左边怪石嶙峋，右边悬崖峭壁，临近闽粤交通海路，退可守，进可攻。他还在吴平寨至猎屿东岸海底，以及猎屿西南端至深澳西炮台的海中抛投石块，筑起两道各一里长的暗堤，以对抗官兵水师袭击。

嘉靖四十四年（1565）六月，吴平率部众乘坐一百多艘战船登陆福建,实施报复性抢劫。

戚继光命都司傅应嘉、把总朱玑、协总王豪率战船四十八艘在玄钟(今福建省诏安县梅岭镇悬钟村)等地防备。

吴平率部众围攻玄钟,官军寡不敌众,十三艘战船被抢,朱玑、王豪被俘。傅应嘉突围而出,退回铜山(今福建省东山岛)。

官兵失利,明廷得知,"诏闽广抚镇官,严督兵将,协心夹剿,以靖地方,不许推调误事"(《明世宗实录》卷五百四十九)。

于是,两位著名的抗倭英雄——俞大猷与戚继光,又被推到"前台",联手剿灭吴平势力。

戚继光所部败于吴平之手,把总朱玑、协总王豪被擒获,这在他的战斗生涯中极其少有,所以他"犹惮平(吴平),平所设奇,皆与相当,号为劲敌"。

有鉴于此,俞大猷不得不认真准备,精心筹划,谨慎对付。

嘉靖四十四年(1565)八月初一,戚继光调集兵卒万余人,战船三百艘,在月港(今福建省龙海市海澄镇)誓师,然后向南澳岛进发。

与此同时,俞大猷正在海门(今广东省汕头市潮阳区海门镇)集结战船,渐达三百余艘。

八月十五日,福建舟师进泊南澳深澳港。

俞大猷根据敌我双方及闽粤两军的实际情况,写下《前会剿议》,提出对吴平作战的具体构想,再次强调福建、广东"欲会同夹剿,必须二省会约"。

九月十六日晚,戚继光率陆军赶至柘林(今广东省潮州市饶平县柘林镇)。这里位于平饶县南端,与南澳岛隔海相望,戚继光决定以柘林港为基地,向吴平发起进攻。他乘船绕南澳岛察看地形,发现龙眼沙地势平坦,离吴平寨较远,约三十里,防守不严,正适合明军登岸。

为防吴平乘船逃跑,戚继光一面命水军对南澳岛实施封锁,一面征用当地渔船,装载石块,堵塞各个港口。

俞大猷督率的三百多艘广东水军船舶也在紧急赶往南澳途中。因风向缘故,福建发舟,乘东北风不过数日便可抵达潮州;而广东船舶自西南而来,属逆风航行,须一个多月才能赶到。

针对目前局势,俞大猷又写了一篇《后会剿议》,对征剿吴平充满必胜信念:"二省会剿,兹又奉有明旨。广造船于闽大小八十只,不久竣工。而督府涂公面定会剿方略,整搠兵船百余,约期同发,堂堂正正,乘东北上风,与贼从事。犄其角而维其足,计收全功,指日可待。"

九月二十二日,戚继光率军向南澳吴平发起进攻,在龙眼沙顺利登陆,当即树栅立营,在滩头建立据点,巩固战果。戚继光将大军分为三路,每路又分冲锋正兵、策应奇兵,另设"老营"督阵。

此时,吴平亲率大军赶来,想趁戚家军立足未稳,将其赶下大海。他利用岛内地形,以两千精兵设伏,然后派小股兵力出战,诱惑明军深入。吴平当过附倭(从倭),并与倭寇长期保持联系,作战时经常采用倭寇的设伏阵法。

戚继光一直战斗在抗倭前线,久经战阵,一眼就识破了吴平的伏击诡计。击退小股挑衅之敌后,戚家军并未乘胜追击,而是固守原地。

三天后,即九月二十五日,吴平再次向龙眼沙发动进攻。戚继光一面组织兵力反击,一面抛撒劝降传单。吴军大乱,退回吴平寨。

就在这一天,俞大猷及其部下汤克宽所率水军及时赶到南澳岛。尽管闽广两省水陆军队会合存在诸多困难,但最终还是合兵一处了。正如俞大猷在《后会剿议》所言:"噫!闽广相去其势何邈,人持所见其论难合。今日不期而协谋于一堂,合兵为一家,乃天心厌乱,圣上威灵,有此安排之巧。又滇海风程虽数万里,到处穴窠可数。而知贼食易尽,兵粮有继。横海之势继成,洗海之功垂收矣。顾违众建议,终始坚持,南方重务,确任不拔,一何愚乎?抑匹夫之志不可夺者,由实见得是耳。苟可以报朝廷,济时艰,成天下之事,又何是非利害足介于其中哉?"

俞大猷刚一到达,便与戚继光会商,召集闽粤两军将领,讨论作战方案,部署兵力展开行动。俞大猷熟悉海情,擅长水战,他负责指挥两省水军,扼守南澳出海各个港口,严防吴军逃窜;戚继光善于攻坚,由他统率两省陆军,从海上迂回绕至吴平寨侧后发起猛攻。

水师在俞大猷指挥下,分三处布防,将南澳出海仅有的三条通道——上门、中门、下门全部堵住。吴平海船多以小舟为主,大船较少,如果是小舟逃遁,由各防区负责追剿;若是大船出击,便合力围剿。

两省交界沿海地区,已调集福建诏安、广东饶平乡兵,驻扎海岸,严阵以待,一旦有漏网之敌窜入陆地,则毫不留情地予以追杀。

其时,吴平担心老巢安危,不仅不再反攻,并且放松了对宰猪澳、大沙澳等地的守卫,将主要兵力及注意力全部集中在防守吴平寨。因此,陆军分为两部对敌,一部在戚继光亲自督率下由宰猪澳直捣吴平寨;另一部由指挥吴京统领,向大沙澳进发,堵截逃窜之敌。

商议已定,各军正要开始行动时,大风突至,海浪滔天,进攻只得延缓。

海风一连刮了八天,直到十月初四,风止浪息,明军才下达进军令。

十月初五凌晨,戚家军分三路进攻。中路在宰猪澳登陆后向吴平巢穴发起猛攻,左路攻占后巢,右路抢夺土围。战斗异常激烈,吴平站在一块巨石上亲自指挥部下作战。他心里十分清楚,吴平寨一旦被攻破,也就意味着他的海盗生涯乃至生命的终结。当然,如能守住并战胜戚家军,他将威震四海、名扬天下。而戚家军不仅个人作战技能强,且相互配合步步推进,个个勇猛人人争先,果真名不虚传。吴平部下虽也勇猛,但在戚家军面前,顿时相形见绌,死伤惨重。戚家军步步紧逼,离吴平站立的那块巨石越来越近。"此天意也,非人力所为!"吴平一声长叹,不得不退回寨堡的中心之地木城,组织最后力量进行反击。此时,戚家军已将木城四面围住,在阵阵闪亮的刀光中,一根根树立的木栅被砍断。眼看抵抗无效,吴平只好率部下突围,分头逃窜。戚家军乘乱纵火,焚毁吴平寨。

吴平率八百多人,夺得小船四十艘出海逃窜。

俞大猷命广东参将汤克宽、福建把总罗继祖率水师跟踪追击,戚继光命都司傅应嘉率军协助,击沉吴平船十八艘,尚有二十多艘船只、七百余人逃逸远去。

南澳之战,俞大猷与戚继光联手行动,大获全胜,擒斩海盗一千五百多人,烧死淹死敌军五千多人,解救被掳百姓一千八百多人。

吴平率残兵逃至饶平县凤凰山,俞大猷与戚继光再度联手,分别派遣部将汤克宽、李超几次强攻,未能得手。吴平觉得凤凰山不宜久留,便抢夺渔船逃往潮州。戚继光亲率军队追击。吴平不敢硬碰硬,遁入深山老林。戚家军紧追不舍,吴平逃往雷州、廉州,又被汤克宽大败。

嘉靖四十五年(1566)四月,吴平率战船三十艘,辗转逃至安南(今越南)万桥山。

关于吴平的结局,有多种说法。一说第二年,即隆庆元年(1567),闽广官兵会同安南百宁宣抚司发兵进攻万桥山,吴平大败,投水而亡;二为《明史》所载,参与安南万桥山战役的傅应嘉呈报吴平被生擒；三说，同样是《明史》记载，吴平却从万桥山成功逃脱："都御史吴桂芳檄安南协讨，遣克宽以舟师会，夹击平万桥山下。焚其舟，擒斩四百人，平远窜。"又说"平卒为克宽所追击，远遁以免，不敢入犯矣"；四见杜臻《粤闽巡视纪略》，称吴平"乘小艓逸去，或见其死于海岛，抱枯树成稿腊焉"；五为顾炎武《天下郡国利病书》所记："或言林道乾今王东南海岛中，平亦变姓名浪游江湖间，皆不可知。然往有人亲见平鲜衣怒马，在京浙间为富商大贾。平已炙，其向面皆炙疮，人无识者。后平又乘肩舆过故友处，掘取金银诸宝物，后不知所之。"

不论何种说法，也不论吴平个人结局如何，总之吴平残部最终被俞大猷、戚继光所部联合安南军，在万桥山一带彻底剿灭。

在南澳岛，至今仍流传着一则吴平藏宝的故事。闽、粤联军来攻，吴平不得不预做战败逃跑准备，而近些年劫掠的金银财宝无法带走，便与手下的几个铁杆兄弟，将其藏在离吴平寨不远的一座小山——今人所称"金银岛"上，以备日后来取。据传所藏金银共十八坛，分埋不同地点，留下两句谜语般的打油诗以供寻宝："水涨淹不着，水退淹三尺。"此后引来无数觅宝者、好奇者、探险者前来南澳一窥其秘。

南澳之战，明军大胜，俞大猷却遭革职闲住的处分。

最初招抚吴平，福建不少官员就认为俞大猷养虎遗患。吴平从南澳逃脱，又说俞大猷围剿不力，要追究他的责任。福建巡按御史陈万年上书称："平初溃围得脱，系大猷等所分信地；及追战，又不力，法当重处。"兵部经过一番商议，拿出处理意见："巡按御史独责备于俞大猷，要行罢黜，亦不为过。但地方正在用兵，与其临敌易将，不若命使过责功。相应议拟合候命下，将俞大猷先行革去都督职衔，仍与汤克宽、白瀚纪、傅应嘉、李超、罗继祖、杨俨、俞盛各将俸粮住支,责令戴罪杀贼立功自赎。"(《杨襄毅公本兵疏议》卷十八《覆福建抚按官报逆贼吴平遁海督责擒剿疏》)此时,广东巡按御史陈联芳也加入弹劾俞大猷的行列,说他在粤数年,民兵相继叛乱而束手无策,宜急择良将代之。于是朝廷下令:"革惠潮总兵俞大猷职,闲住。"

其实,吴平在诏安梅岭时,戚继光派兵追剿,吴平逃至南澳,无人弹劾,当然也就无人问责。吴平从南澳岛逃逸,俞大猷自然要负一定责任,但处罚显然过重。弹劾者对相关人员亲疏有别,甚至颠倒是非,结果有功者受罚,轻功或无功者升迁受赏。

俞大猷遭此重罚,就连两广总督吴桂芳也为他鸣不平,在给大猷的一封信中写道:"今两省会剿平贼,广费五六万,闽复倍之。令大猷计行,何至费此?大抵士之当事有所行,出于人情之所共骇,而实有济于地方之重计,要在臻其成而后人翕然信之,其不成则人以为罪,而当事者亦无以自解。俞大猷之所以蒙重诟者,其以是欤?"若按俞大猷当初设想,根本就不会有吴平从诏安梅岭逃脱之事,更不会耗费广东五六万白银、福建十一二万两白银的巨额军费。俞大猷反遭诟病、斥责、弹劾、重罚,实属冤枉!

俞大猷接信,十分感动,当即回复吴桂芳说:"感名公知己之深,未能效一死以为报,一旦先朝露,填沟壑,何以见古忠义之士于地下?虽然名公既知猷于始,必知猷于终,猷必不敢负名公。一日在位,则一日业官,孜孜任事,视前益力。岂以祸患将至,而少有怠心,如世之小丈夫哉?祸患福泽,猷视之皆如大虚浮云。用之则为霖雨,为舟楫,以济天下;不用则著一经,以垂来世。或置之文法而加之罪,白云影里大笑一声,与太虚同游,岂不绰绰乎哉?"(《谢吴公具书内阁本兵详论处吴平时心迹》)

俞大猷胸怀坦荡,根本不以此为意,他所看重的是一日在位,则一日干净为官、勤勉做事。可见他真是一位顶天立地的大丈夫、奇丈夫、伟丈夫！

三

东南沿海的抗倭战争，俞大猷与戚继光常常联手，取得一个又一个重大胜利。

作为著名的抗倭将领，俞大猷当时不仅与戚继光齐名，就某种程度而言，更超出戚继光之上。然而，今日提及抗倭英雄，人们想到的只有戚继光。戚继光的耀眼光芒，使得俞大猷黯然失色。这种局面的形成，既属时人所为，也与后人有关，是多种因素、多重合力长期作用的结果。

其实，俞大猷与戚继光，就其家庭出身、人生阅历、战功业绩、行事方式、个人著述等方面，有着许多相似之处。当然，某些方面的差异也十分明显。在此，我们不妨对俞大猷与戚继光进行一番比较，从中或许可以一窥堂奥。

俞大猷出身卑微，二十九岁才步入行伍，世袭百户。戚继光出身将门，十七岁那年，担任京军神机营将领的父亲病逝，他便世袭山东登州卫指挥佥事一职。年纪轻，起点高，加之父亲生前的人脉关系，是俞大猷远远不及的。

俞大猷比戚继光年长二十五岁，戎马生涯四十七年，抗倭时间也比他长。俞大猷奉命踏上剿倭前线，与倭寇经过多次交手，终于取得了王江泾大捷，此后戚继光才来到浙江抗倭战场，两人并肩战斗。嘉靖年间，是倭患最为严重的时期，俞大猷转战浙、直、闽、粤，进剿以王直、陈东、徐海、叶麻为首的倭寇、海盗集团；取得著名的平海卫大捷；击溃附倭吴平集团，功勋卓著。戚继光也参加了剿灭这些倭寇的战斗，但就总体而言，俞大猷参加的战役比戚继光多，对倭寇的杀伤力更大。在嘉靖四十二年（1563）以前，俞大猷的职位比戚继光高（大猷贬官时除外），是他的上司。之后，戚继光升任总兵官，又因北上练兵等，两人职务皆有所变化，但级别基本相当。

论战略思想，两人都强调水陆并进，俞大猷侧重海战，戚继光侧重陆战。俞大猷不仅提出御敌于海外的理论，还抓住倭船矮小、不习水战的弱点，以水师袭击倭寇大获全胜。戚继光不以固守一城一地为限，将军事力量拓展至河道乃至海上。

论练兵，两人颇为近似。他们都认识到，要想消灭倭寇，依靠现有的已然腐朽的明朝军队是不可能的，于是各自练出了一支自己的军队——俞家军与戚家军。但俞大猷练兵在前，提出"练兵必先练胆""胆壮则兵强"，强调"技精则胆壮"，将高超的技艺视为胆壮兵强的前提与基础。戚继光练兵时，受俞大猷的启发，提出"练心则气自壮"，从练心入手解决胆气问题，并以俞大猷的《剑经》为教材操练士兵。他们练兵的方法虽有一定区别，但落脚点一致，练出的两支军队技艺高强、团结一心、纪律严明、勇敢顽强，在与倭寇对阵时，几乎攻无不克、所向披靡。他们都曾北上训练车营，俞大猷在西北大同最先提出并创建了车步骑营，大败鞑靼铁骑于安银堡。戚继光镇守蓟镇时，经过认真研究，反复思考，总结出俞大猷车步骑营的五大好处，受此启发，建立了七个车营，以抵挡鞑靼内侵。

论治军，俞大猷运筹帷幄，既有整体谋略，又有具体战法，先计后战，不贪近利，收功万全。就政治素质与战略头脑而言，俞大猷堪具将帅之才，这是戚继光所不具备的。但陷阵攻敌时，戚继光则更其刚毅勇猛。对此，《明史》写道："大猷老将务持重，继光则飙发电举，屡摧大寇，名更出大猷上。"可见即便当时，戚继光的名声也在俞大猷之上了。人们更看重披坚执锐、冲锋陷阵的猛士，对运筹帷幄的幕后英雄往往视而不见。俞大猷的谋定而后动，注重对后勤的补给，对叛军的招抚，对少数民族及边鄙蛮荒之地的教化……这些，朝野上下，都不甚重视。其实，俞大猷的孤胆英雄形象比戚继光更甚，因武功高强，他常常单枪匹马深入敌阵中心，劝说、招抚、瓦解敌军，收效十分显著。而这些，也往往被人们忽略，极少提及。两人的治军特点，俞大猷擅领水军，常以舟师歼击敌寇于海上；戚继光则以陆军为主，攻城略地，勇往直前。

俞大猷身经百战，以胜居多，但也有过受阻、挫折与失利。作为一名统率千军万马的总兵，有的战役虽然大胜，但免不了局部小败。而戚继光在对倭中历经大大小小八十多次战斗，虽有伤亡惨重之时，但几乎没有溃败的记录，最差也能打个平手。

嘉靖三十八年（1559）三月，俞大猷下狱，不得不离开东南沿海抗倭战前线。这段时间，戚继光奉命追剿逃至福建的倭寇，取得了横屿、牛田、林墩大捷，将王直余党歼灭殆尽。这一连串军事胜利的取得，固然是因为戚继光出色的指挥才华与戚家军的勇猛无敌，但也与倭寇头目王直、徐海、叶麻、陈东等人已在浙江被杀有关。逃往福建的都是一些小喽啰，他们四分五裂、各自为政、士气衰落，为戚继光各个击破创造了有利条件。

俞大猷打仗有过失利，常受朝廷惩处，还被打入大牢，普通百姓不明就里，以为他是"罪有应得"。与一直顺风顺水、解民倒悬且少有"负面新闻"的戚继光相比，在百姓眼里，自然略逊一筹。

这便涉及到所谓命运的问题。俞大猷常常有功无赏，有过则必遭严惩，处处受制，动辄得咎，屡遭陷害，仕途布满荆棘。他一生四为参将，六为总兵，有过七次受辱，四次贬官夺荫，一次逮捕下狱的曲折与坎坷。两相比较，戚继光的官运可谓一帆风顺，似乎处处都有"贵人"照应，即使出现过失，也有人出面替他遮挡掩饰，总能化险为夷,正如《明史·戚继光传》所言:"亦赖当国大臣徐阶、高拱、张居正先后倚任之。居正尤事与商榷,欲为继光难者,辄徙之去。诸督抚大臣如谭纶、刘应节、梁梦龙辈咸与善。动无掣肘,故继光益发舒。"

常言道,性格即命运。应该说,俞大猷与戚继光不同的人生际遇,与他们的个性特征密切相关。

俞大猷性格耿直,为人正派,胸襟坦荡,但其貌不扬,不善言辞,从不迎合权贵、巴结文官、讨好上司,有一种理想主义倾向。李义壮、稚大甫《〈洗海近事〉序》说他"平生不张能,不争功,人见之粥粥若无能者。然其中之所存,尤欲起古之英豪于千百载之上,而思与之齐"。自北宋以来的重文轻武传统,已形成武官要想获得赏赐、晋升,不得不投靠、依附以文官为主的权贵集团的风气。每次战争,都由文官上报战绩,报多报少,或赏或罚,文官手中一支笔,胜过千万雄兵。俞大猷不肯委曲求全,文官对他的印象就大打折扣,战功少报或不报,因此有功无赏,或赏赐不公。而他又格外看重儒家"仁义礼智信、温良恭俭让"的处世准则,并身体力行,只求实质性的建功立业,不慕虚荣。他文字功底深厚,文章写得好,却不善言辞,凡事不与他人计较争辩,总是礼让三分,哪怕朝野上下为他打抱不平,他也淡然处之。何乔远《名山藏·俞大猷传》对此写道:"大猷虽有不羁之才,而低首行列;虽有乡曲之誉,而处势孤藐;虽有深沉谋略,而不能为纵横辩词。"而一旦出现过失,文官就一个劲地弹劾他,有时简直就是诬陷。同为失职,其他官员不予追究,唯有俞大猷一人担罪受责,甚至夸大其词,遭受过度严惩。哪怕打了胜仗,也因局部失误没有完胜而受到质疑,结果被"上纲上线",贬官撤职,甚至蒙冤下狱。

戚继光的性格,显然比俞大猷更为圆融,特别在为人处事方面,要灵活实际得多。他可直达天听，与先后担任首辅的徐阶、高拱等人关系都不错，后来更是深得大名鼎鼎的政治家、改革家、首辅张居正的信任。有了他的庇荫，戚继光才能放下包袱、甩开膀子，无所畏惧地"大干快上"。张居正重用戚继光，重振明朝武备衰落，予以一切便利。"投我以桃，报之以李。"据戚继光与张居正之间的相关往来记载，戚继光曾让自家兄弟给张家奉送贵重礼物，张居正仅象征性地收下一部分；戚继光得知张居正喜好女色，便以重金购买名曰"千金姬"的美女献上；张居正父去世，戚继光派出一个连的鸟铳手护送他回故乡湖广江陵奔丧，倒是张居正觉得过于"排场"，只选六名鸟铳手随行南下……

当然，戚继光这样做，并非为自己谋取私利，而是求得庇护支持，以顺利完成剿灭倭寇、重振武备大业。可换了俞大猷，不论出于多么美好的目的，他肯定做不来。因此，《明史》说戚继光"操行不如"俞大猷，"而果毅过之"。戚继光的这些既可说是报恩，也可说是行贿的内幕，因为做得十分隐秘，也有"为贤者讳"之意，不论当时还是后来都鲜为人知。人们所知道的戚继光，全是英勇的事迹与正面的宣传，其形象也就越来越高大。

戚继光身经沙场，也有过平定农民起义的经历，但极少。人们记得他的功绩，一是东南抗倭，二是北方驱虏，都是反抗外来侵略。俞大猷的经历则丰富复杂得多，除东南灭倭及北方献策、训练车营、痛击俺答外，还在湖南、广东、广西、江西、海南等地辗转任职，征讨安南，多次平息农民起义与矿徒暴动，对当地的黎族、苗族、壮族、瑶族等少数民族起义，或征剿惩办首恶，或招抚施以教化。

作为一员武将，听从明廷诏命平息各地暴动或起义，是俞大猷的职责所在，也是任何一位朝廷官员无法超越的历史局限。但是，俞大猷的平乱又与那些一味剿灭、斩草除根、血洗起义之地的残酷行为有着天壤之别。不同的对象,俞大猷总是区别处理,对待倭寇主剿,若附倭居多,则剿抚结合;对待海盗及农民、矿徒、少数民族起义,或剿抚结合,或以抚为主。他特别指出:"各县官原有父母之责,务要体悉此意,多方劝谕。但能招抚贼人一百就抚,是该县救活数百人之命;招得一千就抚,是该县救活数千人之命。其阴骘亦甚大,乃见该县官之才能也。"(《正气堂集》卷十三《论招抚欲诚征剿规模欲大》)比如俘获张琏余党两万多人,他"不戮一人";哪怕征讨反抗长达百年之久的古田起义,也"重在首恶,胁从从来罔治","只为韦银豹一人"。征剿只是手段,目的在于治理。俞大猷强调安抚教化,重视社会稳定及百姓安居乐业,根据不同地区的情况,提出相应的善后处理方案,以达长治久安之效。"事定之后,一体为汝处分,必革有司贪毒之弊,必除里书剥害之奸,必禁土舍公差需索残虐之蠹,使汝与民生生无穷。"(《正气堂集》卷二《论良黎》)只有铲除社会不公的土壤,才能杜绝民众的反抗与起义。但在"文革"时期,农民起义一概被定性为推动历史前进的动力,于是不问青红皂白,将俞大猷视为剿灭农民起义的"刽子手"而打入"冷宫"。

　　俞大猷与戚继光都是出色的儒将,俞大猷先文后武,戚继光哪怕在戎马倥偬的岁月也不放弃阅读,但俞大猷深得儒学中的闽学之精髓,对《易经》尤有研究,可娴熟地将其用于军事布阵。郑旻在《〈正气堂集〉序》中说他"以其用兵者为文,以其为文者用兵,奇正相生,善出不穷"。戚继光曾向俞大猷学过剑法,军事思想也受其影响。他们都有著作存世,俞大猷著有《正气堂集》《正气堂余集》《正气堂续集》《洗海近事》《镇闽议稿》等,编有《续武经总要》,戚继光著有《纪效新书》《练兵实纪》《止止堂集》《莅戎要略》《武备新书》等。由于以上诸多因素影响,俞大猷的作品没有戚继光的那么普及,比如他的武术专著《剑经》,因收入戚继光的《纪效新书》,才得以广泛传播开来,比他的其余著作影响更大。

俞大猷在抗倭战争中,不仅有高屋建瓴的战略指导思想,在具体战役、战斗中,也能采取灵活机动的战术,嘉靖年间所取得的几次具有决定意义的重大胜利,都离不开他谋定后动的正确指挥与身先士卒的勇猛顽强。可以毫不夸张地说,俞大猷是剿灭倭寇的关键性人物,不仅与戚继光媲美,甚至超乎其上。

比如兴化平倭,首功当数俞大猷,是他力排众议严密部署,等待时机成熟,然后会同刘显、戚继光联合进攻而取得的一次福建抗倭的最大胜利。可论功行赏时,戚继光晋升都督同知,荫一子为锦衣卫正千户,赏银三十两、纻丝二表里;对兴化府城陷落负有一定责任的刘显,也于祖职上升两级,赏银二十两、纻丝一表里;功绩最为卓著的俞大猷,仅赏银二十两、纻丝一表里而已。

我们可以设想一下,如果是俞大猷失职导致兴化城陷落,会是一种什么结果?一经弹劾,嘉靖帝震怒,说不定会遭受朱纨、王忬、张经、李天宠等人那样的斩首噩运。而刘显无人弹劾,所以他不仅没事,反而受赏。民不举,官不究;同样的道理,官不弹劾,皇上躲在深宫哪里知道?只要弹劾,朝廷就会给一个说法。弹劾一多,时间一长,皇帝、兵部对俞大猷的印象会打折扣,百姓也会产生误解。但各地倭患严重、起义频繁,朝廷又不得不利用他,于是便形成了一种"怪圈"——剿倭平叛离不开俞大猷,论功行赏加以忽略,一旦失职则严惩不贷。

不仅官府如此,民间也是如此。即使在俞大猷的故乡福建,民众对他的纪念也不如戚继光。比如兴化府城陷落,追剿这股残害当地百姓的倭寇,取得抗倭史上著名的平海卫大捷,论功俞大猷当数第一。可直到如今,当日的兴化府,今天的莆田市,民众在每年一次"做大岁"的纪念活动中,纪念的抗倭英雄主要是戚继光。当地世代敬仰并供奉的抗倭英雄有三位，一是戚继光，建有戚继光纪念馆；二是供奉在涵江区江口镇白家村将军祠中的白将军，原型为力战而亡的抗倭英雄白仁；三是供奉在荔城区北高镇后积村万灵宫中的大王爷，原型为广东水师都统孔兆熙，他从广东赶至兴化救援，身先士卒，在与倭寇的混战中不幸身亡。俞大猷仅在纪念场合被稍稍提及而已。并且当地百姓认为，兴化府城陷落之后，是戚继光将倭寇赶跑的，或是听说戚继光从浙江赶来，倭寇吓得弃城而去。真相我们在前面已有所叙述，倭寇饱掠之后，城中财物夺尽，继续占据已毫无意义，这才主动撤退。

俞大猷谋定而后动，迟迟不肯向倭寇发起进攻，不仅被朝廷官员视为懦弱，当地百姓也怨气冲天，认为官兵胆怯无能。他们对失职的广东总兵刘显怨恨颇深，对俞大猷也抱以一种讥讪嘲讽的态度。而戚家军一到兴化，战斗就打响了，就剿杀倭寇为他们报仇雪恨了，因此百姓视戚家军为神兵，视戚继光为救命恩人。对此，一直隐忍的俞大猷也不得不发点牢骚道："吾不先凿沟堑，堵海堰者，戚公骤至，能无一倭逸漏耶？"（何乔远《名山藏俞大猷传》）

平海卫大捷之后，俞大猷就离开了兴化府返回伸威营。戚继光继续留在当地抗倭，又取得了仙游之战的重大胜利。兴化倭患平息之后，乡贤林龙江捐田三十亩，在林墩首建戚继光生祠奉祀。当地百姓对戚继光感恩戴德，后又在多处修造戚公祠，内塑戚继光雕像，逢年过节，以光饼等食品祭祀。"光饼"是戚家军的一种干粮，饼中有孔，可用绳索串在一起便于携带。战斗激烈，时间急迫，戚家军有时根本来不及埋灶做饭，便食用这种光饼。莆田、仙游一带，至今留有不少与光饼相关的典故，如"东桥的光饼""光饼画在壁""光饼落下肚"等。当然，其他与戚继光、戚家军有关的传说更多，如地名"九战尾"，即源于戚继光与当地军民联手大战倭寇九个回合获胜而命名；如"乌贼洞"出于戚家军巧用烟火熏烧倭寇等等，代代相传，有口皆碑。

俞大猷用兵一辈子，唯一一次扰民，便是在莆田，士兵拆毁当地残屋作为营垒，采集百姓麦子填充饥腹。尽管目的是解救当地百姓，但其行为不一定被他们理解，这便有损俞大猷的正面形象。当地百姓至今仍传颂着戚家军"擂鼓进军，虽水火不却步；鸣金收兵，虽金银不贪""冻死不拆屋，饿死不掳掠"的严明军纪。

…………

其实，我们今天这种比较于俞大猷、戚继光本人而言并不存在。他们惺惺相惜，相处融洽，是一对要好的朋友。戚继光与上司套近乎、送礼物之类的事情，俞大猷当时肯定有所耳闻，但他从未有所鄙夷；戚继光由下属升为总兵，与俞大猷同职平级，俞大猷由衷地感到高兴，不仅没有掣肘，反而积极配合、同心协力；戚继光的抗倭名声越来越大，直逼俞大猷甚或超乎其上，俞大猷从不嫉妒。俞大猷与戚继光之间从未发生过节，他们属典型的忘年之交、道义之交、管鲍之交。在歼灭王直、徐海、陈东、叶麻，进剿平海卫，破吴平于南澳等重大战役中，他们联手御敌，团结一致，屡建奇功。最终荡平倭寇，俞大猷与戚继光，二者缺一不可。他们两人还在厦门万寿岩潮音洞前的巨石崖壁题刻和诗，上书七言律诗三首：

> 万丈峰峦耸目前，不须雕巧出天然。
> 空涵石瓦生春色，炉热旃檀起瑞烟。
> 自信明时无隐逸，还疑僻处有神仙。
> 公余正好谈玄妙，又统三军过海边。

> 幽岩屹立梵宫前，片石呈奇瓦俨然。

峭壁罅虚寒漏月，博山香蒸暖生烟。
高僧煮茗能留客，樵子观棋每遇仙。
说罢禅机登绝顶，恍疑身在五云边。

禅宫俯瞰乱峰前，片瓦重重势俨然。
松落石檐寒带雨，云飞山户晓生烟。
人夸竺国三千界，我爱蓬莱第一仙。
幸喜封疆无事日，楼船同渡海南边。

对此，万寿寺住持普荫在《万寿岩记》中写道："倭寇之时，俞都督讳大猷、戚参将讳继光曾到此，有诗留题，勒之于石壁之上。"今天，我们已分不清这三首七言律诗哪首为俞大猷所吟，哪首为戚继光所和，也许同一首诗，由两人诗句连缀而成。这块至今犹存的"俞戚诗壁"，既是他们真挚友谊的纪念，也是两人不可分割的见证。

王扶生编《俞大猷戚继光合传》开篇，也作了恰如其分的评价：

明史列传中与于平倭之役者，先后凡百四十余人。而世独多俞虚江戚南塘者，其故有三：一则倭寇之患，莫剧于二公之时；二公转战江浙闽粤诸省，东南倭患，赖以悉平，其功为最著。二则其时之枢臣疆吏，贪黩无耻，颠倒功罪，牵制事机，在在足以使志士心寒，勇夫气沮；而二公独本于民族兴亡之一念，不避艰危，不虞毁誉，鞠躬尽瘁，以底于成。三则二公生长将门，并通儒术；于战阵之中，既操万全之算，却敌之后，每为悠久之谋，其言议著述，轶代长新。故二公之勋名，既凌驾于一代，二公之事迹，遂永式于千秋。

第十四章　镇守两广

一

南澳之战吴平逃逸，俞大猷遭到革职闲住处分。"回首向来萧瑟处，归去，也无风雨也无晴。"已经六十四岁的人，三十多年来转战南北东征西讨，经历的事情实在太多，再大的挫折与打击，对俞大猷来说，也算不得什么了。于是，他撤去幕府，交出将印，准备回家养老。

但是，他被两广总督吴桂芳留下了。

当时，河源（今广东省河源市）、翁源（今广东省翁源县）两地爆发了声势浩大的农民起义，吴桂芳担心事态扩大不可收拾，赶紧调集十万大军，准备大规模进剿。所谓千军易得，一将难求，眼下用兵之际，没有比俞大猷更为合适的将领人选了。吴桂芳不仅在给俞大猷的信札中为他鸣不平，还专门上书朝廷，向内阁和兵部申诉冤情，建议留用。

"士为知己者死，女为悦己者容。"如此一来，俞大猷只得改变主意，打消回家念头，在没有得到朝廷的正式诏令时，便毅然接受吴桂芳请托，重新踏上艰难的征程。

嘉靖四十五年（1566）二月，俞大猷率领十万大军，浩浩荡荡地向河源、翁源进发。

河源、翁源地区，崇山峻岭，绵延千里，地势十分险要。农民起义军依靠复杂的地理环境，建立坚固的寨堡，凭险自守。暴动的起义队伍有多股，他们既各自为政，又相互依存，其中尤以李亚元的势力最大，据点建在云溪（今广东省河源市东源县境内），寨堡筑于河边。李亚元率部众一万多人，以河岸茂密的翠竹为防护，在竹丛内设立木栅，栅内筑墙建堡。寨堡如蜂巢般唇齿相依，连成一片，达于三郡六县之间，壁垒森严。朝廷曾在广东征调惠州、韶州、广州三府的军队前来平定，被李亚元击退，以后对峙数年，没有半点进展。两广总督吴桂芳为此大伤脑筋，此次，他铁心要拔除这个"钉子"，彻底解决二源之寇。

俞大猷统率的这支大军分为五哨，其中狼兵、土兵八万，广兵、福兵八千，其余为赣兵。兵力雄厚，势头强劲，锐不可当。

李亚元等当地农民起义首领探知官兵详情，听说总指挥为著名的抗倭将领俞大猷，不禁闻风丧胆；又听说大军十万进剿，斗志全无，不敢与俞大猷对垒硬拼。于是，他们一改过去据守老巢的策略，决定避开官兵锋芒，逃往他处，打劫行事，保存实力。

俞大猷行军打仗的风格，总是知己知彼，了解敌方详情，集中优势兵力，包围进剿。当他了解到李亚元等人准备出逃的动向后，决定延缓其计划，诱而聚歼。起义军若逃至他地，分散开来，追剿难以奏效，明军极有可能无功而返。于是，他派遣王鸾等人乔装打扮，以贵族侍从的身份，冒充副将，打入李亚元巢穴，行离间计，阻止其行动。

王鸾为人机警，行动敏捷，善于审时度势而作出决断。进入李亚元行营后，王鸾施展各种本事，以博取他的欢心。李亚元以其农民出身及较为单纯的阅历见识,根本没有想到官军会派遣间谍打入营垒,对于王鸾的到来,不仅没有怀疑,反而认为王鸾足智多谋,来得正是时候,可在关键时刻助他一臂之力。因此,李亚元对王鸾十分信任,言听计从,并授予大权。王鸾向他建议,为了对付官兵的大举围剿,应联合其他暴动武装,人多势众,才能抗衡。李亚元立马采纳了这一建议,向周边农民起义队伍发出信号,他们也觉得唯有依傍李亚元这棵"大树",才有力量与官兵对抗,遂纷纷赶来依附。一时间,李亚元所在的云溪,汇集了一万七千多名起义农民。俞大猷的诱敌聚歼计划,在一步步实现。

五路大军,正向河源、翁源开进,慢慢逼近云溪。为了麻痹对手,俞大猷采取声东击西的缓兵之计,说要先行攻打其他小股起义队伍。官兵连下数寨,对他们逐一清剿,诛杀一千多人。

在攻打碓砍义军时,俞大猷派遣游击将军魏宗翰前往。碓砍之地,群山如春笋林立,山谷巨坑百丈,道路如细线般盘绕,到处都是悬崖峭壁,只要数人坚守,便可居高临下,制服万众。魏宗翰多选鸟铳兵、火箭兵作为前锋,并派把总王可兴避开正面的险要之地,从后山进攻。敌军抵挡不住,纷纷坠崖而亡,擒获碓砍首领李爵。

李爵为李亚元侄子,他被抓获后,李亚元竟幸灾乐祸地说道:"既然说过要诚心归附于我,为何又偷偷地离开云溪,占据险要之地为盗呢?"于是,他越发相信官兵所言,要剿灭其他各股农民武装。李亚元也乐得如此,这些小股武装平时各自独立,并不听从他的指挥,此次召集他们前来归附,也不听令,那就让他们一个个被消灭好了!

随着小股起义武装被逐一剿灭,俞大猷下令各路官兵,迅速向李亚元营垒集结。同时扬言,要清剿另一股没有依附李亚元的义军李明。俞大猷故意遣人致信李亚元,让他派出熟悉李明巢穴路线的向导数人,带领明军攻打。李亚元深信不疑。

俞大猷亲率一支大军从李亚元营垒前经过,直到离开云溪一里左右,仿佛正向李明寨堡方向前进,就在这时,俞大猷突然回军,引兵从云溪西面突进。这里道路又陡又窄,行走十分艰难,李亚元根本就没想到俞大猷会迂回选择这条险路向他发起进攻。

直到明军到了寨堡前,李亚元才有所觉察,当即惊得目瞪口呆,准备率兵逃遁。这时,王鸾欺骗他说:"这些队伍,肯定是移师左路去攻打李明的。"李亚元闻言,也就放下心来,并派兵抬出酒肉慰劳官兵。

各路明军又陆续开到,集结在李亚元寨堡四周,把寨堡围了个水泄不通。

一切部署停当,时机已然成熟,俞大猷一声令下,明兵向李亚元发起总攻。

战争进行得十分激烈,李亚元寨堡果然坚固无比,一时难以攻下。明军将其围了一圈又一圈,不让义军逃往他处,然后每天发兵攻打。明军近到寨前,砍伐竹林,拔除栅栏,逐日向前推进。

李亚元死守寨堡,他命令部下抛掷石块、发箭射击,明军有所伤亡。

明军由多处调集而至,虽然人多,但鱼龙混杂,纪律涣散,一经挫折,便纷纷溃退。

战斗处于胶着状态。

俞大猷不得不召集士卒,当众斩杀擅自逃跑者及不听指挥者,严肃军纪,并悬赏三千两白银,亲自督阵指挥。

一时间,明军士气大增。把总黄处、林乔樾纵兵杀敌,个个勇猛直前;中军陈其可指挥部下以藤牌遮挡石块箭镞,并用火铳、火炮等火器仰攻而进;各路一齐发力,终于将李亚元巢穴攻开三处,官兵从缺口纷纷涌入，四处纵火，烈焰遮天。

俞大猷正担心王鸾等人安危，只见他们与另一义军首领从寨堡中一同走了出来。

起义军一万多人无处逃遁，大多被烧死，只有三四分之一被俘虏，首领李亚元被生擒。

此次攻坚战明军大胜，士兵仅四人阵亡，三十多人受伤。

第二天，俞大猷前往战场视察，但见尸体枕藉，满地枯焦。面对这惨烈的场面，俞大猷心情极其沉重，没有半点胜利的喜悦。他身为军人，却以慈悲为怀，在给吴桂芳的书信《伤破云溪之惨》中写道："一战而枯万骨，其无乐有此事。天讨在上，非臣作威也。名公以为何如？"

李亚元这颗最大的"硬钉子"一经拔除，河源残剩的其他各股起义武装，只存举林四百多人，鱼潭、蓝滩、大席各二百多人，五峒五六百人，或剿或抚，也就比较容易了。

俞大猷先派官兵督守，以防他们逃窜。等到李亚元被剿灭，再差人至各处晓谕招抚，说李亚元为第一贼首不可赦免，所以进攻剿灭，其他各巢只要放下武器，听从处分，不必惊疑。

这些小股起义力量见势力最强的李亚元都被剿灭，若继续与官兵对抗，无异于以卵击石，也就听从安抚，等候发落。

河源暴乱平息，俞大猷乘胜发兵东峒，那里有邓廷凤、黎永元等势力盘踞。

邓廷凤率众兵出寨，居高临下与明军拼死相搏。官兵仰战，步步而上，将敌兵逼至山巅，然后用火铳、弓箭猛射。邓廷凤无处可逃，遂遭擒获，部下两千多人被杀。

俞大猷所率各地征调兵员中，有一支上杭兵。这支上杭兵原为俞大猷招抚的暴动队伍，桀骜不驯，难以驾驭。东峒之地，形势险峻,大猷担心他们畏难不敢先登,便使出激将法来,迟迟不用上杭兵,总是命令他们殿后,使他们无功而自感羞愧。等到进剿黎永元巢穴时,上杭兵同仇敌忾,匍匐跪拜,主动向俞大猷请战。大猷便以他们为先锋,由把总翁思诲率领。

与李亚元等其他起义首领相比,黎永元足智多谋。俞大猷担心他设有伏兵,于是派人先期侦探,果然有一千多士兵设伏,而以五百人诱明军深入。俞大猷将计就计,分兵截击其后。

战斗打响了,黎永元亲率五百骁勇士兵与明军力战一番,然后退却。翁思诲出阵督兵进击。黎永元以为官兵中计,伏兵突起。没想到伏兵后面另有一支明军围堵,官兵前后夹击,黎永元不敌,被斩杀。上杭兵乘胜攻入黎永元盘踞已久的巢穴,尽歼这股势力。

从嘉靖四十五年(1566)二月出兵,到五月间平息起义,俞大猷仅用了三四个月时间。

平暴难,而要使得一地永远安宁不再叛乱更难。战斗结束后,俞大猷前往各地了解情况,处理善后事宜。给两广总督吴桂芳写了《大征二源预请详审要害移建县治以省重费以图久安》《移县》《请立营抚处零贼》《封刀之后不宜轻易杀人》《留残民以立县治》等多封书信,认为"善后有二:立县治,留兵将。不立县治,四五十年,又当一征;不留兵将,二三月后,死灰复燃",并对设县驻军提出具体建议。他认为,可在象岭新立一县,在象岭、黄峒、长吉屯、于板岭等地驻军立营。建县、设官、筑城同时并举,大约一年可以完成。等到县治构架基本完成,军队即可撤出,交由县官治理,实施教化,以达长治久安。

吴桂芳对俞大猷领兵平暴,一举解决多年来没有解决的河源、翁源等地农民暴乱,深感欣慰,甚为赏识,不禁提笔上书朝廷,为他请功:"俞大猷行师以律,算计如神,董五哨十万之全师,如弈棋着着先手；蓟三郡六县之妖逆，如振落次次划平。真充国厚重之风，方叔元老之猷，宜复其兵权，当有伟效。"

嘉靖四十五年（1566）八月，朝廷下旨："大猷复原职，听用。"九月初十，明廷又"命原任广东总兵俞大猷，仍总兵官镇守广西"。九月三十日，原任广西总兵吴继爵回京，明廷索性"以总兵官俞大猷代之"。

俞大猷心里十分清楚，此次平叛二源之功，不仅复职，还转任镇守广西地方总兵官，并佩征蛮将军之印，实有赖于两广总督吴桂芳的推荐留用与上表请功。于是，他写了一封书信《谢吴公奏转广西总兵》：

> 夫龙能大能小，能屈能伸，升云潜雨，流川塞渊，何所不可？士志于道，力到功深，华去实存。不知天地之为大，死生之为变，而况进退与夺，崇卑贵贱之间哉？
>
> 猷向未闻道，窃有志焉。顾其浩然自得之真，每得于师友讲习之余。其视千古之前，千古之后，一切兴衰成败之迹，亦已洞然矣。宁以人爵崇卑少介于中，而自贬其所谓天爵哉？

从中我们可以看出俞大猷宠辱不惊的心态以及浩然自得的真趣。

二

就在俞大猷转任广西总兵不久，即嘉靖四十五年（1566）十二月，明世宗朱厚熜辞世。他是明朝第十一位皇帝，十五岁登基，在位时间长达四十五年之久。嘉靖这一年号，若按使用时间长短排序，在明朝数第二（万历年号四十八年，时间最长）。

嘉靖帝即位之初，大刀阔斧地推行改革，朝政焕然一新。他能继承皇位，具有一定的偶然性。明武宗死后无子，皇太后与内阁首辅杨廷和商议，决定由近支皇室、武宗堂弟朱厚熜继承皇位。朱厚熜为兴献王朱祐杬次子（长子早夭），兴献王封地在湖北钟祥，他生于兴王府凤翔宫（今湖北省钟祥市王府大道12号）。朱厚熜来自底层，对民间疾苦有所了解，刚上任时，打击旧朝臣、皇族、勋戚势力，裁抑宦官，高度集中皇权。但后来追求长生不老，奉玄事道，大兴斋醮，疏于朝政。首辅严嵩擅权二十年之久，以致吏治败坏，边事废弛，倭寇频袭，鞑靼内侵。南倭北虏，成为嘉靖年间最大祸患，对明朝政治、军事、经济影响甚大，边关百姓惨遭蹂躏，内地百姓赋税沉重，民众苦不堪言，暴动起义此起彼伏。

嘉靖四十五年（1566）十二月底，明世宗朱厚熜第三子朱载坖即位，是为明穆宗，第二年改元隆庆。新皇刚刚即位，往往都会出现一些令人为之一振的新气象，穆宗上台也是如此，他平反冤狱、废除斋醮、惩治方士、整顿整治，特别是在用人这一问题上，与父亲大为不同。嘉靖帝性格多变，"忽智忽愚"，对大臣"忽功忽罪"，动辄重处，暴戾擅杀；隆庆帝则较为开明，用人不疑，予以信任。这对谭纶、俞大猷、戚继光等一大批文臣武将来说，不啻一桩幸事。

嘉靖四十五年（1566）九月，俞大猷由广东总兵转任广西总兵。正值广西少数民族发生大规模暴乱，隆庆元年（1567）正月十六日，俞大猷刚一到任，两广总督吴桂芳便命他筹划征剿古田僮事宜。

嘉靖四十五年（1566）十月，谭纶升为"兵部右侍郎兼都察院右佥都御史，总督两广军务，兼理粮饷，巡抚广西地方"（《明世宗实录》卷五百六十三）。但因先帝驾崩、新皇初立，新旧交替之际，朝廷机构运转相对缓慢，直到隆庆元年（1567）五月二十七日，才抵达广东南雄府，与吴桂芳办理相关交接手续。三个月不到，谭纶又被朝廷召至京城训练车营,两广总督由张瀚接任。

两广总督频繁变动,本应出征广西的俞大猷,却留在了广东,先是攻打劫掠广东东莞的农民起义首领王西乔,后又奉命围剿海盗曾一本。

王西乔聚集众徒两千,起兵反叛,关押同知,杀害百户;又与另一起义军首领李元立合并,部众达四千余人,劫掠东莞北部;再与赖时清起义军两千会合,攻入东莞南部。御史王小川命俞大猷将其剿灭。

其时,俞大猷刚刚取得二源之战胜利,所率兵力疲惫,有待休整,且兵源来自各地,在外待得久了,归乡心切。于是回复道:"今兵已老,当再调其壮者。"

等另行征调的部队集结完毕,俞大猷并未进入东莞追剿,而是驻扎淡水(今广东省惠州市惠阳区淡水镇),守住敌军归途,这里军队粮饷等后勤运输也更为方便。

战斗打响,俞大猷一战杀死李元立,再战消灭赖时清,三战生擒王西乔,四战肃清其残部,一地得以平安。从出军到班师,前后不过五十天时间。

隆庆元年(1567)五月,俞大猷因剿灭王西乔等人有功,升任前军都督府署都督同知,属从一品。

然后,俞大猷履行广西总兵之职,继续准备征剿古田僮。当地壮族、瑶族等少数民族不堪明廷统治,占据县治,劫库杀官。明军多次兴兵讨伐,或镇压,或招抚叛军。但他们"叛服不常",一有机会就举起义旗,占地为王,占山为寇,危害甚大。大猷主张用兵十万,开展大规模清剿。他在《讨古田贼呈》中写道:"然用兵贵乎持重,虑事贵乎万全。与其轻动以图侥幸之功,孰若大举,以为久安之图。会观利害,详虑始终,必大征而后民患可除,必设守而后事可善。不然,百万生灵日被屠戮而不救,是弃民也;民渐尽绝,合省之山峒、田地不免皆为贼有,是弃地也。"

此时,海盗曾一本又在广东频繁活动,四处打劫,为害甚烈。新任两广总督张瀚认为俞大猷是消灭曾一本的不二人选,又得知谭纶已上书朝廷,推荐俞大猷北上京城训练车营,他急了,赶紧拟定奏章,快马进京,呈给新皇隆庆帝,陈述海盗猖獗现状,而俞大猷了解军情,熟习水战,再也没有比他更为适合征剿的将领了:"此时诸路将领,既已倾心服其指挥,海洋桀骜亦皆惮威,屡乞招抚。作三军之敌忾,安万姓之忧危,士民汹汹惟恐其去。况在誓师申令之时,有临敌易将之忌。揆诸事势,诚不可遽令其去也。且大猷生长海滨,熟知水战,虽忠义性成,韬略素具,无往不利。乃若江海帆樯从容应变,奋迅于波涛震荡之中,一时将领,信无能出其右者。"(《张元洲荐疏》)

朝廷准奏,俞大猷被张瀚留在了广东,既未北上练兵,也暂缓进军广西。

曾一本,福建诏安人,也有资料说他是广东海阳龙溪都(今广东省潮安区庵埠镇)人,原为吴平部下。吴平败走安南,曾一本集结余党,再据南澳岛,自立门户,四出劫掠,主要在潮州、雷州、琼州一带活动。

曾一本虽然强悍,但缺少计谋与主张。官府招安,他率兵请降,但经不住身边一帮人蛊惑,很快又叛。"屡招屡叛,屡叛屡招,反复无常,必至于灭而后也。"最近一次,曾一本于隆庆元年(1567)二月接受招抚,十月又叛。此次反叛,声势闹得很大,他们抓走澄海知县,在潮州一带抢劫;围攻广州,焚掠东莞等地,东莞守备李茂才追剿阵亡;攻入雷州,杀死参将魏宗翰……曾一本横行于广东沿海一带,官兵莫可奈何,手下部众也由最初的几百人,滚雪球般越滚越大,多达万余。如不及时剿灭,后果不堪设想。

俞大猷临危受命，不得不专心一意地加以对付。

当时为害广东的海盗有三伙，一伙为曾一本，胆敢与官府为敌，气焰十分嚣张；另一伙为林道乾，势力较小，但也开始蠢蠢欲动，扩建兵船；再一伙是大家井，活动较少，容易对付。三股海盗，不可平均用力，应区别对待。大家井可置于一旁，暂且不管。林道乾与曾一本两股，若同时征讨，兵力不够，只好剿一抚一。曾一本显然已不适于招抚，而林道乾则可，他遇事有主见，不轻易受人左右，如果推诚晓谕，给以粮米，使其不再登岸骚扰，不失为一项行之有效的应急措施。

追剿曾一本，说起来容易，但要真正成功，实非易事。眼下最大的困难是广东虽然新设六个水寨，但未设战船。没有战船，如何与海盗作战？这三伙海盗仅在广东沿海一带肆意横行，就在于他们害怕福兵福船。福建设有五个水寨，水军常年驻守，每寨备有四十只福船。海盗势单力孤，各水寨自行追剿；如果势力很大，则五寨合围，使其有来无回。因此，海盗害怕进入福建水域。

现在的关键是造船募兵，并且只能在福建打造。如在广东境内打造，海盗一旦得知，会不顾一切地进攻焚毁。俞大猷建议，不仅在福建打造四十艘战船，且大小、样式，也以福船为准。每艘福船配备士兵七十五名、头目一名，计七十六名。战船完工，立即南下。广东现有白艚船五十只，水军一千五百名；乌艚、横江船四十只，官兵两千八百名；与新造福船会合，以总兵统领，即可剿灭曾一本海盗集团了。

俞大猷估算了一下时间，以派员之日开始计算，至收功之日，当在半年之内。一旦成功，便将四十艘福船分给各个水寨，如此一来，粤省地方可望重获安宁。

以上围剿策略，俞大猷专门写成文字《呈总督军门张条议三

第十四章　镇守两广

事》。两广总督张瀚觉得可行,开始打造船只。但是,他并未完全按照俞大猷的建议行事,认为前往福建造船没有必要,派员携带银两前往,完工后将船驾回,仅路途便要空耗不少时日,不如就在广东本地建造。

隆庆二年(1568)六月十一日,曾一本突然率领舟师进攻广州,将快要建成的福船悉数焚毁。

俞大猷料事如神,张瀚后悔不该如此"偷工减料",只好再次向他求计。俞大猷不改初衷:"广东今日必欲剿灭海盗,尚当从本职初议!"他还特别强调,不仅要在福建打造福船,且兵员也须招募闽人,因为他们熟习水性,勇于搏斗。广东兵常遭海盗袭击,已形成一种畏惧心理,根本不可能与海盗对阵取胜。

隆庆二年(1568)七月十二日,俞大猷在《呈总督军门张》中说道:"照得欲灭海贼,其策不外福建造船募兵,整器备粮,遵海而来,随贼向往而追灭之。此本职一向慷慨以为己任,如不收功,甘赴海而死,何待刑诛乎?"俞大猷赤胆忠心,虽年逾六旬,仍随时做好为国捐躯的准备。

如按俞大猷最初建议实行,本当半年之内完成剿寇任务,结果经过一年多时间的辗转周折,才在福建建造大小海船八十艘。隆庆三年(1569)三月十二日,一支由四十只福船、四十只冬仔船组成的广东水军队伍,在俞大猷的亲自率领下离开福州。十九日到达泉州,稍做调整,三天后离泉驶往广东。出港不久,突然遭遇海上飓风,船队被打散,并有船只损坏。三月二十五日,俞大猷到达中左所(今福建省厦门岛),等候其他船只在此会合。二三日后,被打散的船只齐聚厦门。但此时,因水军在洪塘待了一段时间,粮米吃尽,如果由广东运来,时间紧迫,肯定来不及了,俞大猷只好向福建巡抚涂泽民借银三千五百两,以解燃眉之急。他特意致信涂泽民说:"待猷一面取解，前来补还。此银借猷，非借广，还银惟责猷，不责广，自当明白。"公对公，手续繁多，一时难以交接，俞大猷先以个人名义担保，还银之事由他负责。涂泽民二话没说，当即应允。俞大猷将借来的银两分给各船，购买粮米。此去广东，海路遥遥，又要经过山贼寨窟，不得不谨慎从事。待准备充分之后，再行出发。

此时风汛不便，船队行驶缓慢。俞大猷接报，四月十六日，曾一本率部突入福建，驶进古雷港（今福建省漳浦县古雷镇境内）。难道曾一本主动前来袭击广东官兵船队？俞大猷重申纪律，命部下作好战斗准备，并会同福建总兵李锡协商，两省水军联合行动，每天五更，同时扬帆起锚，以待敌军。

不知怎么回事，曾一本既不前来进攻，也不避走他处，在古雷港一停就是半个多月，没有采取任何行动。于是，俞大猷与李锡决定主动发起进攻，同时给广东总兵郭成致函，希望他予以配合。

五月初六，福建巡抚涂泽民亲自赶来犒劳水师。五月初八，闽、粤两省兵船同时出发，直取古雷。但船有大小，速度有快有慢，俞大猷不免心急如焚。好在一连几日，风势颇顺，五月十二日，两省水兵赶到古雷。但此时，曾一本已率部逃遁。

俞大猷分析，曾一本极有可能逃往广东马耳港（亦名马耳澳，位于今广东省汕头市东南），于是命令船队急速向广东南澳进发。突遇猛风，船队只好泊于铜山（今福建省东山岛）。广船有一只被打坏，闽船被风浪打坏者较多，收拾修理，需费数日。

此前，俞大猷致信广东总兵郭成，希望得到他的配合，北上共同围剿曾一本。五月十八日，俞大猷接到回信，说他已经四次催促参将王诏发兵。但俞大猷获知，郭总兵并未出示催牌，不予配合不说，还以假话搪塞，俞大猷顿感心寒："本省总兵、裨将如此轻视，何有于猷乎？"（《书与涂任斋公·三年五月十九日》）

第十四章 镇守两广

官场积弊如此,俞大猷无可奈何。五月二十二日,他在《答总督军门刘揭帖》中不得不婉转写道:"其王诏兵船若能相机取便前来,共收追北之功,亦甚善也。"

参将王诏所部广东水军,有大乌船七十艘,加上中小船只,共计一百七十艘,兵力一万多人,势力雄厚。驻扎铜山的闽广水师,有大小船只一百零五艘,兵万余名。数百艘兵船,两万多兵力,一在东北,一在西南,对付曾一本一万多名海盗,前后夹击,可谓胜算在握。但明军三支军队之间的协作尤为重要,否则,极有可能被曾一本以少胜多。

六月初三深夜,俞大猷得报,曾一本的船队已从马耳移至南澳岛,并继续向北行驶。照此情形,极有可能前来东山与官兵决战。刻苦劳累,长期准备,等待的就是这一关键性的决战时刻,俞大猷充满了必胜信心:"如其径来东山求战,决大破之;如其不战遁走,即落下风,兵船穷追,亦决大破之。"(《禀总督军门刘揭帖·三年六月初三》)不论何种情形,总之是坚决打败他!

六月初四,曾一本率领大船、小船各五十只进攻铜山。闽、广水师没有出港迎击,而是据港而战。曾一本熟悉大海,对风向、潮汐了如指掌,他将五十只小船停于港口防守,亲率五十艘大船,乘着涨潮,直冲港口。李锡所率闽船近敌,首先迎战。俞大猷所率兵船离闽船约一箭之遥,赶紧迎着潮水,摇橹逆流而进。两军合于一处,与曾一本展开激战。明军船多人多,指挥得力,军纪严明,曾一本渐渐不支,一千多人战死,头目死伤过半。这时,大海开始退潮,曾一本一声令下,余船乘机出港逃遁。

此时天黑,加之风向不便,官兵并未追击。

曾一本逃往柘林(今广东省饶平县东南),一连几天,都在焚烧阵亡同伙尸体,烟火蒙山。

休整数日，修缮损坏的船只，六月十二日，俞大猷与李锡乘着顺风，进军柘林。曾一本大败，六百多人被擒斩，残部逃至莲澳（今广东省汕头市濠江区广澳港），原有一百多艘大小船只，仅剩三十余艘。

六月十八日，闽、广两军向莲澳出发，继续追击曾一本。闽广水军与曾一本从早到晚，血战整天。当日无风，海面波平浪静，双方摇橹攻打。此战所杀敌军，比前两次更多。据生擒海盗所言，三战之后，曾一本部众，士卒四分之三战死，所剩头目不足十分之一。官兵勇往直前，死伤也多，把总余正、协总李魁秀、哨官王宗兴等人阵亡。

俞大猷、李锡三战三捷，打得曾一本元气大伤，逃往马耳港。

此时，养精蓄锐的广东总兵郭成率参将王诏赶来参战了。六月二十四日、二十五日封锁港口，二十六日与曾一本决战。曾一本势微，根本就不是广东水师对手，十一艘船只被击沉，两艘被焚，仅九艘逃往外洋。曾一本被王诏生擒，不久病死。也有资料记载曾一本赴水而死。

至此，曾一本海盗集团被彻底平定。从策略的议定，到步步施行，俞大猷之功，有目共睹。隆庆三年（1569）八月，朝廷破格提升俞大猷为前军都督府右都督，属正一品。这也是他一生中担任的最高官职。

三

嘉靖四十五年（1566）九月，俞大猷由广东总兵转任广西总兵，四个月后上任，两广总督吴桂芳命他征剿广西古田少数民族起义。但因广东农民暴动剧烈、海盗横行，俞大猷不得不留了下来，这一留就是两年多时间。如今，农民起义军王西乔一伙被灭，海盗曾一本被剿，而广西古田县的少数民族起义不仅没有得到平息，反而愈演愈烈。

隆庆三年（1569），俞大猷不待休整，又开始着手筹划征剿古田僮事宜。

就广西当时情形而言，桂林府的古田县，平乐府的府江及忻城、上林、来宾三县交界之处的八寨，梧州府的苍梧、岑溪、藤县，浔州府的大藤峡等地，既是壮族、瑶族等少数民族的聚居地，也是起义的频发地。但八寨、大藤峡等地的暴乱经明军剿灭，已基本销声匿迹，唯有古田、府江等地的起义绵延不绝，其中又以古田僮为甚。

明代的古田县，包括今日广西永福县的寿城、三皇、和平、龙江及融安县的雅窑、板桥等地，居民以壮族为主。早在明弘治年间（1488—1505），古田壮族便在韦朝威、谭万贤的率领下发动起义，攻占县城，"县官窜会城，遣典史入县抚谕，烹食之。弘治间大征，杀副总兵马俊、参议马鋐。正德初再征，杀通判、知县、指挥等官。嘉靖初又再征，杀指挥舒松等"（《广西通志》卷九十五）。最初的起义首领韦朝威战死，由其弟韦朝猛、其子韦银豹接替。古田起义军不断被官兵镇压或招抚，每隔一段时间又揭竿而起，前仆后继，断断续续达百余年之久。

因古田壮族起义时间最长，对其处理，会在周边地区产生一种示范效应。俞大猷在《讨古田贼呈》中写道："古田之贼，为通省峒贼之所观望。此贼既尽诛灭，则诸寇必皆褫魄落胆。或相机雕剿，或推诚抚处，其机皆在于我矣。"他仍持谋定而后动、大举而久安的策略："然用兵贵乎持重，虑事贵乎万全。与其轻动，以图侥幸之功，孰若大举，以为久安之图？会观利害，详虑始终，必大征而后民患可除。必设守而后事可善。不然，百万生灵日被屠戮而不救，是弃民也；民渐尽绝，合省之山峒、田地不免皆为贼有，是弃地也。"

隆庆三年（1569）十一月初九，俞大猷会同广西三司（都指挥司、布政司、按察司），商讨进剿古田僮方案，他希望此次能够一举解决根本问题。

僮人时叛时抚，已成常态，"乃百年以来之大患"。因此，俞大猷决定以剿为主，以杀伐立威。用兵之策，不外"剿""抚"二字，俞大猷久经沙场，对二者之间的辩证关系有着深刻的认识："但照'抚'之一字，从来兵贼相愚之情也。方贼势猖獗，我兵未集，以'抚'求贼，贼以'抚'愚我，故抚未久而旋叛。大举兵集，贼心惊惧，以'抚'求我，我以'抚'愚贼，使贼不得远走。大兵一临，分别诛剿，无一次不收全功者，皆用此诡道也。"（《一未尽事宜》）古田僮人与明朝官兵之间，抚与叛，叛与剿，剿与抚，随着彼此之间力量的消长，此起彼伏，涨落不止，已达百年，为求一劳永逸之效，这一"游戏"不能再玩下去了。俞大猷建议从各地征调大军，形成合围之势，严加进剿。当然，杀伐不是目的，当进剿的目的达到，还得施以教化，"立土巡检司以管束之，后乃可善，事乃可久"。

为此，俞大猷就古田僮的征剿订立了一套相当完整的计划，逐步施行：从各地调来土兵、汉兵十万，"真成十围五攻之形，人人精勇，实有决水转石之势"（《善后议》）；筹集白银四万两，作为军费开支；深入僮人居住区，分清暴民与良民；四处张贴告示，"重在首恶，协从自来罔治"，只要缚送首恶韦银豹，即不加兵；当地山高林密，运输以河道为主，为保证大军行动及粮秣供应，命人疏浚河流，以使航运畅通；扼守险要，以防叛兵逃窜；逐村逐寨进剿，惩罚暴民，保护良民；大征过后，立即善后，"善后之方，多处钱粮，设立土官，为千万年长治之计可也"（《善后议》）。

要解决百年之患，不可能一蹴而就，在广西巡抚殷正茂、广西总兵俞大猷的筹划、督促下，经过近一年时间准备，各项工作逐渐落实到位。

十万大军齐集古田，俞大猷将其分为七哨。隆庆四年（1570）十一月二十八日，他亲自深入七支大军的适中之地，展开四面调度，拟从古田县的四面八方推进，或进攻，或驻守，或堵截，各哨分工明确。

十二月初一卯时（凌晨五点至七点），各哨官兵开始行动，向应剿村寨进军。

面对官兵的大举进剿，古田僮起义队伍既未集结、抱成一团抵抗，也没有选择逃跑，而是各自坚守长期居住的山寨。百余年来，进剿的官兵他们见得多了，已经习以为常，也就没有引起足够的重视，更没有感到畏惧与恐慌，这在一定程度上为顺利征剿提供了便利。明军针对这一情形，开始逐村逐寨清剿。

早在官兵行动之前，隆庆四年（1570）十一月初四，僮人莫金线等人在俞大猷所书《先发各瑶僮村告示》的感召下，主动向古田县官府提供首领韦朝猛的行踪。于是，把总王纲当即派遣哨官郑聪、林世德、许玉、朱禄、陈和督及精勇家丁王兴、王明、张进等十五人扮作僮人，在韦朝猛经常出入的社崴村埋伏。经过三天三夜守候，十一月初七深夜，韦朝猛终于出现了。十多名伏军突起，韦朝猛根本没有防备，来不及反抗就被斩首。

僮人的另一首领韦银豹是官府追剿的主要对象，俞大猷率军包围了他的家乡古田县凤凰山区。面对强大的官军，为了保存实力，韦银豹随机应变，主动撤退。俞大猷紧追不舍，两军激战，韦银豹不敌，眼看就要被明军剿灭，紧急关头，韦银豹心生一计，杀死一名与他相貌相似之人，命士兵将割下的假首级，还有他的宝剑、衣服等送往官兵军营"报功投降"。明军见状，马上停止进攻。韦银豹抓住这一喘息机会，赶紧率兵突围。然而到处都是官兵，韦银豹无处可逃，只得又回到凤凰山区。

此时，四处张贴的《先发各瑶僮村告示》早已深入人心，各个村寨都想活捉韦银豹献给官府立功，即使韦姓家族内部也产生了不和。韦银豹既不容于村人，也不容于族人，加之官兵逐村逐寨清剿，四面合围无从逃遁，便命人在大虫山开凿一个洞穴，躲藏其中。洞口方圆两尺，只容一人像蛇一样钻进钻出；洞内只有数尺宽，可容一二人睡觉；里面备了不少干粮，外面用杂草覆盖，即使韦银豹的儿子也不知道这一藏身之处。而这位凿洞之人，是他已经死去的第二个儿子的媳妇后来招赘的女婿，关系有点转弯抹角。官兵探得这位女婿是良僮村人，赶紧派人劝说，命他交出韦银豹，允诺将予重赏。否则，不仅要斩首，还得牵连全家，并将他的五位兄弟作为人质扣押在县。

这位女婿没能扛住官府的威逼利诱，十二月初一，就在明军采取大规模进剿行动当天，他终于供出了那个十分隐秘的山洞的位置。

韦银豹被活捉了，但因年老体衰，刚一捉拿便倒地气绝，只好割取首级送至县衙。

战斗刚刚打响，两名主要首领即已除掉，其他据守寨堡的小头目们得知，先已望风夺气，一旦官兵开进，每战即溃。

古田僮人，有近两万人口，其中黄姓六千，韦姓二千，莫姓三千，陶姓一千五百，门姓一千五百，吴姓二千，廖姓三千。当两名主要首领被斩后，俞大猷不忍再行杀戮，"恐伤天地之和，心实有所不忍"（《与殷石汀公并郭华溪公书》）。征剿还是安抚，杀戮还是宽宥，一直是他心中的两难。作为一名军官，平暴安民，维护治安，是其职责所在；但心地善良的他，每场残酷的战斗过后，面对遍地尸首，总是于心不忍。征剿于古田僮也是如此，"第恐'万骨枯'之讥不能免，虽然此举原不为封侯，为除暴救民耳"（《与殷石汀公及各司道府书》）。

明军攻村破寨，势如破竹。各村僮人败散之后，逃至潮水、马浪、苦利等巢穴，据险而守。隆庆五年（1571）正月初六，七哨官兵一齐开进潮水，并力夹剿所剩之敌。

官兵昼夜强攻，潮水营寨易守难攻，僮人拼命抵抗，箭矢、石头交击，双方互有胜负。相持半月，仍难攻克。十万大军汇集一处，原本可轮番强攻，一鼓而下，没想到变成了一场消耗战。其实攻打守敌不多的巢穴，并不需要太多军队，于是，各哨明军分开行动，一面派兵向马浪、苦利、扶台等处僮人巢穴进发，一面挑选敢死队员，乘高夺险。

巡抚殷正茂给出悬赏小票，倡募先登士卒。安隆司官兵认领票文，与泗城州的骁勇士兵，共同组成一支敢死队。隆庆五年（1571）正月二十二日丑时（凌晨一至三时），大雨纷纷，伸手不见五指，敢死队员冒雨爬山，攀至绝顶埋伏，僮人半点也不知晓。黎明时分，官兵出其不意，突然放铳，持刀冲锋。僮兵惊慌失措，斗志全无，四处溃散。山下官兵赶紧接应攻击，僮兵无处可逃，不是被擒，就是被斩。

最难攻打的潮水巢穴被拿下，马浪、苦利等地僮人闻风丧胆，全被攻破。又对平乐、府江等周边地区的义军展开攻势，或围剿，或招抚。

这场以古田僮为主要对象的大规模围剿行动，自隆庆四年（1570）十二月初一开始，到隆庆五年（1571）二月底结束，历时近三个月，攻克长期据守的巢穴一百多个，擒斩七千四百六十六人，俘获一千零三十三人，安抚良僮村寨六百六十五个。为了善后以达长治久安之效，古田县升格为永宁州，下辖永福、义宁两县。

此次古田僮围剿，官兵声势浩大，僮人死伤惨重，但百余年来的动乱终于得到平息。俞大猷提笔写下《古田事竣》（二首），以明心志：

一

相逢尽问事何如？我亦九夷一度居。

此日但能行笃敬,他时可使户诗书。
柔非刚克功常罔,恩用威施化有余。
开辟千年今再见,却疑天地果无初。

二

微雨弄晴夏亦寒,僮民即今吾民看。
频年贴说逢人间,此日真图纵目观。
野史岂无书往事,时贤应有鉴愚肝。
白头孤剑酬明主,归去从今天地宽。

隆庆五年(1571)五月,俞大猷录功进世荫为指挥佥事。但仅两个月之后,便遭巡按广西御史李良臣弹劾,说他擒获的僮首韦银豹是假的,报送的首级是冒充的,又诬他贪赃枉法,应从重究处。

接到御史弹劾状,朝廷必须拿出处分意见,《兵部覆本》写道:"为照总兵俞大猷,素著声名。兹者讨平积寇,恢复古田,朝廷已论功行赏。其解报韦银豹首级,一时审验未真,又已奉旨免究。……盖大猷自束发从戎,驱驰疆场,多树劳绩。今老矣,一旦摧折太甚,或致有他故,则南北诸将闻之,宁不垂首丧气,扼腕而太息?矧文武同功一体,今武臣亲冒矢石,功成而身不免焉。乃文臣坐享其功,其何以服将士之心乎?"

兵部对俞大猷颇为了解,多有回护,一位被他人夺功也不计较的老将,必不至于以假充真冒领首功,况且他的清正廉洁有目共睹、人所皆知。《兵部覆本》柔中有刚,自北宋以来,朝廷重文轻武,武臣冒着生命危险,冲锋陷阵,文官"坐享其功",大笔一挥,即可令武官"功成而身不免",如此作为,何以服将士之心?《明史·列传第一百》俞大猷等人合传部分也写道:"大猷为将廉,驭下有恩。数建大功,威名震南服。"

因资料有限,我们不知李良臣与俞大猷之间关系如何,李良臣上书弹劾,不外乎以下情形:或受人怂恿挑拨,或出于嫉妒心理,或捕风捉影打击报复,或捏造罪名加以诬陷。不论何种,对俞大猷而言,都是不公与伤害。兵部虽秉持公义,"但俞大猷身为主帅,既遭论劾,必迹未明,其势难以留任,须当议处",受到"回籍听勘"的惩罚。

隆庆五年(1571)十月,回籍听用的他重获起用,任南京右府佥书。未及赴任,隆庆六年(1572)闰二月,明廷改任他为镇守福建及浙江金、温等处总兵官。七月,又因广西道御史李纯朴弹劾他"不候交待,擅离信地",兵部回复"以用人之际,姑薄惩之",降职两级,从正一品的右都督降为正二品的都督佥事。

隆庆六年(1572),在位仅六年的隆庆帝朱载垕病逝,终年三十六岁。明神宗朱翊钧即位,第二年改年号万历。明神宗在位四十八年,万历也是明朝使用时间最长的年号。

进入万历元年(1573),俞大猷已是七十一岁的老人了。没想到的是,这年九月,又因海上失利遭到牵连,受到丢官免罪、革职闲住的处分。

事情经过是这样的,一股以广东饶平人林阿凤为首的海盗长期盘踞澎湖,并以此为基地四处出击。俞大猷作为镇守福建及浙江金、温等处总兵官,澎湖列岛为其辖地,正谋划出兵清剿时,一股新倭从漳州、泉州向福宁突进。剿倭甚于海盗,俞大猷赶紧派遣副使邓之屏追击。眼看就要追上了,邓之屏却擅作主张,突然调转船头,放过这股新倭,向原计划中的澎湖进发。没有官兵追剿,新倭甚嚣尘上,攻入烽火寨,杀死把总,逃窜而去。俞大猷受到弹劾,没有任何申辩。本应由副使邓之屏承担的过失,全由他一人担当下来。

有功不赏,无端受罚,代人受过,俞大猷早就习以为常了。

第十五章　京营练兵

早在隆庆元年（1567）八月，给事中吴时来即上书朝廷，提出谭纶、俞大猷、戚继光精通军事，应将他们调到北方"专督练边兵"。北房，一直是朝廷的心腹之患。兵部回覆，俞大猷年老，宜在老家南方；至于谭纶与戚继光是否调用，则由皇上决定。隆庆帝以兵部意见为准，先调谭纶，再调戚继光来京。

谭纶从两广总督卸任到京，朝廷任命他为兵部左侍郎兼都察院右佥都御史，总督蓟辽、保定等处军务。其时，鞑靼部落进攻最为频繁的边镇，主要为蓟州、辽东、宣府、大同四镇，而最难防守的便是蓟州。谭纶上任后，鉴于蓟、辽边镇屡屡受袭，官兵死伤惨重，认为御敌之道，非车营不可；训练车营，非能尽车战之法的俞大猷不可！于是，他写下《特荐大将讲求车战共图安攘疏》，极力向朝廷举荐。作为俞大猷的朋友、上司，谭纶知人善任，在疏奏中，对俞大猷的性格特征、为人处世、军事才华等如实叙述，并推崇有加。为加深读者对俞大猷的全面认识与了解，现将相关文字抄录如下：

如俞大猷者置之不用，而独请旨将臣行取赴京，臣闻命之初，诚不胜大惧。夫练兵破敌，臣之素志，惧之云何？

盖惧不得大将如俞大猷，名将如戚继光者与臣共事于疆场之间，而以白面书生谓堪独任，恐终上负陛下，任使无益成算耳。兹幸戚继光业已奉旨取用，独俞大猷者竟复见遗，而不知今日破虏之策，决非车战不可，而能尽车战之法，实惟俞大猷一人，即臣与戚继光皆自以为不及。而庙议顾不之许，盖缘陛下与在廷诸臣尚未深知俞大猷之为人耳。臣请据实为陛下陈之。谨按：俞大猷秉义怀仁，笃信好学，休休大度，不徒为将略之优；翼翼小心，直论其人品之粹；居常亦自比于管、乐，言有大而非夸，用兵实有类于穰苴，道则正而不谲；曰老成持国殆子仪、充国，其人语文武才，猷则方叔、吉甫之侣；既绝口不谈功利，即谤言朋起，亦顺受而不辞，且乃心恒在国家，当时事难为，独慷慨而敢任；坚定之性，挠不浊而澄不清，敬意之加，荣不加而穷不损；生平奋激志，灭强虏，满腹甲兵，独重车战，当此之时，而意气弥励，则他日负荷可知。故臣每许之为社稷之臣，而臣亦服其有元戎之具。今年齿虽逾六十，精力尚似少年。在大猷既自不肯服老，而臣亦每幸其益壮。陛下有臣如此，且属在多事之秋，乃缘其不自表暴，遂弃之一隅，使不得展其平生，而顾以破敌之事责之于臣，此臣所甚惧而重为陛下惜之。故敢冒昧以言，伏乞勅下该部，再加查访，如果臣言弗谬，将俞大猷照戚继光事理行取赴京，与臣等讲求车战之法，练兵破敌，少纾皇上西顾之忧，仰赞皇上中兴之业，天下幸甚，臣愚幸甚！

朝廷仍没有同意谭纶的特别推荐。

俞大猷以用命北方为己任。他为人低调，处事谦逊，但对训练车营一事，却充满自信，当仁不让。隆庆四年（1570）四月，俺答进犯大同、宣府、山西，九月入侵大同、锦州。此时，俞大猷正在筹划征剿广西古田僮事宜，但他心中所系，却在北疆。古田壮族暴乱虽历经百年，但进兵在即，他成竹在胸，不日即可荡平，而对北边急报，却心存忧虑。"夫北方之武备，既不如南方之可恃；南寇之易制，又不似胡虏之勇悍。此臣心所以夙夜不安，过计而私忧也。"（《为恳乞圣明增修武备以臻万世治安事疏》）十月初六日，他给谭纶写了一封书信《禀总督二华谭公》，认为要解决北虏边关之急，唯有兵车，车战"实关中国夷狄之气运"。于是，他主动请缨："非车兵不能破虏，非猷不能练车兵。猷不避赘申禀，愿名公之图之也。"

隆庆六年（1572）五月，明穆宗病逝于乾清宫；六月，太子朱翊钧继位，张居正出任首辅；七月，明廷任命谭纶为兵部尚书。

革职回籍闲住的俞大猷得知好友跻身朝廷权力中枢，对训练车营的强兵固本之策，又产生了新的希望。他给谭纶写信说："某平生志在征虏，而见用江南，乖违本素。今年七十余，老矣，妾媵尚有胎产，膂力可敌精卒二十许人。公许我大受，今其时也。"

友人李杜得知，不禁嘲讽道："你都七十多岁的老人了，本已革职，何不就此退休？还去奔波效力，何苦来哉？"

大猷闻言，凛然回道："我祖祖辈辈官职世袭，享受国家俸禄，未有以报皇上。幼年之时，便闻夷虏时时入侵内地。我平生之志，就在西北边陲，如今老当益壮，死而后已，况且谭纶在位，又知我心。自成祖北伐以来，鞑靼屡次侵袭，没能大胜一次。世宗庚戌之变，明军懦弱，诸将坚壁不战，不发一矢，不歼一敌，听凭俺答四处抢劫。饱掠之后，得到朝廷通贡许诺，才从古北口从容退去，此为国耻也。穆宗皇帝振奋武备，大举阅兵，但阵法久废，诸将领兵上场，几乎不能成军。这样的情形，何以示国威、卫天子？因此之故，我上呈大同制车法，名曰御房之法，非车不足以战。古人造字'军''阵''辕'之类，无不用'车'字。车虽扁小，装载不多，但古人轻装简从，足可任载，十分便利。火器、衣粮都能装载，可发挥优势，大阵克敌。"

谭纶再次上书推荐俞大猷，万历二年（1574）四月，朝廷颁旨："原任镇守福建总兵官都督佥事、今革职俞大猷，准复署都督佥事、后军都督府佥书，管事。"谭纶安排他在京师专领车营训练。

俞大猷得令，从泉州动身，特地带上得意门生陈第一同前往京城任职。

陈第，福建连江县人，俞大猷比他年长三十八岁。嘉靖三十九年（1560），俞大猷抗倭路过连江时，年仅二十岁的陈第前往拜见，呈献平倭之策。大猷一见，颇为赏识，对他说道："你应当做一员名将，非一书生也。"于是将他留在幕府，"授之韬钤之要，研磨讲解，尽通黄帝以来兵略"（陈第《蓟门兵事·上协理戎政王公书》）。万历元年（1573）九月，俞大猷革职，陈第再次跟随他在镇东、清源等地学习兵法。大猷"日夜教诲，古今兵法之要，南北战守之宜，靡不

俞大猷纪念馆内正气堂，中为俞大猷，左为宗擎，右为陈第（曾纪鑫摄）

探其奥蕴"(金云铭《陈第年谱》)。

万历二年(1574)七月,俞大猷与陈第抵达京师,大猷将陈第推荐给蓟州总兵戚继光。陈第前往蓟门拜谒戚继光,并上书谭纶,论独轮车制。陈第在俞大猷的影响下,对车制研究颇深,谭纶一阅,大为叹服,补授他为教军官。

陈第随俞大猷一同教练车营,后在谭纶推荐下,出任潮河提调、汉庄三屯车前营游击将军。潮河地处古北口,汉庄位于喜峰口,都是北边的军事要冲。陈第长期驻防边关,与俞大猷书信往来,灵活运用老师的实地勘探、练兵选将、谋定后动等战略战术,对保卫边疆作出了重要贡献,深受时人赞许。戚继光为他赠诗道:"从来文武不相分,俎豆干戈羡有君;已着白袍称国士,忽摇赤羽号将军。心期报主年方壮,志欲吞胡策自勤;试向燕然台上望,伫看裘带靖腥风。"兵部尚书谭纶称他"真俞戚之亚流矣"。俞大猷一方面对他寄予厚望,一方面为有这样的高足感到欣慰:"南北驱驰五十年,君恩念老赐归田。乾坤多少纲常事,衣钵而今有尔传。"(《陈一斋再欲删刻〈正气堂集〉》)

守卫京城的部队京营,无疑是帝国的精锐之师。明朝初立,据统计,洪武四年(1371),京营共有四十八卫,二十万零七千八百多名士卒。永乐年间增至七十二卫,士卒约五十万,职责除守卫京城外,还出师征战,算得上一支战略机动部队。正统十四年(1449),明英宗御驾亲征,遭遇"土木之变"(又称"土木堡之变"),明军几乎全军覆没,连英宗皇帝也被瓦剌军俘获,京营所剩无几。此后虽又重建,军员或增或减,但元气一直没有恢复。据正德十六年(1521)的统计数字,京营士卒按籍共有三十八万多名,但实际人数不到十四万,经过筛选,称得上精锐的士兵仅两万多名。京营士兵多为老弱之辈,平时派作杂役,没有训练,战斗力之差可想而知,以致嘉靖二十九年（1550）俺答进犯京师，只能集中五六万士卒，结果"皆流涕不敢前，诸将领亦相顾变色"（《明史》卷八十九《兵一》）。这样的军队，简直就是一个笑话，除了被动挨打外，哪能拱卫京师？结果眼睁睁地看着俺答的剽悍铁骑饱掠而去，没有半点行动与作为。

面对京师岌岌可危，帝国处于风雨飘摇之中的窘况，吏部侍郎上书，严厉整饬京营，提出核查军卒、淘汰老弱、挑选精壮、加强训练等措施。明世宗朱厚熜也感到了一股危机，提出恢复祖制。兵部遵旨，进行大刀阔斧的改革，总算呈现出一点新的气象，逐渐形成新的配套编制：恢复或设立五军营、神枢营、神机营等三大营，正兵十二万，备兵十四万六千，总兵力共计二十六万六千员。三大营各设十营，分为战兵营、城守营、车兵营等，其中三大营的车兵营计有十营，每营各三千人。军官配置方面，设总督京营戎政一人，由武臣担任；协理京营戎政一人，由文臣担任；下面再设参将二十六名。

万历初年，京师三大营的十营车兵，计有大战车四营，每营战车一百二十辆，大车及中车共四百八十辆；小战车六营，每营战车一百六十辆，小车共九百六十辆。这十营车兵，虽有大小战车一千四百四十辆，但就实际情形而言，基本没有形成作战能力。原因何在？一是车上没有配备火器，开始也有装载，但质量差，试验时动不动就给炸毁了，后来便不再装备。一旦发生战事，没有配备鸟枪、火铳的战车，哪来战斗力？二是战车制造不得法，特别是小战车，一个轮子，又低又矮，仅一人推挽，根本体现不了战车的威力；三是训练不够。车营特别讲求相互之间的配合协调，平时没有训练，战时难以统一行动，有时反而相互掣肘。由此可见，这样的车营不仅不能发挥强大优势，反而有损"车营"形象，降低军队作战能力，成为敌军攻击的一大靶子。

了解京营的现状后，俞大猷不仅没有气馁，反而雄心勃勃，决心大力改进，重新打造，塑造京营新形象，使之成为一支真正的精锐之师。真可谓"老骥伏枥，志在千里；烈士暮年，壮心不已"。

关于车战抵御鞑靼的重要性，经过俞大猷、谭纶、戚继光等人倡导，已日渐为朝野有识之士所认可。"今日制驭胡虏之上策，莫逾于车，夫亦人人能言之矣，惜其言车守，而不言车战；言车战，而不言车制。要之，皆归于不知车用之妙也。"（俞大猷《正气堂续集》卷之六《京营战车近议·上本兵稿》）俞大猷的计划，不仅要使京师车营成为一支可以抵御敌人的强大武装，还要用于进攻、追击敌人，充分发挥其内在潜力与妙用。他说："我用兵车直取其老营而冲之，令其辟易散乱，然后出骑兵以追击之，何患不取大胜？"（《正气堂续集卷》之六《京营战车近议·上本兵稿》）

大猷自嘉靖三十九年（1560）冬离开大同，出任镇箪参将，十多年来，一直在南方抗倭平叛，但一有空闲，总是对车战进行研究。如何对付、制服北方少数民族的强大骑兵，是他心头长期萦绕、挥之不去的梦想。因此，俞大猷此次京营练兵，与大同操练车营、以车御敌相比，不论理论方面，还是操练实践，都有了较大提高，进入到新的更高层次。

首先，车制与原先有所不同。

从车守到车战，落脚点在于车制，必须打造最为适宜的好战车，才能克敌制胜。谈及心目中的理想车制，俞大猷认为："大而不重，轻而不虚。进退纵横不滞，涉险渡水，无所往而不宜。缓行日六十里，急行日百里，皆可致。"（《正气堂续集》卷之六《京营战车近议·上本兵稿》）

当时负责驻京部队的两名文武要员，一为总督京营戎政彰武伯张炳，一为协理京营戎政王崇古。俞大猷拿出兵车改造初步意见，与他们一同协商、研究、确定，决定改造旧有战车与打造新型战车同时并举,力争早日成军,尽快建立一支能征善战之师。

他认为,现有小战车不过自欺欺人的摆设而已,根本不适于战争,因此,九百六十辆小车应予全部淘汰。剩下四百八十辆大车及中车,也大多破损,拟先修复一半即二百四十辆,编为两营,开始训练。

计划打造新车一千二百辆。这种人称"冲车"的新型战车,不再使用过去的独轮车,而在大同创制的双轮车基础上改建而成,适于实战:车身长一丈三尺,大而不重,进退自如;车前装有大枪头五件,利于进攻;车上载有飞虎大木屏一面、小木屏两面,以作屏障,敌军战马无法接近。

当时边镇,也有车营使用车厢挂立遮板的偏厢车,这种车因旁边有屏蔽,利于防守;而俞大猷创建的"冲车"则适于进攻,冲锋陷阵。有人将偏厢车与冲车进行一番比较,认为冲车"无棉布之被,傍遮之板,为不密也"。俞大猷回道:"我营有许多火器,贼岂能近发矢?贼少近我,当取少胜。贼大近我,当取大胜。况戎车欲其倢收,乃便于旋习,岂可使其过重而旋习不便乎?"

新造之车的木料,过去使用的是松、柳等杂木,既不能耐久使用,操练时也推挽不前。此次决定采取民间打造之法,严格选用榆、槐、枣、檀、桦等坚实干木。先打造样车二辆,然后由工部以官木、官铁、官匠,克期督修,成批制造。每成一批,及时送至军营,直至一千二百辆新车全部打造完毕。

其次,京师车营与大同编制不同。

俞大猷大同练兵时,车营编制,每营战车一百六十九辆,士兵七千一百三十八人。京师车营,每营战车一百二十辆,士卒六千,由车兵营、战兵营共同组成。每车配备大量火器,计有大佛郎机一座、中佛郎机二座、鸟铳二杆、地连珠二杆、涌珠大炮二位、夹靶快枪十杆。每位士兵,分工明确,各司其职。

与迅疾如风的敌军骑兵相比,京师车营的优势在于火器。"但车必藉火器以败贼,火器必藉车以拒马。二器之用,实相须也。"(《正气堂续集》卷之六《京营战车近议·上本兵稿》)敌军如排山倒海般呼啸而来,战车连成车阵,如泰山般屹立不动。在战车的屏蔽与保护下,明军火器突发,敌军如秋风扫落叶般纷纷落马。倘有漏网近前之敌,则由配备的骑兵或步兵斩杀。

其三,操练与战术,与大同练兵也不尽相同。

关于车兵,前此我们有所论述,是步兵、骑兵、炮兵三个兵种的协同训练与作战,相当于今日的海军、陆军、空军甚至是导弹部队的配合演练与立体作战,既讲究单兵种的素质与能力,也强调相互间的协调与配合。

京营练兵与大同相比,规模更其宏大,训练也更讲究多样化。车营的训练,不外乎三种:行军、列营、作战。行军时,马兵在前,车兵居后。列营则车车相连,车头向外,形成方阵,外部是车,内部逐层分别为骑兵、家丁、中军指挥。作战时,如敌四面进攻,车营则以多波次方式,四面齐放铳、枪、炮猛烈轰击,直至击退敌军;敌退我攻,车营及时改变队形,专攻一面之敌,如进攻北面之敌,那么北面、南面车队仍居原位不动,东、西两侧车兵立即运动调整,与北面车兵看齐,形成长排横列车兵,骑兵、家丁、中军依次随后,最后是未动的南面车兵,由北到南,构成倒梯形营垒。最前横列车队,仍以一波又一波强烈的火器攻击敌人。敌军阵脚动摇,撤退或溃败之时,骑兵从前列边营两侧冲出,乘胜追击逃窜之敌。此时,车营恢复方阵。骑兵返回之时,从四角进入车营。

车营的训练与作战,军纪非常重要,事关战役成败。因此,"进止要齐整,喧哗要严禁。每把总制双铃一副,令本司五队长轮摇。有犯者,拿禀把总重治。队长不用心,把总治之。把总不用心,中军、千总治之。诸人皆不用心，将官咸治之。'信赏必罚'四字，乃兵中之第一义也"（《正气堂续集》卷之六《京营战车近议·兵部覆本》）。

这种装备先进、兵士技艺高超、多兵种配合自如的车营，"按古兵法，以伍起数，阵队相容，奇正相生，步伐止齐，节制分明，至简至易，易知易从，今备有之。万一虏骑大举侵犯，出我十营，以冲击之。若转圆石于千仞之山，若决积水于千仞之溪，破而灭之无难"（《正气堂续集》卷之六《京营战车近议·兵部覆本》）。其作战效果，一以当十，威不可挡："倚后车为郭廓，恃骑兵为冲仗，以分合为犄角，以战守为奇正。斯部伍有所倚附，而气自壮；技艺有所从施，而勇自充。斯守可固，而战可胜。兵家万全之道，无逾于此。"（《正气堂续集》卷之六《京营战车近议·戎政府覆本》）

在俞大猷的严格督导与认真指导下，京师车营经过长达三年时间的刻苦训练，终于教成，得到朝廷高官要员的认可与赞赏："猷今新制车一千二百乘，设十干万全诸阵，将京营官军轮日教练，俱已纯熟。三相公及诸公卿请命，同至教场阅视，咸谓此法可横行虏中。即有庚戌之事，何虑不收奇功？明岁当皇明大阅之期，文武大小将领可免周章矣。猷夙昔所怀报国未尽之志，唯此一节已得酬矣。况今圣政日新，内外布列，皆亘古一时之英，足奠社稷于亿万斯年之安。"（《又与陈我渡公书》）

北方练兵的夙愿初成，俞大猷不禁意气风发、踌躇满志，准备向宣府、大同、辽东、蓟州、太原、延绥、宁夏、固原、甘肃等九边推广。正在这时，传来一个令他十分震惊的噩耗——万历五年（1577）四月初三夜，兵部尚书谭纶突然病逝，享年五十八岁。

就在谭纶病逝前一天，即四月初二晚上，俞大猷还与他一同讨论兵车"推之各边"之事。大猷告辞时，发现谭纶十分疲累，当时并未多想,只是劝他休息调养,没想到这一别,竟成永诀!

关于谭纶之死,有的史料记载"公无疾,一夕而亡";又有的说"盖因先年驰驱南北,精力已疲,复筹画兵戎,心血久耗,忽于四月初三夜,痰疾陡作,病故京邸"。

谭纶死前,并未重病,也没有任何征兆,朝野上下,甚感意外。就连神宗皇帝也悲伤不已,"夜来竟夕不寐,欷歔流涕",下诏"从厚治葬有仪",追赠他为太子太保,谥襄敏。

而最为悲痛者,莫过于俞大猷。他一连写了三篇祭文,以示哀悼。

在第一篇《祭谭二华文》中,开首一声"呜呼",接着追问道:"公乎胡忽收百虑,奄然而长逝乎?"谭公你怎能撇开一切,突然撒手人寰呢?"今日昨日,变不可知。裂我肝肠,摧我心志。含言哽咽,挥涕流离。哀哉!痛哉!乃使我至于此极哉!"作为一位转战南北、久经沙场、年逾七旬的老人,什么样的灾难、痛苦与悲伤没有经历过?可他面对挚友谭纶之逝,仍撕肝裂肺、悲痛欲绝。"古称人之相知,贵相知心。自有交道以来,如公之知猷有几哉?"大猷回忆抗倭初期,谭纶对他与戚继光的相遇相知:"我二人者,咸能信公,公亦能信我二人,遂定交焉。"从浙江练兵、荡平倭寇、剿灭海盗、平息起义,到提调京营车兵,往事历历,一一在目,而斯人已逝,"燕云黯淡,去路迷茫,露泣苍藓,风悲白杨。嘉肴不御,旨酒盈觞。写生平之契阔,叙交情于死生。一字一泪,泪多字多,纸有尽而情无穷。呜呼!哀哉!痛哉!尚飨!"

最令俞大猷悲痛难抑的是,在谭纶的大力支持下,京营车兵不仅器械、车制完备,且演练娴熟、已然成军,正准备"推之各边,使胡虏闻之有所惮,自不敢入犯,斯社稷有万年之安,而地方生灵永受靖宁之福。万一跳梁犯顺,则扫穴擒王,报千古酬百代之事业,皆唾手可成。公抱未竟之志,其惟此欤?惟猷知之之真,所谓其友识之者也"(《又祭谭二华文》)。

这既是谭纶的未竟遗憾,更是俞大猷痛入骨髓的遗憾与悲伤!中国古代政治一个典型的特征便是人治,人治最大的特点是人走茶凉、人亡政息。谭纶英年而逝,他的军事思想、战略理论是一笔宝贵的文化遗产,将传承不息;但他生前的具体主张与措施,身后将大打折扣,或夭折流产。谭纶辞世,俞大猷演练而成的车营不仅推之九边难于实现,即便京营,能否继续坚持操练用于战争,也将成为疑问。

谭纶的未竟之志,更是俞大猷的未竟之志!一时间,他不仅沉浸在失友的悲痛之中,心头更是弥漫着一股难抑的失落与失望,不禁仰天长叹道:"无同吾志者矣!"(何乔远《名山藏俞大猷传》)悲凉、绝望之情溢于言表。

老迈之躯受此打击,俞大猷顿时百病袭身、虚弱恍惚,慷慨豪迈一变而为去意彷徨。他在《与陈我渡公书》中坦露心迹道:"猷老不能用,自愧尸素,犹踌躇于数年之间,徘徊于三宿之际,此心实不能已已。归于江湖,有遗忧矣。"

继续留任,难有所为,加之年老体衰,不能尸位素餐;解甲归田,退隐江湖,大志未尽,则有遗忧。是进也忧,退也忧,大猷苍茫四顾,悲凉难禁,唯有顺其自然。

不管怎么说,他费尽心力操练的车兵,"在京营已成一军,似足传之永久"(《与陈幼溪书》)。只要按他的演练行事,发扬光大,抗房不在话下。他已尽心,做了力所能及的一切,这就够了。于是,大猷在《与李思责书》中写道:"战车教成一军,共六万人,京营改观矣。三相公及诸老俱亲阅视,咸谓:'奠社稷、威夷狄之法,无出乎此。'仆平生志行矣,明年决图归计。"

第十六章　魂归故里

一

万历六年（1578）春，已是七十六岁高龄的俞大猷准备辞职还乡。他心中最为牵挂的，便是挚友戚继光。

其时，戚继光总理蓟、昌、保练兵事务，兼任蓟镇总兵，镇守蓟州、永平、山海关等处。他严格训练将士，大规模增修长城，以对付西部的鞑靼俺答、边墙外的朵颜、东部的土蛮等部落的侵袭，被朝廷倚为北疆干臣，肩头责任重大。

俞大猷、谭纶、戚继光三人，可谓志趣相投、情谊深长。生命无常，谭纶已逝，天人永隔。大猷已是望八高龄，而今又要请辞归乡，今后一南一北，遥迢万里，要想见面，恐难于登天。因此，大猷希望离京之前，能与好友戚继光一晤。于是，他提笔写了一封书信《与戚南塘书》："第今名公年方壮盛，正当输忠报国之日。猷年已望八，即日将乞归。不得一再会而别，此心委有所未安。乃昨日付林守魁奉去书欲图之，适领尊教，其意亦然，何其偶相孚如是乎！然必如何而后，使千古之下、同志之士，知圣世有若我二人，又使我二人交谊，自管鲍之后乃一再见，岂不快哉！"

万历六年（1578）四月初，俞大猷以"年老衰病"，"桑榆景迫，气血日衰，风疾每作，昏眩移时"为由，写了一封《乞归疏》上呈朝廷，"恳乞天恩，容令休致"，"以未尽余年，歌颂圣世太平于畎亩之中"。

四月初六，兵部很快覆本，奉圣旨，命俞大猷照旧供职京营，说他"年岁虽老，但精力未衰。起而驱驰虽不足，坐而筹画则有余"。像大猷这样的国之宿将，一任而系天下，朝廷极力挽留，不肯让其致仕。

刚获兵部回复，俞大猷便给戚继光写了第二封书信："猷昨乞疏未蒙允，七月间，当再上本兵。方公许欲为恳于相公，八月或得南行矣。窃慨友义之重，唯称管鲍。悠悠千古，二人之外，何寥寥乎？戚俞之交，世人皆知。孰能为记，以传千古乎？临行时尚图一晤而别，其许之乎？"

大猷归意已决，七月再呈《乞归疏》曰："为年老多病，气体弊衰，再恳天恩，容令休致，以延残喘事。"古人七十便为"古稀"之年，俞大猷七十有六，仍为国操劳，实属罕见。他奉职四十七年，南北驰骋，日夜操心，生活极没规律，而军营的医疗条件又差，因此气血衰弱，出现了诸多老年病症："齿牙尽落，发落将尽。听重视昏，手麻足踬，神常彷佛，事多健忘。"面对这样一种身体状况，俞大猷虽愿效力，但心有余而力不足，"倘误军机，曷胜罪戾！"他建议自己退休后，由长子俞咨荣替职，"代臣图报所未报之恩于异日"。

俞大猷言辞恳切，在《乞归疏》中特别强调"情出于真，非敢有一毫假托"。这样一来，朝廷于情于理，都不便继续挽留。

万历六年（1578）九月初八，兵部再次覆本，奉圣旨，准予俞大猷致仕，并对他褒奖有加："为照本官，才猷兼茂，忠赤独怀。历仕三朝，身经百战。经营四十七年，斩馘二万五千余级。功在边陲，哀然为诸将之首。况操履清素，始终不渝，又有足称者。"

辞职终获批准，俞大猷收拾行装，辞别故人，准备南返。他心中尤为牵挂的,仍是戚继光。俞大猷古道热肠,极重友情,除了叙旧,还有许多事情当面相托。于是,他写下第三封《与戚南塘书》:"前奉告,请将一会而别。窃仰名公一代人豪,乾坤内许多大事,皆属一肩任之。区区报国未尽之意,亦有许多欲面请裁也,其许之欤?"

戚继光也极想与亦师亦友的俞大猷见上一面,两人一诉衷肠,但边关事急,他正在督建喜峰口城楼、关外重楼、潮河川石桥,增修边墙、敌台,一时难以抽身。

临行前,俞大猷写下第四封《与戚南塘书》,这也是他写给戚继光的最后一封书信:"每中夜思念,及与相知对谈,推让名公,不啻口出,神明知之。名公于猷,情亦同也。……方当远离,乃以事绊,不得一会晤,可胜怅然!每执笔欲作书奉答并谢,益心怅而不能成稿者数日。伏又思之,千言万语,亦说不尽。心相同而神相通,则隔数千里亦如面。孟子谓:'天下之善士,岂必常相聚于一堂哉!'"两人不得再晤,大猷以孟子之言宽慰释怀。

作为一位武将,大猷虽然升降浮沉,历经坎坷,但与其他抗倭将领相比,算是幸运的。因此,诸位公卿都说他是"完名全节,自古以武立功名者,得全终始有几人哉"。

万历六年(1578)十月,俞大猷离开京城,归返故乡泉州。

同僚、友人、同乡、门生纷纷前来为他送行。此一别离,何日才能相见?也许,这将是一场再难聚首的告别。大家念及于此,谈笑风生之时,心头不免几分沉重。大家将他送出城外,依依不舍地挥手告别。

前来送行的队伍中,自然少不了俞大猷的得意门生陈第。众人都回返了,可他仍继续相送。大猷劝他留步,不论送出多远,总归是要分手的。陈第骑在马上,送了一程又一程,一直把俞大猷送到潞河岸边。俞大猷紧握他的手说:"我在军营四十多年,能有你这样

第十六章 魂归故里

的优秀弟子继承衣钵,算是我的幸运。"

全家上船,艄公摇橹,舟船将发。俞大猷倚篷挥手,陈第仍恋恋不忍离去,直到舟船在欸乃声中渐渐远去消失不见……

俞大猷的部下、门生、弟子中,平生最为推重的共有四位——欧阳深、邓城、汤克宽、陈第,认为他们有"国士之风",并不遗余力地举荐。欧阳深初为秀才,后弃文从武,担任指挥,死于兴化之难;邓城、汤克宽历经坎坷,官至总兵;陈第也是以秀才身份踏入武途,官至游击将军。

大猷全家一路南行,顺风顺水,畅通无阻。抵达福建,受到巡按三司等当地官员的热忱接待。进入泉州之时,全城民众奔走相告,热烈欢迎载誉归来的英雄。

大猷归里,算得上功成身退,朝廷给予高规格的优待礼遇。他请辞时的职务为后军都督府佥书管事、署都督同知,比照京堂官致仕的先例,给他拨夫六名,送候出入,并送牌匾一块,上书"昭代儒将"。

俞大猷对故乡闽南,充满了一种特殊的情感,总想着能有机会报效桑梓。

九岁那年,他随父亲前往大濠村叔祖家走亲戚。经过濠溪时,连接两岸的小桥坍塌,父子俩只好涉水而过。他发誓要在这里建造一座石桥,方便两岸父老乡亲。一晃五六十年过去,这一意愿仍未完成。他并未忘记当年的许诺,只是一直没有经济能力兑现。

直到隆庆三年(1569),俞大猷才了却儿时夙愿。这年六月,他奉命追剿曾一本,三战三捷,闽粤两省论功,俞大猷以首功升任右都督,仍任广西总兵。就在赴任广西总兵之前,他回了一趟故乡,捐出自己的薪俸,请堂弟俞良猷督造,终于在濠溪建起一座石桥。而这年,俞大猷已是六十七岁的老者。

俞大猷常"以古贤豪自期",既洁身自好,又行侠仗义、疾恶如仇。闽南有座著名的古庵——木棉庵，庵不大，前后两进，离漳州市区约十二公里。因位于龙海市九湖镇木棉村口，故名木棉庵。冯梦龙"三言"之一《喻世明言》第二十二卷《木棉庵郑虎臣报冤》的故事，便发生在这里。

南宋末年，蒙古南侵，奸臣当道。不学无术的贾似道凭借姐姐贾贵妃受到宋理宗的恩宠，一路高升，官至右丞相兼枢密使。咸淳十年（1274），元军在丞相伯颜率领下大举南侵，贾似道领兵救援，两军战于鲁港（今安徽芜湖西南），宋军惨败，几乎全军覆没。群臣上书弹劾，请诛贾似道以平民愤，谁知贾受到太皇太后谢道清庇护，仅被解除宰相职务，贬为高州团练使，安置循州（今广东惠州东）。宋理宗赵昀之弟福王赵与芮非常痛恨贾似道，他招募天下义士充为监押官，以便寻机除奸。

郑虎臣的父亲郑埙曾被贾似道陷害流放，家仇国恨交织，时任会稽县尉的郑虎臣慨然应募。德祐元年（1275）秋，郑虎臣押解贾

木棉庵（曾纪鑫摄）

似道启程。一路行来,郑虎臣遣散贾似道身边几十名侍妾,没收其金银珠宝,令轿夫高唱咒骂他的杭州民谣,羞辱误国奸臣。途中,郑虎臣暗示他自尽,贾似道回道:"太皇太后许我不死,如果皇上下旨赐死,我才会赴死。"进入福建漳州时,郑虎臣得知朝廷已发旨追回贾似道鞫问,而他一旦回朝,除奸任务将成泡影。郑虎臣担心事情有变,决定顺应民意,除掉贾似道。他说:"吾为天下杀似道,虽死何憾!"监押队行至木棉庵,郑虎臣趁贾似道上厕所时,一把抓住他,将他杀死。第二年,郑虎臣因"擅诛"罪名被处斩。

　　木棉庵外,立有一块长方形石碑,高三米多,宽约一米,上面镌刻"宋郑虎臣诛贾似道于此"十个大字,便为俞大猷所题。

　　此碑断成两截,清乾隆年间(1736—1795)龙溪知县袁本濂重立。后人又在石碑前修建一座四方八柱石亭,名"木棉亭",刻有"为

木棉庵旁俞大猷题碑(曾纪鑫摄)

天下除奸,明春秋大义"等对联。

俞大猷一生,不仅致力于军事,哪怕回到故乡,仍然关心国家大事。他在《与春陵王抚院书》中说:"猷退处江湖,惟歌颂太平而已,可忘情于天下也。猷不能忘情者,荐绅士夫每言天下可虑之事三:胡虏、黄河、宗室是也。"皇亲国戚、黄河水患、北方胡虏,被他视为天下最可担忧的三件大事,可谓眼光独到、切中要害。

"宗室之处,求无良法,以俟君子。"宗亲国戚骄奢淫逸,目无法纪,为非作歹,此为专制皇权的一大弊端,在古代封建社会,何来"良法"可治?唯有专制政权解体,这一痼疾庶几可以克服。

在生产力低下的古代社会,黄河的治理,关乎国计民生。此次南归,俞大猷从潞河发舟,先走水路。躺在船上,夜不能寐,一直思考水患治理之策。他询问操舟摇橹的船夫,向途经各地的士儒求教,心中忽有所悟,写了一篇《神河解》,详言河水清浊生克之理,发前人所未发之意。治河之臣如"遵行之,可永无沙淤之患也"。

对付北虏,关键在于了解其欲望,掌握主动权:"北虏所欲在于菽粟布帛,我有操纵之柄,自能使其心服。又得因此修治城堡,训练车马。如敢背约不服,制胜之术亦在我也。"

在《与春陵王抚院书》书信结尾,俞大猷写道:"噫!自有天地以来,有此人类则有此北虏,有此江山则有此黄河,制之治之,代有其人。势盛则衰,时极而转,有数存焉。圣贤豪杰之生,会逢衰极转盛之运,则事半而功倍。"

作为一名军人,俞大猷战功卓著,创作了不少军事理论著作如《兵法发微》《剑经》《洗海近事》《镇闽议稿》《广西选锋兵操法》等,同时还有大量奏疏、策论、祭文、书信等,语言生动,行文简练,逻辑性强。他先文后武,人文情怀是其生命底色,一生勤于写诗。他的诗歌视野广阔,风格雄健、清峻高古、气势磅礴,收入《正气堂余集》《正气堂续集》的诗歌便有一百多首。无论写景咏物,还是抒发情怀,都有一股豁达、豪迈、坚毅、正气贯穿其中,正如他在《题普照寺》之五所言:"未工诗字书盈壁,待得工时事若何?欲写心中无限事,不论工拙不论多。""不论工拙"是其自谦,其实俞大猷的诗歌颇具艺术特色,遣词、造句、用典、对仗、韵味、意境等都十分讲究。比如《辰舟晚泊》:"泛泛长江水,飞飞万斛奔。寻津愁日隐,横渡叹时昏。风急流移石,气豪酒满尊。明朝湘下过,一棹转乾坤。"《咏牡丹》:"闲花眼底千千种,此种人间擅最奇。国色天香人咏尽,丹心独抱更谁知?"《和林竹山〈咏菊〉》:"秋色有幽种,偏宜逸士栽。雨余犹溉灌,月入每徘徊。赢得黄花插,何妨白发催。东篱人去远,此度为君开。"《秋日山行》:"溪涨巨鱼出,山幽好鸟鸣。丈夫不逆旅,何以及苍生。"他晚年创作的《舟师》,更是一首我国古代最早描写海战的佳作:

  倚剑东溟势独雄,扶桑今在指挥中。
  岛头云雾须臾尽,天外旌旗上下翀。
  队火光摇河汉影,歌声气压虬龙宫。
  夕阳景里归篷近,背水阵奇战士功。

  高濯缨选编的《明诗三百首》,俞大猷便有《舟师》《秋日山行》《咏牡丹》三首入选。作为一名武将,殊为不易。

  大猷在故乡泉州清源山、厦门(属泉州府同安县管辖)等地也留有不少题诗。如《题普照寺》五首,普照寺即厦门南普陀寺,始建于唐代,称泗洲寺;元代废圮,明代重建后改称普照寺。《题普照寺》之三脍炙人口,其忧国忧民之情溢于言表:"借问浮云云不语,为谁东去为谁西。人生遗迹云相似,无补生民苦自迷。"再如《题厦门万寿岩》:"幽岩屹立梵宫前,片石呈奇瓦俨然。峭壁罅虚寒漏月,博山香爇暖生烟。高僧煮茗能留客,樵子观棋每遇仙。说罢禅机登绝顶,恍疑身在五云边。"

俞大猷生前,《正气堂集》已经刊行,但他精益求精,不断增删。归乡后,还一直惦记着《正气堂集》再刻之事。

关于俞大猷的家庭生活,资料记载有限。因他廉洁奉公,又不善理财,家境较为贫穷。大猷常年在外,家务全由夫人陈氏操持。他蒙冤系狱之时,家眷留在宁波,由友人谭纶、李杜等帮衬照料,可谓俞家最为凄惨的一段时日。大猷晚年,家庭生活幸福。

嘉靖四十五年(1566),俞大猷大征二源(广东河源、翁源),时年六十四岁,尚生有一子。两广总督吴桂芳得知,题诗附文贺喜:

虚江俞将军总帅二源,功成饮至,遂于八月九日有充闾之庆。人以为不妄杀之应,走笔贺之。
老蚌生珠古所难,况逢万姓凯歌欢。
太平宴罢传汤饼,将种分明接汉坛。

俞大猷回札一封《谢吴公诗贺得子》:

小儿八字,猷不得知,但得一代名公佳句赐奖,便是命好。待少知事,猷即以此意告之,使知感恩报德于无穷也。
名公功德在人,申祐自天。贵子之生,理数必然。计猷事峻,可亲拜贺。尚容不宣。

古人一妻多妾,此子当为小妾所产。七年之后,即万历元年(1573),七十一岁的俞大猷在向谭纶请缨的一封信中还称自己精神焕发,体力旺健,"妾媵尚有胎产"。

俞大猷生有四个儿子，女儿不详。他致仕时，长子俞咨荣替职，任泉州卫指挥佥事。次子俞咨皋，于万历三十七年（1609）考中武举，任泉州卫指挥佥事，官至福建总兵官。三子俞咨乐，后裔主要居住在今泉州南安市金淘镇钱山草埔村。幼子俞子伯，世系不详。

俞大猷于万历六年（1578）十月离京返闽，万历七年（1579）初回到泉州。置身军营四十七载，即使回家省亲，也是来去匆匆。此次告老还乡，他的内心，感到了一种从未有过的踏实。泉州，就是他的归宿之地了。

"莫道桑榆晚，为霞尚满天。"虽值晚年，他还有许多事情要做。令人遗憾的是，俞大猷还乡不到半年，便于五月初六日突患重病。

大猷身体一直健朗，七十多岁还能上阵搏斗，抵挡二十多名精锐士卒。但谭纶之死，对他的打击实在是太大了！亡友的知遇之情，令他没齿不忘，他沉浸在悲痛与思念之中，一时难以自拔，以致精衰力竭，疾病丛生。后来虽有所恢复，但身体就这样垮了下来。

此次染病，俞大猷开始时并没当回事，他想凭着过去身体的老底子，熬一熬，也就扛过去了。但他毕竟是年近八旬的老人了，一旦染病，就虚弱得不行，双腿颤抖，站立不稳，只好躺在床上。坚强的他，竟被疾病折磨得呻吟不止。

当然，他也想到了死。如果在京城军营得病，他不适应北方的气候环境，必死无疑。古人讲究落叶归根，一旦染病，即使不死，也会南归。但万里之途，舟车劳顿，风尘羁旅，如何得归？幸而归乡，"若死目无不瞑矣"。

病情如此严重，侄子给他备好棺材、衣衾之类的丧葬用品。家眷得知，在外的都回到泉州，准备给他送终。

俞大猷不想就此被病魔打倒，于是强振精神，在药力的辅助下，渐渐有了好转，可谓死而复生。但他仍躺卧在床，不能下地。常言道,病来如山倒,病去如抽丝。于是便想,像这样慢慢恢复,须半年方能痊愈。

三个月后,病情又突然加重。他想给友人写信,难以握笔,"手不能成稿",只好"口念与人代书"。由他口授、别人代写的唯一一封书信是《与陈我渡公书》,这也是俞大猷生平的最后一封书信。

陈我渡,即陈道基,泉州府同安县人,嘉靖二十九年(1550)考中进士,授浙江嘉善知县,历任云南道监察御史、广西巡按御史、广东巡按御史、四川按察副使、广西参政、浙江按察使、南京右佥都御史、顺天巡抚、南京大理寺卿、南京户部右侍郎、南京刑部尚书等职。陈道基为人正直、从政清廉、兴利除弊、不畏权贵、政绩卓著,特别看重同乡情谊。俞大猷与他交往甚笃,情谊深厚,以至病危之时,仍"中夜兴思,感泣无已"。俞大猷口授这封书信时,陈道基已由顺天巡抚转任南京大理寺卿。

万历七年八月二十六日,即公元 1579 年 9 月 16 日,俞大猷告老还乡仅半年,便与世长辞,享年七十七岁。

同乡好友黄吾野闻讯,当即写了一首《挽俞都督大猷诗》:"大星落东海,涕泣满城哀。百战功徒在,千秋梦不回。云销天地气,世绝古今才。寂寞廉颇馆,空余吊客来。"

陈第直到第二年正月二十八日,俞大猷侄子进京参加会试,才得知恩师讣告,当即痛哭不已,家人全都泣不成声。陈第作《哭俞虚江先师》哀悼曰:"江县相逢意已投,归来为吏古擅州。六韬口授青枫晚,万里心丧白昼秋。共说中原须老将,谁知永别在孤舟。感恩莫遂衔环报,泪洒西风哭未休。"他后来回闽凭吊,在俞大猷兴化平倭大捷后偕友人游清源山石刻之西,再添一方摩崖题刻:"万历甲戌春,三山陈第从先师俞虚江游清源,辛丑再至,以铁如意击石吟曰:'重来三十年,感叹游非昨。空余梦寐存,九原讵可作?徘徊石刻前,泪洒秋风落。'"

俞大猷辞世三年之后,内阁首辅张居正病逝,十年改革告终,万历新政失败。

万历十五年(1587)十二月十九日,戚继光在贫病交加中凄凉离世。

万历十五年(1587),中国历史上似乎没有发生什么大事,去世的人物除了戚继光,还有一个清官海瑞,他们于明朝而言,并非重臣。但就是这一看似无关紧要的年份,却被美籍华人、历史学家黄仁宇先生直接拿来作为名著《万历十五年》的标题。可见这一年,对明朝乃至中国古代历史而言,都是一个至关重要的年份。

不错,从大历史观的角度来看,平平淡淡的万历十五年(1587),其实是一个极富象征意味的年份。古人以道德代替法制,在明代已臻极致。著名清官海瑞一死,明廷上下,都松了一口大气,因为在他们眼里,海瑞实在是一个无聊可笑、不合时宜的酸腐老头。而随着谭纶、俞大猷、张居正、戚继光这些国之栋梁逐一凋零,明朝的能量已基本耗尽,官员的廉洁、军事的强盛、帝国的富庶皆成过眼烟云。

"当日的制度已至山穷水尽,上自天子,下至庶民,无不成为牺牲品而遭殃受祸。"(黄仁宇《万历十五年·自序》)此后,万历神宗皇帝倦于朝政,廷臣党争突起,府库空虚,明朝国势日衰。万历末年,满洲八旗崛起于东北白山黑水。风云突起,名将不再,明军一败再败,俞大猷长期担忧的北虏开始蚕食大明帝国版图,最后演变为满人入关,山河易帜,明清换代。

"但使龙城飞将在,不教胡马度阴山。"设若俞大猷、戚继光、谭纶等名将在世,当使满人铁骑梦碎!

历史,往往在人们不经意的节点改变方向。

于是,后人更加怀念那些远逝的国之干城与英雄豪杰……

◎ 附录一

俞大猷大事记

弘治十六年六月十四日（1503年7月7日），俞大猷出生于福建省泉州府晋江县河市镇濠格头村（今福建省泉州市洛江区河市镇溪山村赤石口自然村）。

正德二年（1507），五岁。进入私塾学习。

正德六年（1511），九岁。立志修建濠溪桥。

正德十二年（1517），十五岁。由河市濠格头村迁居泉州北门。考中秀才。

嘉靖元年（1522），二十岁。读书。习武。

嘉靖十年（1531），二十九岁。父逝，袭祖职泉州卫前所百户。

嘉靖十三年（1534），三十二岁。十月，考中武举。

嘉靖十四年（1535），三十三岁。四月，参加武举会试，列进士第五名。升任泉州卫前所正千户，守御金门。

嘉靖十五年（1536），三十四岁。福建饥荒，主持同安地方赈灾事务。

嘉靖十八年（1539），三十七岁。呈《上两广军门东塘毛公平安南书》。八月，剿灭金门海寇杨志新。

嘉靖十九年（1540），三十八岁。上书陈武山献策，遭杖击夺职。

嘉靖二十一年（1542），四十岁。向巡按御史徐宗鲁自荐。八月,作为天下备选将才入京。致信兵部尚书毛伯温。

嘉靖二十二年(1543),四十一岁。前往宣大总督翟鹏处听用,多次向其阐述御房方略。

嘉靖二十三年(1544),四十二岁。三月,任汀漳守备,署指挥佥事,驻军武平。

嘉靖二十六年(1547),四十五岁。剿灭海盗、"流贼"康老、雷士贤、汤信士等。十二月,升任广东都指挥使,司军政佥书,署都指挥佥事。

嘉靖二十七年(1548),四十六岁。招抚新兴、恩平峒酋。

嘉靖二十八年(1549),四十七岁。击败安南寇,生擒寇首范子流。

嘉靖二十九年(1550),四十八岁。三月,升琼州府右参将,平息五指山黎族起义。

嘉靖三十一年(1552),五十岁。奉命剿倭,任分守温、台、宁、绍地方左参将。

嘉靖三十二年(1553),五十一岁。攻剿普陀、烈港、新河倭寇,连续获胜。

嘉靖三十三年(1554),五十二岁。三月,攻倭受挫;四月,在吴淞所大败倭寇;十月,升任提督直隶金山等处地方海防副总兵。

嘉靖三十四年(1555),五十三岁。转战金山卫、陆泾坝、茶山等地,取得王江泾大捷,水陆并举歼击倭寇,有功无赏。十一月,被革除祖职,令杀贼立功。

嘉靖三十五年(1556),五十四岁。连续获得吴淞江口、营前沙、茶山等地剿倭胜利。五月,复祖职。十一月,升署都督佥事。十二月,剿灭舟山倭寇。胡宗宪用计擒灭徐海、陈东、叶麻等从倭、海盗头目,俞大猷多次参与其中战事。

嘉靖三十六年（1557），五十五岁。进署都督同知。胡宗宪招降王直。

嘉靖三十七年（1558），五十六岁。王直余党据岑港，俞大猷率兵进攻。七月，因岑港久攻不下，被诏夺职级。

嘉靖三十八年（1559），五十七岁。三月，遭诬陷被逮捕入狱，再夺祖职。俞大猷上书自辩，经多方斡旋，朝庭令其塞上建功。

嘉靖三十九年（1560），五十八岁。至大同，训练车阵。破鞑靼数万（一说十多万）骑兵于安银堡。此次大捷，是载入明史的唯一一次以车营作战的胜仗。七月，复祖荫。

嘉靖四十年（1561），五十九岁。任职南赣参将。

嘉靖四十一年（1562），六十岁。剿平张琏。六月，升任协守南赣汀漳惠潮副总兵。十一月，再升镇守福建总兵官。

嘉靖四十二年（1563），六十一岁。平海卫大捷。

嘉靖四十三年（1564），六十二岁。破倭于邹堂、浅水、海丰等地。吴平投降，俞大猷将其安置于福建诏安梅岭。

嘉靖四十四年（1565），六十三岁。吴平复叛，俞大猷歼其于南澳。

嘉靖四十五年（1566），六十四岁。二月，平息河源、翁源"山寇"。九月，任镇守广西总兵官。

隆庆元年（1567），六十五岁。擒获广东农民起义首领王西乔等人，升署都督同知。

隆庆二年（1568），六十六岁。在福建造船，准备进攻海盗曾一本。

隆庆三年（1569），六十七岁。大败海盗曾一本，升右都督。捐俸资修建濠溪桥，令堂弟俞良猷督造。十二月，完工，立碑纪念。

隆庆四年（1570），六十八岁。十二月，征讨古田僮韦朝猛、韦银豹等。

隆庆五年（1571），六十九岁。五月，因平古田僮升世袭指挥同知。七月，遭巡按广西御史李良臣弹劾，回籍听用。十一月，任南京右府佥书。

隆庆六年（1572），七十岁。闰二月，任镇守福建及浙江台、温总兵官。

万历元年（1573），七十一岁。九月，因海上失利牵连，无端受罚，受丢官免罪、革职闲住处分。

万历二年（1574），七十二岁。四月，复署都督佥事、后军都督府佥书。

万历三年（1575），七十三岁。任后军都督府佥书，兼提调京营兵车。

万历四年（1576），七十四岁。著《京营战车近议》，升署都督同知。

万历六年（1578），七十六岁。四月，以年老衰病为由，上书致仕，未准。七月，再呈《乞归疏》。九月，获准。

万历七年（1579），七十七岁。归返泉州。八月二十六日（9月16日），病逝，赠左都督。葬泉州府晋江县磁灶苏垵村（今泉州市晋江市磁灶镇苏垵村俞公山）。

◎ 附录二

主要参考资料

一、主要参考著作

《正气堂全集》,俞大猷著,范中义点校,上海辞书出版社 2011 年 9 月第 1 版。

《正气堂全集》,俞大猷撰,廖渊泉、张吉昌整理点校,福建人民出版社 2007 年 7 月第 1 版。

《练兵实纪》,戚继光撰,邱心田校释,中华书局 2001 年 1 月第 1 版。

《纪效新书》,戚继光撰,盛冬铃点校,中华书局 1996 年 11 月第 1 版。

《谭襄敏公奏议》,谭纶著,明万历二十八年刻本。

《闽书》,何乔远著,福建人民出版社 1995 年 12 月第 1 版。

《筹海图编》,郑若曾撰,李致忠点校,中华书局 2007 年 6 月第 1 版。

《今言》,郑晓撰,李致忠点校,中华书局 1984 年 5 月第 1 版。

《俞大猷》,范中义著,内部资料,2003 年 11 月印刷。

《俞大猷评传》,范中义编著,解放军出版社 2014 年 6 月第 1 版。

《俞大猷研究》,《俞大猷研究》编委会编,厦门大学出版社 1998

年4月第1版。

《俞大猷年谱》，何世铭撰，泉州文献丛刊第五种，内部资料，1984年手写线装版，2012年5月电脑扫描本。

《民族英雄俞大猷诞辰500周年纪念特刊》，泉州市纪念俞大猷诞辰500周年组委会办公室编，内部资料，2003年11月印刷。

《俞大猷学术论坛交流论文》，泉州市社会科学界联合会、中共洛江区委宣传部、泉州市俞大猷研究会编，内部资料，2014年1月印刷。

《民族英雄俞大猷民间故事》（第一集），泉州市俞大猷公园管理处编，内部资料，1997年7月印刷。

《民族英雄俞大猷》，泉州实验小学、李春兴学生图书馆编，内部资料，2011年12月印刷。

《俞大猷戚继光合传》，王扶生编，委员长南昌行营（1933年5月—1935年2月）印行，红色抗倭书籍国民军事丛书第五种。

《戚继光传》，范中义著，中华书局2003年4月第1版。

《戚继光评传》，范中义著，南京大学出版社2004年9月第1版。

《戚继光兵法新说》，范中义著，解放军出版社2008年1月第1版。

《明代倭寇史略》，范中义、仝晰纲著，中华书局2004年2月第1版。

《戚少保年谱耆编》，李克、郝教苏点校，中华书局2003年6月第1版。

《抗倭英雄戚继光》，郦波著，中国民主法制出版社2010年7月第1版。

《戚继光》，童来喜著，军事科学出版社1991年10月第1版。

《胡宗宪传》，卞利著，安徽大学出版社2013年1月第1版。

《谭纶评传》,胡长春著,江西人民出版社2007年9月第1版。

《龙吟虎啸》,王学东著,解放军文艺出版社2006年1月第1版。

《龙虎风云》,王钦之著,鹭江出版社1988年6月第1版。

《广名将传》,黄道周注断,孟冰点校,书目文献出版社1986年11月第1版。

《倭变事略·明倭寇始末》,采九德著,中华书局1985年10月出版。

《明代倭寇考略》,陈懋恒著,人民出版社1957年8月第1版。

《倭寇:海上历史》,(日)日中健夫著,杨翰球译,隋玉林校,武汉大学出版社1987年6月第1版。

《明代御倭战争》,李光璧著,上海人民出版社1956年11月第1版。

《明代嘉隆间的倭寇海盗与中国资本主义的萌芽》,戴裔煊著,中国社会科学出版社1982年7月第1版。

《五十三个暴走族引发的战争》,王浩著,南方出版社2011年2月第1版。

《明史简述》,吴晗著,中华书局1980年9月第1版。

《国史十六讲》,樊树志著,中华书局2006年4月第1版。

《读史方舆纪要》,顾祖禹撰,中华书局2005年3月出版。

《万历十五年》,黄仁宇著,中华书局1982年5月第1版。

《剑桥中国明代史》,(美)牟复礼、(英)崔瑞德编,中国社会科学出版社1992年2月第1版。

《明代海外贸易史》,李金明著,中国社会科学出版社1990年4月第1版。

《明末清初私人海上贸易》,林仁川著,华东师范大学出版社1987年4月第1版。

《明代中日关系研究》，郑樑生著，文史哲出版社 1985 年 3 月第 1 版。

《中日关系史》（第一卷），张声振、郭洪茂著，社会科学文献出版社 2006 年 8 月第 1 版。

《中国海防史》（上），杨金森、范中义著，海洋出版社 2005 年 10 月第 1 版。

《福建海防史》，驻闽海军军事编纂室，厦门大学出版社 1990 年 4 月第 1 版。

《福建通史》（第四卷），徐晓望主编，福建人民出版社 2006 年 3 月第 1 版。

《福建简史》，林祥瑞、刘祖陛编著，国际华文出版社 2004 年 4 月第 1 版。

《泉州历史》，《泉州历史》编写组，福建省初中乡土教材，福建人民出版社 2006 年 12 月第 1 版。

《泉州历史人物传》，庄晏成主编，鹭江出版社 1991 年 5 月第 1 版。

《寻根揽胜话泉州》，陈晓亮、万淳慧著，华艺出版社 1991 年 12 月第 1 版。

《闽南先贤》，方友义等著，中国文史出版社 2005 年 12 月第 1 版。

《蔡襄书法史料集》，水赉佑编，上海书画出版社 1983 年 10 月第 1 版。

《福建武术史》，林建华著，厦门大学出版社 2013 年 11 月第 1 版。

《泉州南少林寺研究》，泉州南少林研究会编，香港华星出版社 1993 年 1 月第 1 版。

《清源山传说》,泉州清源山风景名胜区管理处编,海峡文艺出版社1991年7月第1版。

《泉州百景》,庄顺能主编,中国文联出版社2004年10月第1版。

《影响中国的晋江人》,梧桐著,九州出版社2011年5月第1版。

《泉州史迹研究》,吴幼雄、黄伟民、陈桂炳主编,厦门大学出版社1998年6月第1版。

《陈第年谱》,金云铭著,私立福建协和大学中国文化研究会1946年9月第1版。

《海天雄镇:镇海口海防遗址》,夏炳章、王闰清编著,中国大百科全书出版社1998年8月第1版。

《明史纪事本末》卷五十五《沿海倭乱》,谷应泰著。

《明史·列传第一百》,张廷玉等撰。

《晋江县志》,道光版。

二、主要参考文章

蔡长溪:《抗倭民族英雄俞大猷》,《历史学习》1988年第2期。

蔡长溪:《"闽南文化"散论·以泉州文化为视角》,《泉州学林》2014年第3期。

蔡长溪:《俞大猷吃"神鱼"》,《泉州晚报》1986年2月11日。

陈继川:《俞大猷在金门的史迹》,《泉州晚报》2003年3月18日。

陈继川、刘志家:《俞大猷在南澳抗倭斗争中的作用》,《福建史志》2010年第2期。

陈继川、刘志家:《俞家棍的"非遗"价值和地位》,《福建史志》2011年第1期。

曾纪鑫:《俞大猷:不该忽略的抗倭名将》,《同舟共进》2013年第 3 期。

曾纪鑫:《崇武古城》,《永远的驿站》东方出版中心 2006 年 6 月第 1 版。

蔡绍坤:《文武双全三不朽:俞大猷的庙堂与江湖》,《东南早报》2012 年 12 月 2 日。

练建安:《剑气:俞大猷在汀州的踪迹》,《文化闽西》2012 年第 1 期。

蒋炳钊:《略论俞大猷治理民族问题的若干主张》,《东南民族研究》(第二集),厦门大学出版社 2013 年 1 月第 1 版。

俞月亭:《"俞龙戚虎"论长短》,《炎黄纵横》2012 年第 11 期。

杨成:《俞大猷诗文赏析》,纪念俞大猷 505 周年学术座谈会材料。

张家瑜、柯其成:《明嘉靖间两位抗倭擎天柱的不同遭遇》,俞大猷诞辰 500 周年历史研讨会交流论文。

李国宏:《俞大猷碑铭史料考释》,《闽台文化研究》2014 年第 2 期。

昌沧:《爱国英帅 武林圣雄·纪念抗倭民族英雄俞大猷诞辰 510 周年》,《中华武术》2013 年第 2 期。

张桂林:《明代爱国名将俞大猷》,《福建师范大学学报》(哲学社会科学版)1987 年第 3 期。

陈明光:《略论评价历史人物的主体性·以对俞大猷的评价为例》,《厦大史学》第 2 辑,厦门大学出版社,2006 年 3 月第 1 版。

阎崇年:《论明代军事家戚继光》,《中国军事史论文集》,河南大学出版社 1989 年 3 月第 1 版。

戴裔煊:《倭寇与中国》,《学术研究》1987 年第 1 期。

马帅:《戚继光谜团》,《看世界》2012 年 7 月(下)。

黄益群:《抗倭女英雄——瓦氏夫人》,《炎黄纵横》2013 年第

1期。

陈贵洲:《从徐海、汪直之死看十六世纪"倭乱"》,《连云港教育学院学报》1999年第3期。

姜勇、孙靖国:《〈福建海防图〉初探》,《故宫博物院院刊》2011年第1期。

逢文昱:《汪直:一个不容于时代的海商领袖》,《大连海事大学学报》(社会科学版)2011年第4期。

白斌:《明代朱纨海禁失败原因探讨》,《商业研究》2011年第4期。

何珍:《击垮倭寇的功臣胡宗宪为何退休后下狱自杀》,《文史天地》2009年第8期。

张勇:《关于张琏起义及其归宿等问题的考析》,《客家研究辑刊》2009年第1期。

卞军凯、林剑冰、陈智新:《做大岁:用最大的节日铭记最痛的历史》,《福建日报》2015年3月5日。

彭全民、廖虹雷:《汤克宽:创建南头水寨的抗倭名将》,《深圳特区报》2013年12月11日。

钱汉江:《王忬剿倭接连失利》,《深圳特区报》2011年1月4日。

叶龙虎:《胡宗宪的抗倭经历与宦海浮沉》,《宁波晚报》2009年12月27日。

黄素龙:《俞大猷在潮州的抗倭斗争》,《汕头特区晚报》2009年10月11日。

敖岸1021:《俞大猷、戚继光现象·俞大猷必须力挺,戚继光可以休矣》,天涯社区·煮酒论史 http://bbs.tianya.cn/post-no05-336468-1.shtml。

敖岸1021:《〈抗倭英雄戚继光〉讲座剖析》天涯论坛·煮酒论

史 http://bbs.tianya.cn/post-no05-321236-1.shtml。

李磊:《俞大猷探访少林寺及其原因》,天下武林网 http://www.21wulin.com/wulin/wuxue/renwu/8024.html。

袁晓春:《论戚继光的民间崇拜和影响》,胶东在线 http://cul.jiaodong.net/system/2013/06/21/011942246.shtml。

江南药师:《将"相"和:张居正之死与戚继光的尴尬》,天涯论坛 · 煮酒论史 http://bbs.tianya.cn/post-no05-111287-1.shtml。

汪义正:《倭寇史观的重新探讨》,网文 http://blog.sina.com.cn/s/blog_4d102c3e010009iw.html。

汪义正:《试论嘉靖倭乱主谋王直的实像》(新本),网文 http://blog.sina.com.cn/s/blog_4d102c3e0101dxks.html。

黄素龙:《试论明代潮州抗倭之久烈》,高中历史网 http://www.pep.com.cn/gzls/js/xsjl/zgsyj/201009/t20100926_914356.htm。

清溪斋主人:《王直:倭寇的中坚》,龙藏浦主人家燕子舶博客 http://blog.tianya.cn/blog-302171-1.shtml。

胡伯诚:《有个苏州进士叫朱纨》,360doc 图书馆 http://www.360doc.com/content/11/0325/14/5701732_104500468.shtml。

车家智:《被历史淡忘的民族英雄胡宗宪》,明汕的博客:http://blog.sina.com.cn/s/blog_855cf66c0100x70c.html。

四横一竖先生:《胡宗宪:将权术发挥到极致的明朝重臣》,博客中国:四横一竖先生的专栏 http://1e234lwdc.blogchina.com/813050.html。

出尘:《英雄途穷身名裂 · 抗倭名将胡宗宪》天涯论坛 · 煮酒论史:http://bbs.tianya.cn/post-no05-2096-1.shtml。

鲵影萍踪:《抗倭名将 征蛮战神 · 刘显传略》,百度文库 http://wenku.baidu.com/link?url=YKhHLfM9hFfwsQ8pmtc9mlzjZ3UGOAIj

LDfcKvUI9idWT5yHPgTgKzECzCso4fWtlw8SlUbqQQgg3uqtT8YVZotv6lyRk6VUS-OKNKMeRcG。

潘洵:《明代抗倭官考》,360doc 个人图书馆 http：//www.360doc.com/content/13/0627/06/4134627_295800558.shtml。

佚名:《少林武术另一面:棍法为明朝大将俞大猷所传授》,凤凰网 http：//news.ifeng.com/history/zhongguogudaishi/detail_2013_10/21/30507619_0.shtml。

佚名:《明代广东海防体制研究》,铁血社区 http：//bbs.tiexue.net/post_5996323_1.html。

佚名:《明朝嘉靖时期倭患原因探析》,360doc 个人图书馆 http：//www.360doc.com/content/07/0922/22/43414_763476.shtml。

后 记

还原历史　回归真相

一

提及抗倭英雄,人们首先想到的是戚继光。当然,也有俞大猷。尽管没有被完全忘记,但仅仅作为陪衬而已,有关俞大猷的生平事迹,世人知之甚少。

四百多年来,人们有意无意间将这位当年名震海疆、功勋卓著的抗倭主将给忽略了。

其实,在那英勇抗击倭寇的艰难岁月,俞大猷与戚继光并列,一直为人们所称道。就某种程度而言,俞大猷还超出戚继光之上。在当年抗击倭寇的东南沿海一带,"俞龙戚虎,杀贼如土"的民谣一直传诵至今;《福建通志·列传》也有"世言继光如虎,大猷如龙"之语。龙与虎,是威武勇猛的象征,但在国人眼中,龙显然要比虎高出一等。

纵观俞大猷的抗倭历程,可分为两个阶段:第一阶段,自嘉靖三十一年(1552)到嘉靖三十八年(1559),俞大猷在浙江、南直隶抗击倭寇;第二阶段,从嘉靖四十一年(1562)任福建总兵官,到倭患基本平息。

第一阶段的倭患,主要是王直、徐海、陈东、叶麻等与倭寇合流的海盗为非作歹,也是倭寇势力最为猖獗的时期。七年之间,俞大猷几乎参与了消灭他们的所有战役,功勋卓著。

第二阶段的抗倭,俞大猷先是取得了著名的平海卫大捷,然后转战广东,破倭于邹堂、滅水、海丰等地,南澳之战大败广东势力最强的从倭海盗吴平。嘉靖四十五年(1566),吴平率残部逃入安南,被追踪而至的明军彻底歼灭。

然而,抗倭不仅是军事之争,还涉及朝廷内部复杂的政治纷争,充满了坎坷与险恶。

战场瞬息万变,有些东西并非个人意志所能掌控。俞大猷既能身先士卒不避锋矢,又能深谋远虑洞悉大局,常取断敌退路、四面包围、正面进攻、全歼敌人的战法,因此能从千军万马中脱颖而出,屡建奇功。正因为此,俞大猷坚持谋定而后动,计定而后战,不肯轻易出击,对瞎指挥有着一种本能而强烈的抵抗意识;加之为人正直,不愿委曲求全、巴结上司,不居功,不诿过,常遭攻讦,蒙受难以预料的灾祸。他不抱怨,不颓废,总在逆境中奋起,往往撤职不久,就因大胜而撤销处分,并受擢拔。他一生四为参将,六为总兵,有过七次受辱,四次贬官夺荫,一次被捕下狱的坎坷经历。

军事上的困难,复杂关系的掣肘乃至政治上的构陷,每时每刻都在考验着肩负重任、身临前线的俞大猷。但他"慷慨任事,忠勇过人",在血与火的锻铸中,前行的脚步,总是透着一股坚毅与无畏、自信与豪迈。正如他在《与唐荆川太史书》中所言:"猷少小时,只奉师训,以为人大致要从光明正大路上著脚。不自揣志向,从幼已决。抵今犬马之齿渐高,日在得失成败中,未敢分毫毁裂,以从卑污。"

嘉靖年间所取得的几次具有决定意义的抗倭胜利,都离不开俞大猷谋定后动的正确指挥与身先士卒的勇猛顽强。可以毫不夸张地说,俞大猷是剿灭倭寇的关键性人物,不仅与戚继光媲美,甚至超乎其上。

但长期存在的重戚轻俞、扬戚抑俞现象,导致戚继光"一枝独秀"。

这种局面的形成,既与个人性格、行事风格有关,也与当时的社会环境相连,还与后世对他们的认识与宣传密不可分。关于个人因素、时人所为等,传记第十三章《剿灭吴平》第三节俞大猷与戚继光比较部分,已有所论,兹不赘述。而后世的认识与宣传方面,主要在于以下几点:

一是有关俞大猷的传记、研究资料甚少。古人所写传记主要有三篇,俞大猷同乡好友李杜著《征蛮将军都督虚江俞公功行纪》(一万多字),明代方志史学家何乔远著《名山藏俞大猷传》(约八千字),清人张廷玉等撰《明史·俞大猷传》(约四千字);现代有民国王扶生编《俞大猷戚继光合传》,俞大猷部分约七千字;当代有中国人民解放军军事科学院研究员、中国明史学会理事范中义著《俞大猷》,十多万字,2003年11月作为内部资料印刷,后更名为《俞大猷评传》,2014年6月由解放军出版社出版;另有何世铭撰《俞大猷年谱》,1984年手写线装本,繁体竖排;其他记载及研究资料,散见于相关著述、报刊、网络。

二是出于各种原因,重要的抗倭史料对俞大猷的事迹要么不记,要么少记,个别地方甚至有所歪曲。如《筹海图编》为胡宗宪幕僚郑若曾所撰,对胡宗宪的功绩多有夸饰,而对受过胡宗宪诬陷的俞大猷,笔墨十分吝啬。比如在叙及著名的王江泾大捷、平望大捷等时,夸大胡宗宪的功绩,而对俞大猷避而不提。再如《戚少保年谱耆编》,编纂者为戚继光长子戚祚国,对生父多有溢美之词,而涉及俞大猷的部分,往往着墨甚少甚至忽略不提。

三是俞大猷除东南抗倭及北方献策、痛击俺答外,还在湖南、广东、江西、海南等地辗转任职，征讨安南，多次平息农民暴动，对当地的黎族、苗族、壮族、瑶族等少数民族起义，或征剿或招抚，惩办首恶，施以教化。"文革"时期，农民起义一概被视为推动历史前进的动力，俞大猷的平暴行为，自然被视为压制农民起义的"刽子手"行为而予以贬斥。

四是学校教材叙及抗倭，对俞大猷要么只字不提，要么蜻蜓点水。如翦伯赞主编《中国史纲要》下册，北师大版义务教育课程标准实验教科书《中国历史》七年级下册，经全国小学教材审定委员会 2001 年审查通过的人教版《中国历史》第二册等大、中、小学教材，关于抗倭部分，对俞大猷未着一字；其他如朱绍候主编的高等院校文科教材《中国古代史》下册，王士立主编的全国高校师范专科教材《中国古代史》下册，人教版全国通用九年制义务教育三年制初级中学教材《中国历史》第二册等，叙及抗倭时虽然提到俞大猷，但仅一笔带过而已。一代又一代学生无从知晓俞大猷的抗倭功绩，以致他默默无闻。

二

近年来，我拟就生活、工作的闽南地区（包括厦门、泉州、漳州三地），选取十一位对中国政治、军事、哲学、文化、经济、教育、科技等方面产生过一定影响的闽南人，对其生命活动、心路历程、性格特征、智慧经验、人格力量、功过是非等诸多方面进行描述、阐释与评说，每篇一二万字，然后汇成一部系列地域文化历史散文集。俞大猷自然是其中重要的一位，其他十位按年代排序，分别为苏颂、李贽、洪承畴、黄道周、郑成功、施琅、李光地、陈化成、陈嘉庚、林语堂。

为了写好俞大猷，2012 年 6 月，我专程去了一趟泉州，实地参

俞大猷故乡溪山村赤石口自然村（曾纪鑫摄）

观与俞大猷相关的遗迹景点。

先到位于洛江区河市镇的俞大猷公园。公园规模宏大，有古城墙、靖国门、玉泉湖、纪念馆等，落成于俞大猷诞辰五百周年之时。印象最深的是坐落在靖国门城楼上的一尊高达十多米的俞大猷雕像，只见他昂首挺胸，目视前方，右手按住剑柄，正待拔剑出鞘，一旦锁定目标，将如蛟龙腾空，威不可挡地杀向敌阵。

刚开始，我以为公园建在俞大猷故居之地，经与当地一位年长的工作人员交谈，方知其出生地濠格头村离此还有十多公里。当地民居为闽南大厝，富裕家庭一般三至五进。俞大猷家境贫寒，只有两进，格局狭小，年久失修，颓败无存，空余一片遗迹而已。

俞大猷九岁时随父亲前往大濠村叔祖家走亲戚。来到濠溪边，发现连接两岸的小桥坍塌，父子俩只好涉水而过。大猷询问父亲桥何以倾圮，父亲说被一个樵夫失火焚毁。大猷当即说道："等我长大了,要再修一座,免得大家这样涉水。"父亲道:"小子要记住你说的话,不可食言呵!"俞大猷连连点头。建造一座石桥方便两岸父老乡亲,便成了他心中的一桩夙愿。直到六十七岁这年,升任右都督的他,才有了修桥资本,捐出自己的薪俸,请堂弟俞良猷督建了一座六墩七孔石桥。

俞大猷南征北讨,指挥成千上万的军队,有时甚至是十万、二十万、三十万的大军,重权在握,若从军饷中扣除挪用或从丰厚的战利品中瞒报取用九牛一毛,在老家建造一座豪宅,修筑一座石桥,可谓易如反掌。但他没有这样去做,可能连这样的念头也不曾有过。他不贪不占,十分清廉;屡获大胜,对战利品分文不取,总是上缴充公。俞大猷轻财利,好施与,薪俸及赏赐尽数交给弟弟掌管,且从不过问。

当我来到这座历经后代重修的濠溪桥时,但见桥面宽阔,结实坚固,桥头长着枝繁叶茂的高大榕树,立有两块石碑:一为俞大猷所撰《濠溪桥碑记》,时间为隆庆三年己巳(1569)冬十二月;另一块

濠溪桥(曾纪鑫摄)

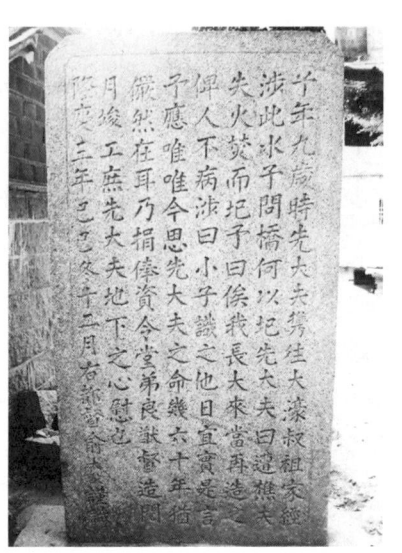

俞大猷撰《濠溪桥碑记》(曾纪鑫摄)

题为《重修濠溪桥》，碑文约三分之二漫漶，立碑时间难以辨识。这里原是河市通往泉州府的交通孔道，后来公路改线，人车稀少。如此正好，濠溪桥作为一处文物古迹，可完整地保存下来。

凡是心怀国家、志向远大、抱负崇高之人，他们皆有一种强烈的信念作支撑，既不会为自己谋取私利，也能忍受各种痛苦冤屈。了解俞大猷的生平事迹，读他的《正气堂全集》，凭吊相关遗址，我们可以感受到一股扑面而来的凛然正气，不知不觉受到感染。

人生的完美境界，古人概括为"三不朽"——立德、立功、立言。俞大猷便是这样一位三者皆备的人物，追求"内圣外王"的崇高境界，内圣即自省，严于律己；外王则讲求治国平天下，是一种经世之术。他在《与何吉阳书》中写道："妄意道德、事功、文章，三者合为一贯，有则俱有，无则俱无。道德崇矣，而不能发诸事功、文章，非所谓道德者也；事功、文章懋矣，而不原诸道德，非所谓事功、文章者也。同根共源，无有彼此。"

俞大猷以德立世、以德服人、以德感人，一个"德"字，几乎贯穿了他的一生。

他打了胜仗，从不居功自傲，有时还将功劳让给别人，"功则称人，罪则称己"。嘉靖四十一年（1562），俞大猷在南赣设计擒获当地农民暴动首领张琏，广东两位参将获知，乘机带兵抢走"胜利果实"。部下愤懑不平，纷纷要求发兵夺回，俞大猷劝道："贼恶其不灭，何必功归于己！"战争的目的是以战止战，最高境界是世界大同。俞大猷的理想与抱负，并非升官加爵、争名夺利，而是国家太平、百姓安康。他在《与陈南川书》中说道："窃意爵位天下之赘物，于吾何有哉？达而居是位，行吾道以济人，而天下蒙其利，其心虽劳，其志乐也。穷而无位，卷是道而怀之，其身虽困，其心常泰也，亦何往而不自得乎？"

他刚毅沉着，不惧生死，教化于民。平息新兴、恩平屡招屡叛的瑶民起义时，俞大猷带着干粮，孤身一人进入叛乱的各个乡村，安抚百姓，教以阵法，使之各自为战，守卫家园。

他每到一地为官，总能得到百姓深爱，大家为他建立生祠，"呼公为俞佛而祷焉"。他抗击倭寇的地方，当地百姓或建生祠感念他的再生之恩，或以他的名字命名街道建筑作为纪念，如浙江镇海俞大猷生祠、丽水市莲都区大猷街等。

俞大猷文武双全，在大明王朝三百年间，能与他相匹敌的，可能只有一位王阳明。

他"于九边形势虚实，无所不知。古今兵法韬略，无所不究"，其战略战术指导抗倭、驱虏、平暴等，可谓战无不胜；他于步战、骑战、车战、水战乃至火器等皆有研究，特别是超前的海防思想，于今天来说仍不乏军事指导意义；若论个人武功，"剑术天下第一"；所带之兵，可谓千奇百怪、无所不有，既有卫所正规军，也有从各地征调的狼兵、土兵、僧兵、临时招募的民兵，还有招抚、投降的海盗、山贼等，无论什么兵，只要到了他的手下，都会变成纪律严明的节制之兵，百战不殆的胜利之兵。

若以文才而论，经史诗文，俞大猷无所不通，一部九十多万字的《正气堂全集》，汇集了他的论著、论策、奏章、书札、诗歌等文字。

俞大猷是一员典型的儒将，深受朱熹开创的闽学影响，并吸取了闽学之精华。儒有真儒、假儒、伪儒、腐儒之分，真儒令人仰慕，假儒祸国殃民，伪儒、腐儒败坏世风令人作呕。俞大猷算得上一名真儒，时时刻刻用儒家的忠、义、仁、信激励、约束自己。他抗倭驱虏，激发的是一股民族正气；平息暴乱则恩威并重，以疏导劝谕为主，不到万不得已决不用兵，讲究的是民族团结。时人曾恰如其分地评价道："其垂悠久之虑以戡乱兴治，则其用心非儒者不能也。"《明史》说他"世宗朝老成宿将，以大猷为称首"，明世宗嘉靖朝战将数百，俞大猷排列第一，视为楷模，评价甚高。他致仕时，朝廷颁赐牌匾，上书"昭代儒将"。

离开濠溪桥，一行人驱车前往位于晋江市磁灶镇苏垵村北的俞大猷墓。途经惠安县施琅墓，折往一观。早就听说施琅墓是福建省的最大墓园，但见规模宏大，修葺一新，比想象中的还要气派。

继续前往俞大猷墓，驶离324国道进入苏垵村，道路没有标识，只好不断问询。近日阴雨绵绵，路面满是泥水，快到时，小车无法开进，只好弃车步行。

墓地位于一座约四百米高的俞公山上，山因墓而得名的可能性较大。山势平缓，坡上建有上行的条石台阶。墓为俞大猷及夫人陈氏合茔，两旁立有石翁仲及石马、石虎、石羊各一对。

墓地风水甚好，背负俞公山，前有河流蜿蜒而过，远眺是连绵起伏的紫帽山脉。遗憾的是，山脚下有座瓷砖建材厂长年不停地生产运转,一根高大的烟囱冒着浓烟直冲天空。

俞大猷墓当年的气势仍在,只是疏于管理,给人一种荒芜之感。与刚刚见过的施琅墓相比,反差甚大。

墓的衰颓,不仅是自然的侵蚀,更有人为的破坏。据有关资料记载,俞大猷葬于此地,后湮没无闻。民国时期重被发现,各界名流前来祭扫。结果被一帮匪徒误认为是大番客、大富豪之墓,引得他们掘地盗挖。"文革"时期又遭破坏,就连三层墓埕也被辟为农田。眼下我们所见之墓,显然经过一番修整,两旁的武将军、石马、石虎、石羊尚新,属复制品无疑。

与陪同的友人唏嘘感叹,其中一位突然发现一条小蛇,惊呼着指给大家看。但见不远处的杂草丛中,一条青花蛇扭动身子,蠕动前行,也不知它要滑向何方,目标何在。

突然想到"俞龙戚虎"之说,蛇,在民间有"小龙"之称,莫非俞大猷化身精灵,通过这一曲折隐讳的方式,欲向我们表达、述说些什么?

历史总是充满吊诡,俞大猷的生前遭遇,竟一直延续到他死后四百多年的今天。

三

文章完稿后,以《俞大猷:不该忽略的抗倭名将》为题发表在《同舟共进》2013年第3期。著名编剧康天赐先生见到此文,激赏不已,推荐给泉州市俞氏宗亲协会顾问、泉州市俞大猷研究会副秘书长陈继川先生。2013年12月11日,陈老师辗转联系到我,热忱邀请我参加2014年1月7日在泉州举行的纪念俞大猷诞辰510周年学术论坛。

论坛活动丰富多彩。当天凌晨,前往洛江区河市镇溪山村赤石口参加俞大猷故居重建工程奠基典礼,作为十名嘉宾之一奠基培土;上午参加论坛会议,《俞大猷:不该忽略的抗倭名将》被收入《俞大猷学术论坛交流论文》;下午在俞大猷纪念馆举行《剑经》论坛,泉州各路武林高手云集,展示各种武术套路,讲解《剑经》技法,表演俞家棍、白鹤拳、少林花拳、陈氏太极拳等,可谓别开生面。特别是观看省级非物质文化遗产俞家棍的精彩表演,略窥其堂奥,使我更加感到俞大猷文武双全的难能可贵。

不久,泉州俞氏宗亲协会约请我创作长篇历史人物传记《俞大猷传》,我当即婉转地回绝了。人到知天命之年,就该考虑做减法了。学虽无涯,但生也有涯,一位作家能写出的作品更是有限。人生就那么几十年光阴,哪些是非写不可的,哪些是可以暂缓的,哪些是应该放弃的,哪些是全然拒斥的,虽然不是特别明确,但大致还是有个通盘考虑的。长篇历史人物传记《俞大猷传》本不在我的创作计划之列,写完《俞大猷:不该忽略的抗倭名将》一文,这一题材便告一段落了。但泉州市俞氏宗亲协会常务副会长俞侨福先生与康天赐、陈继川老师两次专程前来厦门邀我执笔,我被他们的真诚与盛情深深地打动了!

俞侨福系俞大猷第十九代直系后裔,除了经营自己的企业外,其他时间与精力,几乎全部投入挖掘、弘扬俞大猷遗产的一系列工作之中。陈继川已是七十多岁的老人了,但身体健朗、声音洪亮,看上去还不到六十岁的样子,自1993年担任俞氏宗亲协会顾问,一干就是二十多年。作为一位家在福州的异姓人,实属不易。

在创作《俞大猷:不该忽略的抗倭名将》时,我通读了包括书籍、报刊、手稿、网文在内能够找得到的所有相关资料,感到要写好这第一部俞大猷的长篇人物传记,难度相当之大。

曾有许许多多古今中外人物出现在我的笔下，对他们，我大多持有一定的距离与保留态度，客观而率性地臧否褒贬，但有两个人物，我完全被他们的高尚人格征服了，一位是陈嘉庚，另一位便是俞大猷。一个人舍弃好不容易奋斗得来的财富与享受，怀抱"教育兴国""兴学报国"的信念，半点也不保留地向社会捐出所有，奉献一切，近百年来，只有陈嘉庚能够做到；而俞大猷集道德、事功、文章于一身的"三不朽"境界，其高尚的人格魅力，也一直吸引、感染着我。

又经多次电话联系，我终于应承下来。

一旦接受这一可谓艰巨的任务，我便撇开其他创作及一应俗务，全身心地投入其中，尽可能地写好这部传记，不负所望。

再次搜集资料，酝酿，拟定创作提纲。阅读，考证，比较，思索，还原现场，澄清事实，辨明真相。

阅读比较中，发现相关论著、论文、报道等存在不少舛误之处，乃至以讹传讹。比如俞大猷为少林寺武僧赠诗两首，有人误以为一首赠于宗擎、普从向俞大猷学成棍法后北返之时，一首赠于十三年后京城训练车营之时，其实这两首诗都赠于宗擎京城拜望恩师、南下告归之时；俞大猷曾任汀漳守备，驻武平所，百姓感念其功德立碑纪念，所谓武平立碑，有人想当然地以为在武平县境，其实这块《肤功遗爱碑》立在辖区漳州龙溪县大地里，因行政区划变更，此碑今在华安县仙都镇大地村；俞大猷在广东新兴县杀死贼首苏青蛇，有人望文生义，说他单枪匹马前往贼巢，一条巨大的蟒蛇拦在路中，武艺高强的他挥剑斩杀青蛇；嘉靖四十年（1561）俞大猷任南赣参将时，四月征剿程乡县梁宁、徐东洲，五月再征张琏，《明史》记载有误，错成先擒张琏，后征梁宁、徐东洲……而引用出现的各种差错则比比皆是，因此，我在创作时必以原著为准。

所有资料中,我读得最多的自然是俞大猷的《正气堂全集》,九十多万字,全是文言文,不少篇章一读再读,再三揣摩,推理想象,尽可能地进入当时的环境氛围之中——读其论著、论策、近议可了解俞大猷的思想策略,奏疏可把握所论之事的经过与真相,书札涉及人际交往、事情原委、家长里短、内心活动等,诗歌可感受他的胸怀、情怀与境界……

享有诗、书、画"三绝"之誉的时人李杜,他撰写的《征蛮将军都督虚江俞公功行记》,是一篇最早记载俞大猷生平业绩的传记,真实可靠。他精心编辑的俞大猷《正气堂集》,包括《正气堂集》十六卷、《正气堂余集》四卷,最早约刊刻于嘉靖四十四年(1565),体例完备,条理清晰,有的文章前还加了注解,类似于今天的"编者按"。在李杜的基础上,隆庆末年、万历初年、万历七年,《正气堂集》又有过三次编辑与刊刻,增加了《洗海近事》《镇闽议稿》《正气堂续集》等著作,形成明刊本《正气堂集》的全部内容,为后人留下了宝贵的研究俞大猷的一手资料。

手头两种《正气堂全集》点校本,一为范中义点校,一为廖渊泉、张吉昌点校,为我的阅读与创作提供了诸多便利。不然的话,面对那些没有句读的影印古文,只要想想,都会令我头疼不已。当然,每人的理解不同,句读、标点会有所差异,每有疑惑,我便参照两种不同的点校本,并根据自己的见解,以合情合理为取舍标准。

本书的写作,一如俞大猷之为人,原原本本、实实在在地按其人生阅历、时间顺序写来,没玩什么技巧与"花样"。

经过一番努力,《抗倭名将俞大猷》终于完稿了。可见,哪些作品是该你写的,冥冥之中,似乎也有定数。

完成这部书稿,一个最大的感受,便是觉得俞大猷的哲学、政治、军事思想,国家安全战略,战争指挥艺术,超群绝伦的武功,俞家棍的形成与演变，对闽学的继承与发展，价值取向与人格魅力，以及疏奏、散文、随笔、诗歌、信札等文字，既丰富全面，又博大精深。特别是军事方面，那超前的战争理论，层层推进的逻辑思维，立体战略防御方针，兵器的发明与创造，多兵种配合的战争观念，以易布阵、练兵强军、谋定后动、以收全功的用兵之道，讲究截杀、雕剿、大征的作战方式，以及古代少有的数字化管理方式等，足以建立一门新的学问——俞学。

初稿完成，得到了泉州市俞大猷研究会副会长、泉州市杂文学会副会长、特级教师蔡长溪先生的指导与肯定，在此深表谢忱！令我感动不已的是，年逾八旬的蔡老师认真看稿，多次参与作品研讨，提出了不少宝贵意见与建议，并不顾旅途劳顿，于2015年6月初与俞侨福、康天赐、陈继川前来厦门一同探讨有关修改事宜。当然，要感谢的人还有很多，比如促成此书创作的俞侨福、康天赐、陈继川等人，对此书重版予以帮助的企业家、泉州俞氏宗亲协会副会长俞锦章先生，陪同参观俞大猷相关景点遗迹并为我提供资料的友人等，在此就不一一列举了。

但愿该书的出版，能为全面认识、客观评价俞大猷，还历史以真相，尽一点绵薄之力。

2015年6月10日于厦门
2020年4月17日改定